感谢国家社科基金对本课题的资助（编号：11BFX049）

私募股权基金监管制度研究

文学国 ◎ 著

中国社会科学出版社

图书在版编目（CIP）数据

私募股权基金监管制度研究／文学国著．—北京：中国社会科学出版社，2020.9

ISBN 978-7-5203-7044-8

Ⅰ.①私⋯ Ⅱ.①文⋯ Ⅲ.①股权—投资基金—金融监管—研究—中国 Ⅳ.①F832.51

中国版本图书馆 CIP 数据核字（2020）第 157672 号

出 版 人	赵剑英
责任编辑	张　林
特约编辑	张　虎
责任校对	周晓东
责任印制	戴　宽

出　　版	中国社会科学出版社
社　　址	北京鼓楼西大街甲 158 号
邮　　编	100720
网　　址	http://www.csspw.cn
发 行 部	010-84083685
门 市 部	010-84029450
经　　销	新华书店及其他书店
印　　刷	北京明恒达印务有限公司
装　　订	廊坊市广阳区广增装订厂
版　　次	2020 年 9 月第 1 版
印　　次	2020 年 9 月第 1 次印刷
开　　本	710×1000　1/16
印　　张	16.75
插　　页	2
字　　数	258 千字
定　　价	99.00 元

凡购买中国社会科学出版社图书，如有质量问题请与本社营销中心联系调换
电话：010-84083683
版权所有　侵权必究

目　录

第一章　导论 ·· (1)
　　第一节　研究背景 ·· (1)
　　第二节　文献综述 ·· (13)
　　第三节　本课题研究的主要问题 ···························· (27)

第二章　私募股权基金的概念、分类及发展现状 ·············· (30)
　　第一节　私募股权基金概念 ································ (30)
　　第二节　私募股权基金的分类 ······························ (40)
　　第三节　私募股权基金的特点 ······························ (46)
　　第四节　国外私募股权基金的发展历史与现状 ················ (49)
　　第五节　私募股权基金在中国的发展历程与现状 ·············· (55)

第三章　金融监管的理论基础与私募股权基金监管 ············ (68)
　　第一节　金融监管的理论基础 ······························ (68)
　　第二节　私募股权基金行业的特殊性与监管的必要性 ·········· (73)
　　第三节　并购市场高杠杆率的监管 ·························· (74)
　　第四节　影子银行的监管问题 ······························ (77)
　　第五节　系统性金融风险的防范 ···························· (86)

第四章　私募股权基金监管制度的比较与分析 ················ (93)
　　第一节　美国私募股权基金监管制度 ························ (93)

第二节　英国私募股权基金监管制度 (99)
　　第三节　日本私募股权基金监管制度 (102)
　　第四节　中国台湾地区私募股权基金监管制度 (104)
　　第五节　私募股权基金监管制度的比较与评析 (107)

第五章　金融监管改革背景下的私募股权基金监管改革 (121)
　　第一节　私募股权基金运作风险 (121)
　　第二节　金融危机之后的金融监管体制与制度改革 (128)
　　第三节　与私募股权基金有关的监管改革 (137)

第六章　中国私募股权基金监管制度（上） (159)
　　第一节　私募股权基金的登记备案 (159)
　　第二节　私募股权基金的募集监管 (167)
　　第三节　私募投资基金服务业务监管 (182)
　　第四节　私募股权基金投资公司公开上市后的退出监管 (186)

第七章　中国私募股权基金监管制度（下） (198)
　　第一节　私募股权基金的税收监管 (198)
　　第二节　挂牌上市私募股权机构的监管 (210)
　　第三节　私募股权基金的信息披露监管 (215)
　　第四节　外资私募股权基金的监管 (218)

第八章　完善我国私募股权基金监管制度的意见与建议 (227)
　　第一节　大力发展私募股权基金是完善监管制度的前提 (227)
　　第二节　我国现有监管制度与监管措施存在的主要问题 (233)
　　第三节　完善我国私募股权基金监管的意见与建议 (241)

第九章　结语 (251)
　　第一节　研究总结 (251)
　　第二节　研究展望 (253)

参考文献 …………………………………………………（255）

后　记 …………………………………………………（261）

第一章

导　论

私募股权基金的监管问题在2008年美国金融危机发生前，不是政府监管部门关注的重点，学术界对此研究也不多，主要原因是，发达国家对私募股权基金的监管经验是以行业自律为主，而且实践证明，行业自律式的监管成本低，效果也好。没有证据表明行业自律监管方式相对于政府监管，存在有什么特别不足的地方，也没有发生因自律监管不到位而发生业内人士认为的监管缺失。但2008年金融危机发生之后，政府监管部门改变了过去的态度，从防范系统性金融危机的监管要求出发，将私募股权基金纳入与其他金融产品同样的政府监管范围，在行业自律的基础上加强了政府的监管。从此，全球范围内的金融监管协商机制——二十国集团（以下简称G20）峰会产生了，发达国家纷纷修改既有的法律规则，调整监管体制，重新规划监管内容，将私募股权基金纳入新的监管体系之内。我国政府监管部门也不例外。由此，一系列的监管问题需要从理论上阐述清楚，需要制定出合理而有效的监管规则。本章由三部分内容构成，即研究背景、文献综述与本课题研究的主要问题。

第一节　研究背景

本节内容主要介绍2008年美国金融危机以来全球性的金融监管改革举措及新的金融监管框架协议的形成、一些发达国家对私募股权基金原有监管制度的修订、中国政府对私募股权基金监管机构的调整及对私募股权基金监管制度的改革与完善等。

一 2008年美国金融危机后国际金融监管体制与监管制度变革

（一）G20华盛顿峰会：首次提出为私人资本募集制定统一的最佳行为准则

2007—2008年爆发的美国金融危机，涉及面之广、影响之深、造成的损失之大，为全世界60多年来所罕见。如何处理危机发生后的国际金融秩序的协同治理，加强金融监管改革步伐，2008年11月，原来由20个国家的财政部长与央行行长参加的G20国际经济合作非正式论坛，升级为各国领导人亲自参加的G20峰会。当然，G20国际经济合作非正式论坛也是为了应对亚洲金融危机而于1999年成立的，成立的目的是促成发达国家与新兴市场国家就国际经济货币政策和金融体系等问题进行对话，借此推动国际金融体制改革，形成监管架构，共同维护国际经济与金融秩序的稳定。从后来发生的美国金融危机来看，这一机制实际上并没有阻止新一轮金融危机的发生。改革这一非正式的对话机制本身就是美国金融危机发生后面临的紧迫问题。

2008年11月在美国华盛顿召开首届领导人峰会，设定的议题有三个：一是评估国际社会应对当前金融危机方面的进展情况；二是研讨此次金融危机产生的原因，商讨促进全球经济发展的举措；三是探讨如何加强国际金融领域的监管规范，推进金融体系改革等问题。

G20峰会的《华盛顿宣言》对美国次贷危机引发的全球金融危机的根源有如下描述："近年来，全球经济增势强劲，并长期保持稳定，资本流动加快，市场参与者追逐更高收益，却未恰当评估风险和应履行的责任。与此同时，宽松的承销标准，风险管理措施不到位，日益复杂和不透明的金融产品，以及随之产生的过度杠杆操作，共同造成金融体系的脆弱性。在一些发达国家，决策者、监管者和监督者未能充分评估并解决金融市场不断累积的风险，未能跟上金融创新步伐，未能考虑国内监管行动带来的系统性后果。"

笔者认为，导致金融危机的原因可以归结为：一是人性的贪婪，市场参与者不顾风险追逐不合理的高回报、高收益；二是金融产品设计越来越复杂，交易不透明，风险隐藏得越来越深，不易为监管者所察觉；

三是过高的杠杆率,不断抬高了交易风险;四是监管能力跟不上金融创新的速度。

各国领导人承诺根据以下改革的共同原则执行有关政策:

1. 透明度和问责制原则

主要涉及金融产品的信息披露,要确保金融公司披露的财务信息完整、准确,同时,要调整金融机构的激励机制,以避免金融机构管理者的过度风险行为。

2. 稳健监管原则

稳健监管,首先要实现监管的全覆盖,要确保所有金融市场、产品和参与者都在监管范围之内;其次,要根据公认的国际行为准则,加强对信贷评级机构的监督;再次,各国实施的监管措施既要保证监管的有效性,又不能妨碍金融创新,要有利于扩大金融产品与金融服务的交易;最后,各国承诺对本国监管体系进行透明度评估。

3. 诚信原则

落实诚信原则,需要加强对投资者和消费者的保护,避免他们之间产生利益冲突。通过建立法律规则,防止非法的市场操纵、欺诈和滥用行为。由于金融风险具有溢出效应,风险的防范需要不同的监管辖区的合作,重点要防范来自不合作的监管辖区的非法金融风险。建立诚信制度的有效手段之一,就是要促进金融信息的共享,这种金融信息的共享机制,既要包括那些已经接受关于银行保密与透明度国际标准的监管辖区,也要包括没有接受这些保密与透明度国际标准的监管辖区。

4. 国际合作原则

金融监管的国际合作要求国家和区域监管机构在制定有关金融监管规则时要注重监管规则的协调一致。尤其是如何监管跨境资本的流动方面,合作与协调应该涉及金融市场的所有领域。

5. 改革国际金融机构原则

首先各国承诺推进布雷顿森林机构改革,增强其合法性和有效性。增加新兴经济体和发展中经济体,包括最贫穷国家,在国际金融机构中享有的发言权和代表性。

首届领导人峰会发布的宣言,在很大程度上为今后国际金融监管改革定下了基调。

需要指出的，这次峰会还指出："已经为私人资本募集和（或）对冲基金制定了最佳行为准则的私营机构，应拟定一套统一的最佳行为准则。"①

（二）G20 伦敦峰会：成立金融稳定委员会

2009 年 4 月，G20 领导人第二次峰会在英国伦敦举行。此次峰会认为，金融监管措施的重大失误是导致金融机构的根本原因。鉴于金融风险的溢出特征，峰会同意建立更加具有一致性和系统性的跨国合作与高标准的监管框架。峰会首次提出将对冲基金置于金融监管之下。扩大了监管措施的适用范围，将信用评级机构纳入监管框架之内。峰会还对拒不合作的"避税天堂"采取行动及实施制裁。在金融机构改革方面，峰会决定新建一个金融稳定委员会取代原来的金融稳定论坛，并与 IMF 一道对全球宏观经济和金融市场上的风险实施监测。

根据伦敦峰会的决议，2009 年 6 月 27 日，金融稳定委员会成立，取代了之前的金融稳定论坛，专家称其为"全球央行"。金融稳定委员会将承担全球金融监管体系改革这一重任。金融稳定委员会的具体功能包括："评估全球金融体系脆弱性，监督各国改进行动；促进各国监管机构的合作和信息交换，对各国监管政策和监管标准提供建议；协调国际标准制定机构的工作；为跨国界风险管理制定应急预案等。"②

（三）G20 戛纳峰会：强调对影子银行进行监管

2011 年戛纳峰会宣言表示：各国决心履行在 2008 年 11 月华盛顿峰会上做出的承诺：确保所有金融市场、产品和参与者以全球一致的和非歧视性方式受到适当和必要的监管。决定启动对影子银行的监管和监督。加强对影子银行的监管意味着弥补金融体系监管的空白。影子银行体系可以创造监管套利的机会，在银行体系之外累积系统性风险。峰会建议将平衡通过银行对影子银行实行间接监管和直接监管影子银行活动两种办法，监管对象包括货币市场基金、证券化、证券借贷、回购活动以及

---

① G20 峰会《华盛顿宣言》，2008 年 11 月 15 日。
② G20《伦敦峰会公报》，2009 年 4 月 2 日。

其他影子银行实体。

(四) G20圣彼得堡峰会：对五年来的金融监管改革进行了总结

2013年G20峰会《圣彼得堡宣言》对五年来的金融监管改革进行了总结，峰会认为，金融监管改革在过去五年中以国际一致的方式落实金融体系改革措施，取得了明显进展。所有主要辖区都已经部分或完全地做到："执行了新的全球性资本标准（《巴塞尔协议Ⅲ》）；建立了必要的框架，实现衍生品在交易所或电子平台进行交易、集中清算和报告；识别了全球系统重要性银行和保险机构，同意对其实施更高的审慎标准以降低其带来的风险；落实了相关政策工具和程序，在不导致纳税人损失的前提下有序处置大型复杂金融机构；以及应对影子银行体系对金融稳定带来的潜在系统性风险并取得了进展。"[①]

金融改革的内容主要包括以下四个支柱。

一是建立强有力的监管框架。巴塞尔银行监管委员会建立起了全球性的银行资本和流动性新机制，以增强各国银行抗风险能力。各国最终将执行全球统一的新标准——《巴塞尔协议Ⅲ》。加强金融市场基础设施建设。各国以国际一致和非歧视方式，提高对冲基金、信用评级机构、场外衍生品市场的透明度和监管力度。制定全球高质量的会计准则，落实金融稳定委员会稳健薪酬标准。

二是进行有效监管。实施有效的监管，需要各国监管机构执行更强有力的新规则，加强监管者职能、实施监管所需要的资源及监管的权限分工，以便监管者主动识别和应对风险，实施早期干预。

三是处置和解决系统性机构问题，根据危机发生后的情况，各国需要对各类金融机构进行重组或处置。金融稳定理事会提出有效处置具有系统重要性金融机构的具体政策建议。

四是建立透明的国际评估和同行审议制度。全球议程下的金融改革政策，必然涉及金融体系中的重要领域即私募股权基金的监管政策的变化。虽然G20框架下的改革政策涉及私募股权基金监管改革的内容较少，但作为多国的协调政策，主旨确定下来后，具体落实要由各国政府负责。

---

① G20峰会《圣彼得堡宣言》，2013年9月9日。

二 发达国家加强了对私募股权基金的监管

(一) 美国

美国金融危机发生之后,危机造成的影响不仅仅局限于美国,在某种程度上,欧洲受到的影响比美国本土还大,涉及几乎所有的发达国家。因此,各国加快了金融改革步伐,出台了一系列的金融改革法案,意在防范类似的金融危机再次发生。

美国在金融危机发生之后,制定了新的金融监管框架与制度,并对相关法案进行了修改。2009年6月20日,奥巴马政府公布了《金融监管改革方案》,该方案调整对私募股权基金监管的政策,从此,在美国一改过去私募股权基金主要由行业自律的模式转向了行业自律与政府监管并行的监管模式。有关监管政策的调整内容主要有以下两个方面。

一是将私募股权基金纳入美联储的监管范围,赋予美联储对所有一级金融机构的监管权力。关于一级金融机构的标准,主要考虑以下几个因素:"企业倒闭对金融系统和整个经济体系的影响;企业规模、杠杆程度、对短期融资的依赖程度等因素;企业的风险程度对客户、其他企业以及政府的影响。"[1] 因此,私募股权基金被纳入一级金融机构而受到美联储的监管。

二是该方案第一部分F条款提出,"私募股权基金以及其他另类投资咨询公司,需要在美国证券交易委员会进行注册,并公布其管理资产的信息,以评价是否对金融稳定形成威胁。"[2]

2010年7月21日,奥巴马总统签署了《多德—弗兰克华尔街改革和消费者保护法案》,该法案成立了金融消费者保护局,确立了"沃克尔法则"(Volcker Rule),限制商业银行参与私募股权基金与对冲基金。

美国2010年《注册法案》首次对私募股权基金进行了定义:私募股权基金是通过发行基金成立的投资公司,受1940年《投资公司法》的调整。

---

[1] 颜慧:《私募基金监管:国际调整与我国的制度选择》,《中国金融》2009年12月1日。
[2] 颜慧:《私募基金监管:国际调整与我国的制度选择》,《中国金融》2009年12月1日。

之后，美国修改了《证券法》、1940年《投资公司法》等法律，加强了对私募股权基金的监管。美国对相关法律的调整与修改，对私募股权基金产生重要影响：私募股权基金的募集地区产生国际性的迁移，私募股权基金管理人可能采取更多的应对政策以规避监管，整个私募基金行业的平均利润可能呈现降低趋势。①

（二）欧盟

2009年5月27日，欧盟公布了金融监管方案《欧洲金融监管》，并于6月19日在欧盟领导人峰会上获得通过。该方案分别建立了宏观审慎监管机构和微观审慎监管机构。宏观审慎监管机构为"欧洲系统性风险管理委员会"，微观审慎监管机构为"欧洲金融监管机构体系"。欧洲系统性风险管理委员会负责监测整个欧盟金融市场可能出现的系统性风险，欧洲金融监管机构体系则主要负责协调、加强成员国在金融业方面的监管。在欧盟领导人峰会发布的公告中，在"构建金融市场新秩序"中提到了加强对私募股权基金等另类资产的监管。

（三）英国

英国是西方国家中除美国之外最重要的私募股权基金市场。英国私募股权基金行业比较早地关注行业风险，当金融危机来临之时，比较早地采取了相关措施。2007年11月20日，由戴维·沃尔克爵士（Sir David Walker）领导的团队，向英国风险投资协会（British Venture Capital Association，BVCA）提出了针对英国私募股权基金行业的监管指引《私募股权投资信息披露和透明度指南》（Guideline for Disclosure and Transparency in Private Equity.）应将监管的重点放在私募股权投资行业的信息披露方面。沃尔克报告为加强私募股权公司（由英国金融管理局（FSA）授权并在英国投资的公司）及其大型英国投资组合公司的信息披露提供了指南。此外，该报告还就BVCA的全行业数据收集、处理和报告功能，以及由BVCA成立一个小组来审查和监测遵守准则的情况，向BVCA提出了一些建议。对于私募股权企业来说，遵守该指南完全出于企业自愿，

---

① 参见何小锋、窦尔翔、龙森《私募基金监管时代渐行渐近》，《资本市场》2010年第5期。

但指南也同时指出,私募行业对该指南应该采取"遵守或解释"(Complyorexplain)的方法。

指南建议英国投资组合公司加强信息披露,投资组合公司应披露的信息包括下列信息,并应作为其经审计的年度报告和账户的一部分:(1)拥有私募股权基金和代表基金对公司进行监督的英国高级管理人员的身份;(2)公司董事会成员情况;(3)对目前上市公司生产类型的业务回顾;(4)财务审查,应涵盖风险管理目标和政策。经审计的投资组合公司的年度报告和账目还应当在公司的网站上公开,让公众容易查阅,并且应当在公司年度报告披露之后六个月内公开。公司的年中报告要及时更新,简要说明公司的主要业务与发展情况,这些信息应该在公司年中报告披露之后三个月内在公司网站上公开。

投资组合公司还应向 BVCA 提供下列信息,以使 BVCA 能够履行报告建议的义务,并增强该机构的数据收集功能:(1)私募股权公司加强披露的准则,准则所适用的私募股权公司应公布可在其网站上查阅的年度审查报告,或确保定期更新其网站以进行沟通;(2)对公司结构、历史和投资方法的描述;(3)企业投资组合中的英国投资组合公司的描述;(4)指出英国公司的领导地位,确定管理层或咨询团队中最高级的成员;(5)投资或具有指定能力投资于英国有价证券公司的基金或基金的有限合伙人的类别。

私募股权公司在向其有限合伙人报告并评估对其基金的投资时,应遵循该指南,并且还应致力于确保与有价证券公司雇员的有效沟通,特别是在投资战略改变的时候。

三 金融危机之后我国加强了对私募股权基金的监管

(一)促进股权投资企业规范发展

国家发展改革委员会办公厅 2011 年 11 月 23 日发布《关于促进股权投资企业规范发展的通知》(发改办财金〔2011〕2864 号),该通知是我国中央政府主管部门发布的第一个规范私募股权基金的规范文件,通知内容包括:"规范股权投资企业的设立、资本募集与投资领域;健全股权投资企业的风险控制机制;明确股权投资管理机构的基本职责;建立股权投资企业信息披露制度；加强对股权投资企业的备案管理和行业自律等。"通知发布之后，私募股权基金只能向合格投资者募集、私募股权企业的备案登记等都引起了业内的关注。但由于该通知是发改委的规范性文件，效力层次较低。后来的执行效果，尤其是登记备案管理制度没有得到普遍落实。

(二)《证券投资基金法》的修改

2012年12月28日，第十一届全国人大常委会对《证券投资基金法》进行了修改。修改之前，学术界与实务界对该法的修改发表了许多意见。关于是否将私募股权基金纳入该法的调整对象，在修改过程中，相关的机构与部门表达了不同的意见，赞成将私募股权基金纳入该法的意见是：该法应该改为《投资基金法》，将实践中投资于股权的股权投资基金和投资于实业的产业投资基金都纳入调整范围，以全面规范各类投资基金，促进基金业的发展。在实际操作中，私募股权基金除了投资于股份有限公司的股票外，还投资有限责任公司的股权，建议将投资于有限责任公司股权的私募股权投资基金纳入该法的调整范围。[1] 关于私募股权基金是否属于证券投资基金法的调整范围，关键点在于，私募股权投资基金是否属于证券投资基金，赞成者认为，私募股权投资基金中投资于未上市股份有限公司的股份的股权投资基金属于证券投资基金。[2] 股权投资基金和证券投资基金都是基于信托关系建立的，其本质是相同的，应适用同样的监管规则。其主要区别在于投资的流动性上的差异，但这一区别在实践中往往只是一线之隔。从世界主要发达国家的情况来看，将股权投资基金与证券投资基金纳入统一的监管是大势所趋，将两者实行统一的监管，适用相同的监管规则，是合理的、可行的，有利于整个行业的发展。[3]

---

[1] 参见《地方和中央有关部门对证券投资基金法修订草案的意见（一）》，载李飞主编《中华人民共和国证券投资基金法释义》，法律出版社2013年版，第334—335页。

[2] 参见《地方和中央有关部门对证券投资基金法修订草案的意见（一）》，载李飞主编《中华人民共和国证券投资基金法释义》，法律出版社2013年版，第355页。

[3] 参见《地方和中央有关部门对证券投资基金法修订草案的意见（一）》，载李飞主编《中华人民共和国证券投资基金法释义》，法律出版社2013年版，第356—357页。

反对的意见认为，私募股权投资基金不是证券投资基金，不属于该法的调整范围；投资于非上市公司股权的股权投资基金，无论在投资运作方式、对管理人的资质要求，还是在风险控制方面，都与证券投资基金不同，如果将私募股权投资基金也纳入该法的调整范围，将不利于专业管理与风险控制，也不符合当前的监管体制。① 持反对意见的依据是：股权与证券是两个不同的概念，证券属于金融资产，股权属于实业资产，证券投资基金与股权投资基金的投资对象不同，两者的投资运作模式、基金治理结构、风险控制机制、业绩奖励机制、对管理人员的专业技能要求以及监管方式都不相同，无法适用相同的法律规则。实践中监管机构也不完全一致。前期国家发改委已经制定了较为完全的规则，私募股权基金已经有了行之有效的监管规则，没有必要再设立新的监管体系与监管制度。②

当时的国务院法制办综合了各方意见后，经国务院领导同意，在全国人大常务会审议前，提出了以下修订该法的答复意见：将股权投资基金纳入证券投资基金由证监会负责监管，涉及现行的监管体制的重大调整，各有关部门对此意见不一；同时，股权投资基金与证券投资基金在资金的募集方式、投资对象、投资运作方式、对投资者的适当性要求、风险防范和监管要求等方面有较大不同，建议对这一问题再作进一步的研究。也可以考虑不将股权投资基金解释为证券投资基金，可在条件成熟时研究制定统一的投资基金法，针对股权投资基金与证券投资基金的不同特点分别作出相应的规定。③

法律修订草案通过之后，立法机关领导主编的法律释义著作中，关于该法的调整对象的解释，该法的调整对象不包括私募股权基金。④

---

① 参见《地方和中央有关部门对证券投资基金法修订草案的意见（一）》，载李飞主编《中华人民共和国证券投资基金法释义》，法律出版社2013年版，第335页。
② 参见《地方和中央有关部门对证券投资基金法修订草案的意见（一）》，载李飞主编《中华人民共和国证券投资基金法释义》，法律出版社2013年版，第355—356页。
③ 参见《地方和中央有关部门对证券投资基金法修订草案的意见（一）》，载李飞主编《中华人民共和国证券投资基金法释义》，法律出版社2013年版，第356页。
④ 参见李飞主编《中华人民共和国证券投资基金法释义》，法律出版社2013年版，第3—6页对该法第2条的含义进行解释，各种类型的基金各类中不包括私募股权基金。

(三) 私募股权基金监管部门与监管职能的调整

原中央编办 2013 年 7 月印发《关于私募股权基金管理职责分工的通知》，进一步规范证监会与发展改革委在私募股权基金管理上的职责分工。新的职责分工后，证监会负责对私募基金的监管，而发改委负责组织拟订促进私募基金发展的政策措施，以及制定政府出资的标准和规范。

中央编办的通知中称，近年来，我国私募股权基金行业发展较快，但相关管理部门的职责不够明确，给行业发展带来不利影响。《通知》明确："证监会负责私募股权基金的监督管理，实行适度监管，保护投资者权益；发展改革委负责组织拟订促进私募股权基金发展的政策措施，会同有关部门研究制定政府对私募股权基金出资的标准和规范"。通知还表示，两部门要建立"协调配合机制，实现信息共享"。

这样，我国的私募股权基金的监管机构有两个：一个是发改委，职责调整之前，一直负责私募股权基金的监管工作，上述《关于促进股权投资企业规范发展的通知》即是由发改委发布的。其职能是制定促进私募股权基金发展的政策、政府对私募股权出资的规范与标准。从监管职能方面来看，主要是监管政府出资的私募股权基金。另一个是证监会，从《通知》内容来看，证监会应该是主要的监管机构，而且要实施的是"适度监管"，保护投资者利益。《通知》还要求两部门协调配合，实现信息共享。

随着政府监管职能的调整，《证券投资基金法》修订过程中讨论的关于证券投资基金与私募股权基金的监管机构不同的问题得到了解决，统一由证监会监管了。

(四) 中央经济工作会议提出的金融监管政策

防范金融风险是近几年来中央工作会关注的焦点问题之一。2015 年中央经济工作会议要求："要加强全方位监管，规范各类融资行为，抓紧开展金融风险专项整治，坚决遏制非法集资蔓延势头，加强风险监测预警，妥善处理风险案件，坚决守住不发生系统性和区域性风险的底线。"[①]

---

① 《2015 年中央经济工作会议公报》，2015 年 12 月 21 日。

全方位监管、遏制非法集资、风险监测预警、守住不发生系统性、区域性风险的底线等是这段要求的关键词。

2016 年中央经济工作会议指出："要把防控金融风险放到更加重要的位置，下决心处置一批风险点，着力防控资产泡沫，提高和改进监管能力，确保不发生系统性金融风险。"① 防控资产泡沫、确保不发生系统性金融风险是关键词。

2017 年 4 月 25 日下午，中共中央政治局就维护国家金融安全进行了第四十次集体学习，一行三会的领导就各自业务领域和工作实际介绍了情况，分别就加强宏观调控、保障金融安全；化解银行体系风险、维护金融稳定；资本市场发展与风险管理；回归风险保障、强化保险监督、守住维护金融安全底线等问题向政治局谈了认识和体会。习近平总书记在此次集体学习会上就维护国家金融安全发表了重要讲话，其主要思想可以概括为以下几个方面：

金融安全在国家安全中的重要性。"金融安全是国家安全的重要组成部分，是经济平稳健康发展的重要基础。维护金融安全，是关系我国经济社会发展全局的一件带有战略性、根本性的大事。金融活，经济活；金融稳，经济稳。"②

习近平总书记强调，"准确判断风险隐患是保障金融安全的前提。总体上看，我国金融形势发展良好，金融风险可控。但在国际国内经济下行压力因素综合影响下，我国金融发展面临不少风险和挑战。经济全球化的深入发展，金融危机外溢性凸显，国际金融风险点仍然不少。一些国家的货币政策和财政政策调整形成的风险外溢效应，有可能对我国金融安全形成外部冲击。增强风险防范意识，未雨绸缪，密切监测，准确预判，有效防范，不忽视一个风险，不放过一个隐患。"③ 具体而言，就如何维护我国的金融安全提出了四项改革举措。这些改革举措涉及金融

---

① 《2016 年中央经济工作会议公报》，2016 年 12 月 21 日。
② 《金融活经济活金融稳经济稳，做好金融工作维护金融安全》，《人民日报》2017 年 4 月 27 日。
③ 《习近平主持中共中央政治局第四十次集体学习》，http://www.gov.cn/xinwen/2017-04/26/content_5189103.htm，2019 年 9 月 23 日访问。

公司的治理改革与合规经营；统筹监管系统重要性金融机构、金融控股公司和重要金融基础设施；加大对市场违规行为的处置力度；推进金融供给侧改革，积极支持金融促进实体经济的发展等。

第二节　文献综述

关于文献综述的内容，需要在综述之前作一个说明。有关外文文献方面，主要集中介绍了几本由外国学者撰写、已经翻译成中文的著作；英文论文也着重介绍了几篇与本书内容相关的文章。国内文献方面，也偏重介绍著作，中文论文文献，在下文中涉及引征相关学术观点与资料时，会在文中注明，主要是近几年来中文学术论文中研究私募股权监管方面的学术论文多了起来，限于篇幅，这些文章的主要学术观点不在此综述。

一　国外学术文献综述

（一）不同法系对证券市场监管力度的差异

美国哥伦比亚大学法学院教授小约翰·C. 科菲（John C. Coffee, Jr.）在《法律与市场：强制执行的影响》一文中比较了不同法系的国家在证券市场执法方面有不同的表现。[①] 证券监管机构的执法力度在金融发达国家之间存在很大的差异，但总的来说，普通法法系国家似乎比民法法系的国家更强调证券监管与执法的力度。然而，执法的强度这个变量是否解释了普通法法系国家在金融方面取得了更快的发展，或者是不同的执法强度导致了不同国家在金融方面的差异化发展，以及两者之间存在的因果关系。

然而，比普通法法系和大陆法法系国家之间的差距更为突出的是美国的独特性，美国的公共和私人执法效果使其他国家相形见绌。美国在证券监管方面的成本支出和处罚的案件数量及严厉程度都是独一无二的。通过执法的"投入"（即预算和员工人数）或产出（即执法行动次数或罚款额度）方面，可以明确地衡量执法力度。在调整市场规模或国内生

---

① John C. Coffee, Jr., Law and the Market: The Impact of Enforcement, http://papers.ssrn.com/paper.taf? abstract_ id = 967482.

产总值后,美国与其他普通法国家的执法成本支出没有大的差异,但是美国的执法行动更加严厉,罚款数额更大。例如,2005—2006年,美国证券交易委员会(SEC)实施的罚款是英国金融服务局(FSA)罚款数量的30倍,即使在调整了市值差异后,仍然存在10倍的差距。美国证券监管机构的预算中,更强调对执法的投入,在这方面是英国证券监管机构的两倍多。当然,不同国家的执法方式的不同反映了监管方式的差异。美国执法中强调"事前"忠告和咨询方法,"事后"强调威慑。

美国在监管规则的公共执行与私人执行方面,也并不是平行用力的,更多的是通过公共机构来执法的,而且使用的是刑事制裁。事实上,美国认可集体诉讼和支付律师胜诉酬金。在美国,私人执行所实施的罚金超过了公共执行实施的罚金,保证金的数量也在增长。在普通法法系国家中,唯一可以与美国比肩的国家是澳大利亚,证券监管机构将其预算中的较高比例用于执法,执法过程中也大量使用了刑事制裁。

美国证券监管机构更加强调执法的结果是什么?最近的评论表明,其目的是阻止外国发行人进入美国发行证券,从而威胁到美国的资本市场竞争力。但是,近期的研究表明,已经被成功阻止进入美国市场的交叉上市公司,是由控股股东控制的公司,这是一种能够获得很高私人权益的一种控制模式。在美国市场进行交叉上市的外国发行人的资本成本平均减少13%,估值溢价(以托宾Q为单位)比非交叉上市的企业高出32%。虽然交叉上市决策涉及绑定、信号、自我选择和信息不对称的复杂关系,但总体证据支持"绑定假说"(bonding hypothesis),并表明美国更加强调执法力度来减少信息不对称性,降低股本融资成本。

(二)合伙企业的征税问题

有限合伙企业的征税问题一直是针对此类企业监管的热点讨论话题。美国伊利诺伊大学法学院副教授维克托·弗莱舍(Victor Fleischer)《二和二十:私募股权投资基金中的合伙企业征税》认为,[①] 私募股权投资基

---

① Victor Fleischer, Two and Twenty: Taxing Partership Profits in Private Equity Funds, *New York University Law Review*, 2008, U of Colorado Law Legal Studies Research Paper No. 06-27, UCLA School of Law, Law-Econ Research Paper No. 06-11.

金的经理参与合伙企业利润的分配，可以视为对其权益部分的补偿。对于经理人来说，补偿服务合伙人的税法规则为其创造了一个预期的机会，他可以获得行业标准的"2 和 20"（2%的基金管理费和20%的投资收益）。以合伙企业利润的形式支付的收益部分，是基金经理人获得的延迟的劳动回报，由行业内的正常收入转换成了长期的资本投资收益。权益税收规则的补偿服务为合作伙伴创造一个机会，基金经理计划接受行业标准的"2 和 20"。基金经理将来自他们的劳动努力所得从普通收入转化为长期资本利得。这一税法惯例允许一些国家中最富有的人为他们的劳动收入支付较低的税。投资界因此发生了改变——私募股权投资基金的兴起，通过机构投资者采取了可转移的阿尔法策略（portable alpha strategies）和激进的税收计划——建议重新考虑合伙企业的利润难题。在这篇文章中，作者提供了一个可供选择的改革菜单，包括一个新颖的计算资本成本方法，这个方法可以通过税收补贴使作为普通收入的人力资本的回报与作为创新活动的奖励达到一个平衡。

尽管在这个可供选择的改革范围与机制上存在着很大的分歧，作者认为，在税收政策问题上，维持现状是一个无法坚持的立场。在各种各样的选择中，也许最好的出发点是将附带权益分配作为收入的底线规则，或者，立法机构可以采取更复杂的方法——"资本成本"方法，可以转换部分附带权益以年为基础的普通收入，或者它可以允许基金管理者选择普通收入还是"资本成本"的方法。对基金经理而言，任何一种针对附带权益分配征税这种现状的替代方案，都要与现行的税收制度下的其他形式的补偿相匹配，从而才能达到提高经济效益、阻止浪费的监管目标。这些变化也会使私募股权的补偿与激进的税收体制、累进税率制度和分配公正的普遍原则相协调。

（三）私募股权基金风险预测与合同约束

汤姆·威丁和皮尔—伊夫·马斯勒特（Weidig, Tom and Mathonet, Pierre – Yves）在《私募股权基金的风险预测》中认为，[1] 私募股权是一

---

[1] Weidig, Tom and Mathonet, Pierre – Yves, The Risk Profile of Private Equity (January 2004). Available at SSRN: https://ssrn.com/abstract=495482 or http://dx.doi.org/10.2139/ssrn.495482.

种高风险资产，但私募股权投资未必如此。作者研究了每种投资工具的风险预测，发现存在明显差异。例如，在风险投资中，直接投资的总投资损失约为30%，而投资基金和投资基金中的基金，几乎没有投资的损失。基金损失的概率约为30%，但对于基金中的基金来说是很小的。这表明，投资的多元化非常重要，需要考虑投资风险的判断。由于法律或法规上的限制，投资者经常使用投资风险较低的投资工具，比如基金或基金中的基金。

美国加州伯克利大学法学院教授史蒂文·大卫杜夫·所罗门（Davidoff Solomon, Steven）在《私募股权的失灵》①一文中研究了2007年秋季至年底私募股权企业屡次试图终止即将发生的并购，围绕这些所谓的终止条款的诉讼，以及针对私募股权投资协议条款的严格审查，为揭开私募股权结构中所谓的"缺陷"打开了一个窗口。作者试图了解这些失败是否存在，如果存在，研究导致失败的原因是什么。作者发现私募股权的投资结构非常复杂。私募股权企业与被收购公司之间的合同条款关系只是它们之间关系的冰山一角。在非公开的部分，私募股权投资协议当事人利用规范、惯例、声誉约束、语言和关系纽带来填补合同空白，几乎覆盖了明示的合同条款，通过协商达成的解决方案超过了所有的合同条款。律师在帮助起草私募股权投资协议过程中，担任了交易成本的工程师角色，通过对合同条款和法律的关注，从而构建了私募股权投资协议的合同结构。但是，律师通过依赖这些合同之外的因素和力量，产生了私募股权投资结构的路径依赖。根据这些发现，2007年秋之前的私募股权并购案例的失败，是被收购的公司在充分考虑这些事件的情况下进行创新和谈判的律师的失败。依靠法律之外的力量，允许这些律师可以通过谈判来解决那些表面上看来有缺陷的私募股权投资合同，以解决在合同起草时出现的有合理性的草率与用词模糊。

（四）监管难点：私募股权交易的私密性

英国剑桥大学教授布莱恩·芬思（Brian R. Cheffins）和约翰·阿穆

---

① Davidoff Solomon, Steven, The Failure of Private Equity, *Southern California Law Review*, 2009, Vol. 82, p. 481.

尔（John Armour）在《私募股权的衰退》①一文中认为，私募股权的特点是由私人控股公司经营，将公开公司以并购的方式进行私有化，因其收购规模与影响使这个行业成长速度很快而常常占据商业新闻显要位置。如果这种趋势持续不减，正如经济学家迈克尔·詹森（Michael Jensen）在1989年预言"公众公司的衰退"之后，很快得到了验证。作者认为，虽然这两者有较大的差别，但私募股权已经出现了部分衰退。一种可能性是，目前的市场和法律环境非常支持公众公司私有化，但是这种方式造成的混乱可能导致私募股权发展减速甚至走向其反面。作者讨论了私募股权在20世纪60年代以来起伏发展的历史，事实是混合并购与杠杆收购受到较大影响（例如信贷市场紧缩和增加监管），可能与私募股权收购的浪潮一样，形成了私募股权暂时的衰退。即使市场条件仍然有利于私募股权的发展，但其衰退仍然以不同的方式发生。交易的私密性一直是私募股权的标志，行业领袖们建立起了秘密的合作伙伴关系，他们常常进行谈判闭门收购和重组投资组合公司的事情，这些活动都在公众的视线之外。如果市场条件仍然有利于私募股权市场的发展，那么，顶级的私募股权企业会继黑石集团之后继续进行IPO。即使公众公司的私有化是一种主流趋势，私募股权企业公开上市仍将在公开市场的保护伞下快速发展。

（五）如何监管"老练的投资者"

彼得·莫瑞斯和路德维奇·法利普（Peter Morris and Ludovic Phalippou）在论文《监管私募股权的新方法》②中认为，历史上围绕私募股权的学术讨论集中在私募股权基金的管理者与他们所控制的公司的关系方面。通常，几乎没有证据能够支持私募股权基金的管理者损害了他们所控制公司的利益。同时，私募股权基金的另一方面却很少受人关注：私募股权基金的管理者与投资者之间的关系。私募股权市场存在经济学家描述消费市场显示的"价格覆盖"（price shrouding）信号。这对那些自

---

① Brian Cheffins John Armour, The Eclipse of Private Equity, http://ssrn.com/abstract = 982114.

② Peter Morris and Ludovic Phalippou, A New Approach to Regulating Private Equity, *Journal of Corporate Law Studies*, April 2012, pp. 59 – 84.

动假定"老练的投资者"(sophisticated investor)能够签订最优合同的人来说是违反他们的直觉的。它之所以会给监管者和政策制定者带来潜在的麻烦,是因为他们使用了"老练的投资者"这个假定作为组织金融市场方法时的基础材料。作者针对为什么价格覆盖可以影响"老练的投资者"给出了两种解释,并建议提供对此受到的损失进行救济。虽然这些讨论集中在私募股权投资协议的清单之中,我们相信这与其他的复杂投资相关,因为"老练的投资者"普遍存在。

(六) 欧盟对私募股权基金的监管

剑桥大学公司与证券法教授爱丽斯·费伦(Eilís Ferran)在论文《危机之后:欧盟对对冲基金与私募股权的监管》[①] 中,关注了近期欧盟关于另类投资产业相关的监管政策问题,涉及欧盟新的指令。欧盟"另类投资基金管理人指令"只是欧盟发布的一系列与金融市场监管相关的一部分,它的价值体现在以下三个方面:首先,此次金融危机是如何发生的,危机发生之后制定的法律涉及两个重要的问题:一是利用危机发生的机遇以实现与此不相关的目标,二是因防范危机的发生而导致过度监管。其次,随着对另类投资指令在欧盟内部的实施,使对另类投资的监管呈现国际化趋势,通过对欧盟这一地区性情况的审视,揭示了其在欧盟的政策制定过程中扮演的关键角色,同时,通过对利用金融危机监管改革的机会,发挥欧盟的国际影响力,以此进一步推进欧盟的内部议程。最后,围绕制定指令的立法过程中发生的有关特殊问题的争论,加深了我们对欧盟机构之间重要关系的洞察与了解,尤其是,我们发现欧洲议会在推动欧盟金融市场的监管方面发挥的作用越来越大。

牛津大学公司融资法高级讲师詹尼弗·佩恩(Jennifer Payne)在《欧洲的私募股权监管》[②] 一文中认为,2008年9月雷曼兄弟倒闭后,私募股权投资基金的交易数量与交易价值都急剧下挫。金融危机的发生导致人们呼吁加强对私募股权投资基金行业的监管。作者根据欧洲私募

---

① Eilís Ferran, After the Crisis: The Regulation of Hedge Funds and Private Equity in the EU, *European Business Organization Law Review*, 12: 379 – 414.

② Jennifer Payne, Private Equity and Its Regulation in Europe, *European Business Organization Law Review*, 12: 559 – 585.

股权交易的发展，分析了这些交易的性质。作者认可的私募股权投资基金的监管方法是：强调披露义务，关注系统性风险。欧盟通过的《另类投资基金管理人指令》相关条款已经将我们讨论过的和需要关注的问题写进了相关条款。人们认为，指令所作的有关监管规定的力度要比之前人们赞同对私募股权投资基金进行监管的力度要弱。同时，在监管制度的设计方面，指令没有充分区分对冲基金与私募股权基金。

（七）为什么要监管私募股权

哥本哈根商学院教授斯蒂恩·汤姆森（Steen Thomsen）在《为什么要监管私募股权?》[①] 一文中认为，私募股权近几年已成为一个数万亿美元的产业，但其快速的增长一直伴随着公众的争议和要求监管的呼声。作者检讨有关政策的辩论，从英国私募股权企业的自愿式的最佳实践准则到欧洲大陆社会主义者的监管与控制主张，同时也分析了一些监管案例。作者发现几乎没有证据能够证明这个领域市场失灵，对由投资者、银行和工会组成的私人秩序有强烈的异议。这个领域里的市场秩序由这些市场的参加者既有能力也有激励解决管理层之间的利益冲突、过度负债和其他弊端。相反，值得怀疑的是，政治家们是否有充分的信息制定这一领域的规则，或多或少不可预测的政策变化会对商业信心造成重大的损害。总之，监管需要弱化。但是，如果"勤政"的政治压力压倒一切，就如他们当下所做的，越来越多的信息披露和透明度要求至少要付出昂贵的成本代价。

荷兰蒂尔堡大学教授约瑟夫·麦凯瑞（Joseph A. McCahery）和艾里克·韦尔默朗（Erik P. M. Vermeulen）在《私募股权监管》[②] 一书中比较分析了私募股权监管制度，探讨了现有的私募股权投资基金的合同安排和行业标准，研究表明，一般情况下，投资者根据自己的偏好有能力对投资作出决策，部分投资者可能会面临一系列的治理问题和风险，对于他们来说，这些可能是潜在的危险。作者研究了与私募股权投资和收

[①] Steen Thomsen, Should Private Equity Be Regulated? *European Business Organization Law Review*, 10: 97–114.

[②] Joseph A. McCahery and Erik P. M. Vermeulen, *Private Equity Regulation*, Springer.

购行为有关的现有的行业规则和法律工具后,认为运用它们可以解决这些问题。

(八) 监管与私募股权基金绩效之间的关系

加拿大约克大学舒立克商学院教授道格斯·卡明（Douglas Cumming）和意大利博洛尼亚大学经济学院教师西蒙娜·赞贝利（Simona Zambelli）在《严格监管下的私募股权投资基金绩效》①一文中认为,历史表明,严格监管和禁止,会减少资本的供应和投资回报的增长（如药品、钻石）。但是,对于私募股权投资基金等增值投资者来说,严格监管也降低了资本的质量与基金的参加。迄今为止,严格监管所造成的净收益的回报是不明确的,这个问题还没有进行过研究。作者利用一个新的独特的数据库,在对杠杆收购进行严格监管的条件下,通过实证研究了私募股权投资基金在意大利的收益。研究结果显示,严格监管不仅降低了资本的供应,而且减少了投资者的回报与公司的业绩,也减少了私募股权投资基金以IPO退出的可能性。

(九) 对美国金融改革法案的评论

美国著名经济学家兰德尔·克罗茨纳、罗伯特·希勒的《美国金融市场改革：多德—弗兰克法案颁布前后的反思》②一书是笔者阅读到的中文译作里非常有特色且学术水平一流的著作。它由一篇序言、两篇论文、四位学者对两篇论文的四篇评论、两篇作者的回应及一篇作者的再回应组成。整个篇幅不大。但两位论文的作者名头很响：希勒教授是诺贝尔经济学奖获得者,国际著名的金融学家；克罗茨纳是芝加哥商学院教授,曾经担任美国联邦储备委员会理事。序言作者与四位评论者也是重量级的经济学者。希勒教授深入浅出地阐述了监管的理论基础,认为有效市场理论是放松管制的理论基础,而放松管制正是这场危机的一个原因,作者认为有效市场理论是人类历史上最为明显的错误理论之一。而克罗茨纳更多是从建设性角度出发,对信用评级机构的完善、提高证

---

① Douglas Cumming and Simona Zambelli, Private Equity Performance under Extreme Regulation, http://ssrn.com/author=75390.

② ［美］兰德尔·克罗茨纳、罗伯特·希勒：《美国金融市场改革：多德—弗兰克法案前后的反思》,王永桓、陈玉财译,东北财经大学出版社2013年版。

券交易的透明度以及建议在交易所和清算所进行 CDS 交易进行了论述。

美国纽约大学范瑞尔·阿查里亚等编的《监管华尔街:"多德—弗兰法案"与全球金融新架构》①是美国学者撰写的有关《多德—弗兰克华尔街改革与消费者保护法案》(以下简称《多德法案》)产生的背景、内容介绍、评论等方面有分量的专著。与本书内容相关的内容有第一章"金融监管框架"、第三部分"影子银行"。作者认为,有效的金融监管架构应该包括以下四个方面的内容:鼓励创新和效率、提高透明度、确保安全与稳健以及促进在国际市场的竞争。关于影子银行问题,影子银行的产生主要是为了规避现行的监管制度。影子银行的出现使传统银行之外有了一个与自己体量相当甚至超过自己的庞然大物,但这个金融巨兽的交易不透明,融资率高,经营不受监管,这种被视为金融创新的产物,大量的创新产品不受监管部门的监管。在这种金融创新的咄咄逼人的进攻下,传统的监管措施只得步步后退,立法机构不断地修改原有的法律法规,为金融创新让步,提供制度环境,这就是近四十年来金融领域放松监管的真实写照。美国影子银行的发展规模达到了惊人的地步,数量达到了存款银行系统的规模,影子银行系统在近四十年的时间里,挣到了大约 1000 亿美元的中介费用。影子银行是此次金融风险产生的源头之一,自然成为法律重点监管的对象。本书认为《多德法案》存在四个方面的不足:一是没有涉及政府对金融机构担保的不合理定价问题,将导致道德风险的产生。二是系统重要性企业将被迫承担自己的损失,但这个损失并不是它们在这个系统中对他人施加的成本,因此,法案对解决系统性风险方面的措施已经落后了。三是在一些方面,法案是用其形式(银行)而不是功能(银行规则)来监管金融部门,无法应对未来可能出现的新的组织形式。该法案落入了一个熟悉的陷阱。四是法案在监管影子银行方面还存在许多漏洞。监管套利没有得到根本解决,影子银行的大部分还是维持原有形态。

---

① [美]范瑞尔·阿查里亚等编:《监管华尔街:"多德—弗兰克法案"与全球金融新架构》,梅世云、盛文军译,中国金融出版社 2012 年版。

(十) 德国与奥地利私募股权基金监管情况

中国市面上翻译过来的欧洲学者撰写的私募股权著作较少,两位德国学者君德尔和卡佐克的著作为我们打开了欧洲学者的学术视野。《私募股权:融资工具与投资方式》[①]对德国与奥地利两国有关私募股权的内容介绍很全面,尤其是德国的情况,对于我们习惯于阅读英美法系的著作较多的读者来说,有些内容令我们耳目一新。两大法系在证券法律方面的差异较大,而且不同的法律规则可能会产生不同的经济效果。德国企业一直视自有资本率是在资本市场融资的担保或者条件之一,在这方面,奥地利与德国有相似的情况。欧洲大陆企业的这种传统,也在一定程度上制约了欧洲资本市场的发展,英国只是一个特例,而它又属于英美法系。但是中小企业通过自己的资本积累扩大市场规模,是很困难的。因此,德国中小企业一直重视私募股权这种融资方式。德国企业的实践证明,与其他企业相比,"利用私募股权融资的企业增长更快,提供的就业机会更多,国际化倾向更强,并能够创造可观的国民经济价值。"[②]

(十一) 政府为何要干预私募股权市场

美国学者乔希·勒纳等著的《风险投资、私募股权与创业融资》一书中[③]对金融危机发生之后政府对私募股权的干预以及监管措施制定之后对整个私募股权行业所产生的影响进行了研究。作者认为,政府干预私募股权的原因有以下几个方面:一是技术创新是国家经济增长的推动作用已经得到了广泛的认可。二是理论研究与实践证明,创业者与风险投资对技术创新有促进作用。虽然他们不能取代科学工作者、大学、实验室在技术创新中的作用,但他们常常充任了催化剂的角色。三是政府能够有效地促进创业与风险投资。从过去的经验来看,政府支持风险投资基金,花费了不少的资金,但收益并不明显,甚至有的还造成了很大的

---

① [德] 马提亚斯·君德尔、布庸·卡佐克:《私募股权:融资工具与投资方式》,中信出版社 2011 年版。

② [德] 马提亚斯·君德尔、布庸·卡佐克:《私募股权:融资工具与投资方式》,中信出版社 2011 年版。

③ [美] 乔希·勒纳、安·利蒙、费尔达·哈迪蒙:《风险投资、私募股权与创业融资》,路跃兵、刘晋泽译,清华大学出版社 2015 年版。

损失,在日本、美国、欧洲都发生过这样的案例。但有学者通过实证研究,认为政府基金在提供各种支持,包括财务支持方面可能会有一定的作用。作者认为,只有当政府风险投资基金受到私人基金的约束时,它才能达到最大的效果。至于美国金融危机发生之后各国所采取的针对私募股权基金的监管措施,到底会对该行业产生哪些影响,还需要进行实证的评估。作者认为,政府很难找到一个令人信服的理由对私募股权投资行业进行更多的监管。

(十二)强制信息披露

关于强制信息披露的效果,美国学者专门撰写了一本强制披露失败的著作《过犹不及:强制披露的失败》。[①] 作者认为,在美国法律中,强制披露大概是被最普遍采用但却最少奏效的一项监管技术。强制披露旨在帮助人们在与行家打交道时,能够就陌生且复杂的问题进行决策。从立法目的来看,强制披露通过要求信息披露人给予披露对象相关的信息,从而使披露对象能够更明智地做出决策,也使被披露人不能够滥用其信息优势地位。[②] 作者认为,强制披露是一项特殊的监管手段,在现实中几乎毫无节制地被运用,但作者通过大量的实证研究,认为强制披露制度没有实现其目标,因此,作者认为美国的强制披露制度在实践中是失败的,而且这种失败无法挽救。

(十三)私募股权基金监管工具

加拿大学者道格拉斯·卡明等著的《私募股权投资:基金类型、风险与收益及监管》[③] 一书是国内翻译的反映西方学者最新的也是内容较为全面的私募股权基金方面的著作。该书第四部分"国际私募股权投资与监管"涉及的内容非常丰富,对私募股权基金的监管进行了比较分析,私募股权基金投资的一系列合同关系,构成了该类投资的自律的主要基

---

① [美] 欧姆瑞·本·沙哈尔、卡尔·E. 施奈德:《过犹不及:强制披露的失败》,陈晓芳译,法律出版社 2015 年版。
② [美] 欧姆瑞·本·沙哈尔、卡尔·E. 施奈德:《过犹不及:强制披露的失败》,陈晓芳译,法律出版社 2015 年版,第 3 页。
③ [加] 道格拉斯·卡明等:《私募股权投资:基金类型、风险与收益及监管》,孙春民、杨娜译,中国金融出版社 2016 年版。

础。那么政府监管会带来什么样的后果呢？会使该行业的资金供给下降，政府干预的挤出效应是监管者预料不到的。作者认为，政府监管的法律工具无非是以下几种：一是自愿报告与信息披露；二是改善市场的进入；三是治理与投资者保护措施；四是税收。该书作者对加拿大、意大利、德国、丹麦以及欧洲、新兴市场国家等私募股权基金的发展情况及监管进行了研究，为我们打开了认识与了解国际私募股权基金市场一扇新的窗口。

（十四）税收政策变化对私募股权基金发展的影响

美国学者哈利·曾德罗夫斯基等著的《私募股权投资：历史、治理与运作》[①] 一书对私募股权基金发展历史上的重大事件进行了简洁的描述，涉及有关监管问题。笔者认为作者对附带收益税方面进行了较为详细的研究，这部分内容是笔者所见很独特的部分，也是本书有关监管内容的新颖部分。本书认为税收变化是对私募股权基金发展影响最大的因素之一。该书对美国《多德法案》与私募股权基金相关的法律条文变化做了认真的研究与分析。

二　国内学术文献综述

（一）对美国金融改革法案的解读

刘士余主编的《美国金融监管改革概论——多德—弗兰克华尔街改革与消费者保护法案导读》[②] 是中国学者解读与研究《多德法案》的成果，其对《多德法案》的内容进行概括性研究，便于中国读者全面解读《多德法案》。附录占用了本书一半的篇幅，附录的内容包括中国学者关于美国与欧洲在金融危机发生后金融改革措施的研究成果。

（二）私募股权投资基金监管的全面研究

赵忠义著的《私募股权投资基金监管研究》[③] 是国内全面研究私募股权投资基金的一本学术专著，融经济学理论研究、模型分析与法律制度

---

① ［美］哈利·曾德罗夫斯基等：《私募股权投资：历史、治理与运作》，孙春明、杨娜等译，中国金融出版社2014年版。

② 刘士余主编：《美国金融监管改革概论——多德—弗兰克华尔街改革与消费者保护法案导读》，中国金融出版社2011年版。

③ 赵忠义：《私募股权投资基金监管研究》，中国金融出版社2011年版。

为一体,反映了最新的国内研究成果。本书第三章研究了私募股权投资基金的信息不对称风险与第四章私募股权投资基金的潜在系统性风险,颇具特色。作者对金融危机发生之后,欧美发达国家关于私募股权投资基金的监管制度的演进进行了详细的分析,对中国如何构建具有自己特点的监管制度进行了探索。

(三) 金融监管的发展逻辑

安辉的《金融监管、金融创新与金融危机的动态演化机制研究》[1] 研究了金融监管的变迁史,重点研究了美国金融监管制度的演变,分析了金融监管如何由自律走向严格监管,又从监管放松转向严格的发展逻辑。作者从经济学的角度分析了金融创新与金融监管之间的博弈过程,分析了二者之间演化的机理。作者反思了危机发生之后各国监管改革的情况,对中国金融监管模式进行了反思,提出金融监管改革的方向与思路。

(四) 构建投资基金监管的基础理论

方桂荣的《中国投资基金监管法律制度研究》[2] 一书的一个具有特色的地方是,对投资基金需要监管的理论基础进行了详细的探讨,分别从经济学与法学的角度进行了研究,这在其他著作中很少见,也使该书的立论建立在坚实的理论基础之上。该书重点研究了投资基金市场准入监管法律制度、关联交易监管法律制度、监管中的独立董事法律制度及信息披露监管法律制度等。正如作者所言,该著作的学术追求是要构建投资基金监管的基础理论。

(五) 对冲基金监管制度对私募股权基金监管的借鉴

王刚的《对冲基金监管制度研究》[3] 对对冲基金监管制进了研究。鉴于私募股权基金与对冲基金之间密切联系,甚至有学者认为私募股权基金包括对冲基金,因此,研读本书不仅可以全面了解对冲基金的监管理念与制度,而且对如何构建私募股权基金的监管制度有十分重要的借鉴意义。同时,作者认为,中国是一个对冲基金未来大有作为的市场,虽

---

[1] 安辉:《金融监管、金融创新与金融危机的动态演化机制研究》,中国人民大学出版社 2016 年版。
[2] 方桂荣:《中国投资基金监管法律制度研究》,中国人民大学出版社 2012 年版。
[3] 王刚:《对冲基金监管制度研究》,经济管理出版社 2012 年版。

然目前市场发育还有待加强与促进,但提前构建相关的监管制度,对未来市场的健康发展大有裨益。

(六) 私募股权投资当事人之间的协同机制是行业自律的基础

朱顺泉在《私募股权投资基金协同机制研究》① 一书认为,私募股权投资基金实质是由一系列合同关系构建起来的体系,所谓的协同机制,实质上是各种合同关系的当事人之间如何通过条款进行利益的博弈,从而各方都达到利益最大化。该书的特点是引用了一些数据与模型来讨论不同类型合同当事人之间的协同机制。

(七) 私募股权基金的监管方法

国内资深私募股权基金投资人陈玮的《我的 PE 观》② 一书,从书名来看,是一本职业投资人的从业感悟。内容确实是作者十年经验总结,但也是一本很严肃的学术著作。如"在拿什么吸引 PE"中,作者详细比较了各地为了吸引投资而出台的各项优惠政策,作者认为,相对于地方政府的积极性而言,中央政府却显得相对有些保守,规范大于扶持。在"怎样监管 PE"一文中,对海外市场的监管进行概括性研究,提出了中国监管的大方向应是适度与引导,提高监管效率必须处理好三大关系:即多头管理与政策统一的关系、管理部门与行业自律的关系、长期发展与短期管理之间的关系。作者提出的一些观点,不是学者在书斋里想出来的,是从实践中体会出来的,因此,该书兼具理论价值与应用价值。

三 评述

国内外学者对私募股权基金的监管理论与监管实践进行了深入的研究。既有研究成果主要集中在以下几个方面:一是私募股权基金在运营过程中存在的风险因素以及化解这些风险的方法;二是私募股权基金监管的理论基础,包括经济学理论与法学理论,金融监管是一个触及经济学与法学的综合性、交叉性学科,只有将这两个学科结合起来分析,才

---

① 朱顺泉:《私募股权投资基金协同机制研究》,人民出版社 2015 年版。
② 陈玮:《我的 PE 观》,中信出版社 2011 年版。

有可能将监管原理阐述清楚；三是研究了一些具体的监管内容与监管方法，包括不同法系金融监管方法的差异；四是阐述了政府干预私募股权基金市场的理由及正当性。

国外前期研究成果大多集中在2008年美国金融危机发生之前，较少涉及金融危机发生之后国际社会共同努力推进金融监管制度与监管体制改革的努力及其成果，尤其是美国金融危机发生之后，以英国为代表的一些国家反思美国监管模式存在的弊端而进行新的监管模式的实践探索及取得的效果。

国内学者还研究了美国金融及西方发达国家金融监管的实践，尤其是对美国2008年金融危机发生之后欧美国家对原有的金融监管体系与监管制度的改革成果。一些学者对私募股权基金内部运作存在的风险与外部经营环境的风险都作出了深入的研究，对中国采取何种金融监管模式也进行了探讨。

已有研究成果存在的不足之处在于：一是未将私募股权基金纳入整个金融体系之中进行研究，2008年美国金融危机发生之后，美国金融监管制度改革的一个重要内容就是将私募股权基金纳入整个金融体系进行监管，而不是像过去将其视为投资自由领域而完全由行业进行自律监管。二是没有对私募股权基金监管进行系统性研究，各个研究成果基本上只是涉及私募股权基金运作的某个方面或者某个环节。国内学者的研究成果基本没有涉及具体的监管制度，更谈不上深入研究一些具体的监管措施了。三是2008年之后，中国金融监管机构针对私募股权基金制定了一系列监管制度与监管措施，目前已有的研究成果对此研究不多，需要进行总结与归纳，对新的监管制度产生的效果进行评价。

第三节　本课题研究的主要问题

基于以上的背景与学术文献，针对中国在私募股权基金监管面临的理论与实践问题，在前人研究的基础上，本书拟就以下问题进行更为详细的研究。

一　2008年美国金融危机之后发达国家私募股权监管体系与监管制度的变革

2008年美国金融危机发生之后，全球都在反思危害如此之大的金融危机是怎样发生的，发生的原因是什么？由于现代金融体系越来越复杂，人们进行反思的时候，反思的方法与以前金融危机发生之前的反思方法有所不同，这次反思是从整个金融体系或者金融系统进行的，具有整体性反思的特点。在经济全球化的今天，全球资本的流动形成了金融资本主义的全球蔓延，金融危机的外溢性特色十分明显。因此，危机之后，全球金融监管改革几乎是同步的。研究这个问题，主要是为中国金融监管制度改革及私募股权基金监管改革提供有益的借鉴。

二　中国私募股权基金监管制度的建立与改革，与整个金融体系的监管制度改革的关系

2008年金融危机之后，中国通过G20峰会建立的领导人协商机制，很快就与国际社会一道，共同反思金融危机暴露的体制性缺陷与监管漏洞。同时，他山之石，可以攻玉，通过反思美国金融危机发生的原因，查找我国金融体系自身存在的问题，提早筑牢防范金融风险的堤坝。金融危机发生之后，国家发改委与证监会都制定了私募股权基金监管制度，行业自律体系也逐步完善，从业人员也逐渐培养了风险防范意识。在此情况下，如何认定私募股权基金的风险防控与系统性金融风险防范与影子银行监管之间的关系，本课题将进行较深入的分析。

三　如何建立私募股权基金全流程运作的监管体系

私募股权基金的融、投、管、退四个主要流程，都涉及监管的问题。本课题将对这四个关键环节中的监管问题进行研究。重点研究私募股权基金的合格投资者制度、登记备案制度、信息披露制度、基金管理人的监管制度、投资公司上市后的股权退出监管制度、挂牌上市私募股权机构的监管制度及外资私募股权基金的监管制度等。

四 税收监管

税收是私募股权基金监管工具之一,各国私募股权基金的发展历史证明,税收制度在私募股权基金的发展历程中起到了十分重要的作用。本课题结合我国最新发布的税收制度,研究对我国私募股权基金发展的影响。同时,结合有关地方的税收优惠政策,研究其对地区之间竞争私募股权投资的影响。

五 政策建议

本课题根据我国现行私募股权基金的监管制度现状,分析其存在的问题,根据中国行政监管框架的现实,提出了改进监管制度的政策建议。

第二章

私募股权基金的概念、分类及发展现状

本章内容概述了私募股权基金的基本内容，如概念、分类、特点及发展历史与现状。本章内容是课题研究的基础，只有了解了私募股权基金发展与变化的历史脉络，才能理解目前发展的现状以及政府与行业监管的理由。基于篇幅的限制，本章重点介绍了美国、欧洲、英国、日本等发达经济体的情况，也介绍了发展中国家印度的情况。本章介绍了私募股权基金在我国的发展情况，勾勒出了一个基本的历史发展图景。对相关国家与地区的现状描述，以近期的数据为准。

第一节 私募股权基金概念

一 私募股权基金的概念

私募股权基金（private-equity fund）概念的核心是私募发行（private placement），相对于公募基金（public offering fund）而言，它是以非公开发行（私下发行）的方式向特定投资者募集资金而形成的投资基金。私募股权基金有时也称"直募基金"（direct fund）或"定向基金"。由于私募基金不公开发行，私募股权基金的销售和赎回都是通过基金公司与投资者私下协商交易的，因此它又被称为"向特定投资者募集的基金"。关于私募股权基金的概念界定，学术界有不同的观点。维基百科的定义为："私募股权投资泛指任何针对非公开市场交易的资产进行的投资。根据其投资运作特点可将其定义为：通过私募的形式对非上市企业进行权益性投资，投资后提供管理或服务等实现增值，最终通过上市、并购、清算等实现退出并预期带来盈利的商业活动。"① 此定义将私募股权基金的投资过程描述得很清楚。根据英国风险投资协会（BVCA）和欧洲风险投资协会（EVCA）的定义，"私募股权投资是指向具有高成长潜力的非上市公司提供中期到长期金融支持并因此获取其相应股权（在成熟市场，这种股权是广义的股权，不仅包括普通股权，还包括优先股权、可转换债券等）份额的金融活动"。② 这一定义在亚洲得到了广泛的认可。

（一）我国学者对"私募股权基金"的解读

曹凤岐认为，"私募股权基金"是指"经有关主管部门批准或登记备案、具有特定募集对象和特定投资领域的基金"。③ 这一定义范围较窄，而且与中国私募股权基金发展的历史与现实不符。在中国私募股权基金发展初期，基金公司根本无须登记或者备案，即可发行基金。后来，中国证券基金业协会成为私募基金的登记机构，但仍有不少私募股权基金公司仍然没有经过登记但从事私募股权投资行为。我国目前也没有专门针对私募股权基金的法律和行政法规，仅有相关的部门规章来对此进行规范，因此所有自称为私募股权基金的基金都不是依据法律程序设立的。至于在市场监管部门登记注册的各类咨询公司、理财工作室等机构，依据上述观点，不能认定为真正意义上的私募股权基金。

盛立军认为，"私募股权基金对非上市企业进行权益性投资，并通过退出获利。他对私募股权基金的定义也分为狭义和广义，广义的概念是指对种子期、初创期、发展期、扩展期、成熟期和上市前期等各个时期的非上市企业所进行的私募权益投资基金；狭义的定义则是指对已经形成一定的规模并产生稳定现金流的非上市的成熟企业进行股权投资的基金。"④ 这一定义结合了美国与欧洲对私募股权基金定义的不同，试图整合二者定义的差异，将其分类为广义与狭义两种。

---

① https://en.wikipedia.org/wiki/.
② https://www.bvca.co.uk/.
③ 曹凤岐：《"私募股权基金"将向三方面发展》，《国际金融报》2001年8月16日。
④ 黄亚玲：《私募股权基金文献综述》，《国际金融研究》2009年第3期。

周炜认为,"私募股权基金包括风险投资基金、收购基金、夹层基金、房地产基金、财务困境基金、基础设施基金。"① 有学者指出,"这种定义混合了两种分类方法,一是按投资阶段可划分为风险投资基金、收购基金、夹层基金等;二是按投资行业可划分为投资于任何能创造高收益的行业,比如农业、制造业、房地产业、制药、教育和卫生等行业。因此,这种定义只是粗略地说明了私募股权基金的投资活动,并没有完整表述其本质。"②

吴晓灵等把私募股权基金定义为"以非上市企业为主要投资对象的各类创业投资基金或产业投资基金,比如渤海产业投资基金"。③ 这一定义过于宽泛,因为产业投资基金在我国具有非常广泛的含义,根据《产业投资基金管理暂行办法》第一章第二条规定,"产业投资基金是指一种对未上市企业进行股权投资和提供经营管理服务的利益共享、风险共担的集合投资制度,主要从事创业投资、企业重组投资和基础设施投资等实业投资。"一般而言,基础设施投资由于投资额大,投资回报周期长,难以退出,很少能够成为私募股权投资的选项。

李昕旸、杨文海试图从产业投资基金与私募股权投资基金的区别中找出私募股权投资基金的特征。他们认为,"指出产业投资基金与私募股权基金相比,具有三个显著的特点,即政府主导性、投资区域性和非营利性,因此产业投资基金不是原始意义上的私募股权基金。"④

文学国认为私募股权基金"是指对各种不同类别的股权证券进行投资的一组投资计划,与所进行的投资策略与私募股权有关"。⑤

欧阳良宜对私募股权的定义为:"采用私募方式募集资金,并对企业进行股权或准股权投资的集合投资方式。"⑥

---

① 周炜:《解读私募股权基金》,机械工业出版社 2008 年版,第 13 页。
② 黄亚玲:《私募股权基金文献综述》,《国际金融研究》2009 年第 3 期。
③ 方烨、张莫、吴晓灵:《金融机构应参与私募股权投资基金》,《经济参考报》2007 年 6 月 7 日。
④ 李昕旸、杨文海:《私募股权投资理论与操作》,中国发展出版社 2008 年版,第 53 页。
⑤ 文学国:《私募股权基金法律制度析论》,中国社会科学出版社 2010 年版,第 23 页。
⑥ 欧阳良宜:《私募股权投资管理》,北京大学出版社 2013 年版,第 8 页。

由于目前立法机构没有针对私募股权基金进行专门的立法，因此无法得知立法机构的法定含义。中央政府部门和一些地方政府的规范性文件，对私募股权基金作了一些界定，可资参考。如湖南省人民政府金融工作办公室于 2017 年 3 月 16 日发布《关于促进私募股权投资行业规范发展的暂行办法》第二条规定："私募股权基金指向非上市企业进行股权投资，并为之提供经营管理和咨询服务等增值服务，以期所投资企业发展成熟后主要通过股权转让获得资本增值收益的公司或合伙企业。"[①] 从立法的技术上看，该条款用词表达不够严谨，直接将基金定义为公司或者合伙企业，更有意思的是，该条接着规定："私募股权基金管理机构指专为管理运作私募股权基金而设立的公司或合伙企业。"显然该暂行办法将私募股权基金与私募股权基金管理机构搞混了。但该条明确"私募股权基金包括私募股权投资基金和创业投资基金等类型"。

由国家发改委起草的《股权投资基金管理办法》（草案），股权投资基金，"是指以非公开方式向特定对象募集设立的对非上市企业进行股权投资并提供增值服务的非证券类投资基金（包括产业投资基金、创业投资基金等）。股权投资基金可以依法采取公司制、合伙制等企业组织形式。"

北京市 2009 年 1 月发布的《关于促进股权投资基金业发展的意见》认为，"股权投资基金（以下简称"股权基金"，又称 PE）是指以非公开方式向特定对象募集设立的对非上市企业进行股权投资并提供增值服务的非证券类投资基金。"该定义明确将股权投资基金与证券投资基金区分开来。

从以上表述来看，国内与私募股权基金相关的概念有"股权投资基金""创业投资基金""产业投资基金"等。如果将 private-equity fund 直接翻译成中文，最准确的表述应该是"私募股权基金"。在国内学术界与政府规范性文件中出现如此不统一的表述，除了翻译标准不统一之外，政府有关部门（包括地方政府）在不同时期出台的规范性文件表述不一致而导致了使用不同的概念表达同一投资行为的问题。从规范性来讲，

---

① 湖南省金融工作办公室等：《关于促进私募股权投资行业规范发展的暂行办法》第二条。

笔者赞同北京市金融办公室发布的《关于促进股权投资基金业发展的意见》中对"私募股权基金"所作的定义界定。

本书中，可能在多数场合使用"私募股权基金"概念，在有的场合使用"私募股权投资基金"概念，主要是与证券投资基金这个概念对应，两个概念的内涵是一致的。

（二）美国"私募股权基金"的概念与内涵演变

私募股权基金起源于美国，无论是投资实践还是理论研究美国都居于世界前列。美国学者对私募股权（PE）以简洁的语言定义："PE 是不能公开交易的中期或者长期的股权投资"。[①] 广义的 PE 包括风险投资（VC）、收购交易、对冲基金、基金的基金、不良债权基金以及其他证券投资，甚至还包括投资公司早期阶段的天使投资。

私募股权证券发行的核心是禁止公开发行，在美国法上称为公开发行劝诱禁止规则。这一规则可以从公开发行的反义来进行理解：既然是私下发行，那么无论采取什么手段都不可以公开发行。

美国法规对私募股权基金比较权威的定义是《美国联邦银行业监管条例》第四条，该条例将私募股权基金定义为："①业务方向为投资于金融或非金融企业的股权、资产或其他所有者权益，并且打算未来出售或以其他方式处置；②不直接经营任何工商业务；③任何一家金融控股公司董事、经理、雇员或者其他股东持股不得超过25%；④最长不得超过10年；⑤并非出于规避金融控股监管条例或商业银行条例监管而设立。"

美国证券法律条文中有"私募发行"和"私募发行豁免注册"的概念。私募发行指的是《证券法》中第 4（2）节中的"不涉及任何公开发行的发行与交易"。

美国法关于"私募证券发行"的标准经历了一个演变过程。美国关于私募证券豁免注册的法律源自 1933 年《证券法》第 4（a）（2）条，私募是指"不公开发行的发行人交易"。但法律并没有界定什么是私募，或者什么是"非公开发行"。1935 年美国证券交易委员会首席律师伯恩斯

[①] ［美］哈利·曾德罗夫斯基等：《私募股权投资：历史、治理与动作》，孙春民、杨娜等译，中国金融出版社 2014 年版，第 3—4 页。

(John J. Burns)发布了一个解释性公告,明确了非公开发行的要件:"(1)受要约人数;(2)受要约人之间的关系;(3)受要约人与发行人之间的关系;(4)发行证券的数量;(5)发行的规模;(6)发行方式。"①

在1953年的罗尔斯顿(Ralston)案中,美国最高法院否定了证券交易委员会制定的人数标准。②最高法院在该案中认为,罗尔斯顿·普尔纳(Ralston Purna)公司向超过了400名公司员工发行了股票,涉及人数过多,构成了公开发行。但之前的下级法院判决认为这些发行都是内部发行,没有采取公开劝诱的方法。公司发行这些股票时,已经采取了内部制定的方法,只向管理者及有发展前景值得公司通过发行股票挽留的员工发行。最高法院认为本案被告的发行不符合私募发行的标准。公司向没有注册的员工发行了近200万元的股票,证券法中没有明确规定4(1)项私募发行豁免的范围,寻找这方面的立法历史也无助于法院解释这个问题。在美国众议院法案第5480号,第73届国会第一届第4(1)号中得到解决,豁免的含义是豁免"发行人与承销商或通过承销商进行的交易……"该法案不"涉及任何公开发行"。法院认为,证券交易法规定的豁免条款设计的目的是通过充分披露被认为是必要的投资决策信息来保护投资者。③

Ralston案后,"受要约人的成熟程度、信息披露是否足够或者能够获得这些信息的可能性三个要素"④成为界定豁免的重要因素。公开劝诱禁止成为美国私募发行的一项原则。

美国证券交易委员会1974年发布的规则146(rule 146)提出了一个私募发行的"安全港"规则,全面规定了私募发行中的公开劝诱禁止制度。⑤但该规则没有实施。1982年美国证券交易委员会在146规则的基础

---

① 转引自彭冰《美国私募发行中公开劝诱禁止的取消》,《社会科学》2017年第4期。
② SEC v. Ralston Purna Co., 346 U.S. 119 (1953).
③ SEC v. Ralston Purna Co., 346 U.S. 119 (1953).
④ 彭冰:《美国私募发行中公开劝诱禁止的取消》,《社会科学》2017年第4期。
⑤ 参见郭雳《美国证券私募发行法律问题研究》,北京大学出版社2004年版,第89—96页。

上进行修改，形成条例 D。条例 D 中的第 502（c）条继受了规则 146："（c）限制发行方式。……发行人及其代理人不应采取任何形式的公开劝诱或者公开广告的方式要约或者销售证券，包括但不限于：（1）在报纸、杂志或者类似媒体上或者在电视、广播上刊登、发布广告、文章、通知或其他信息传递形式；（2）通过公开劝诱或者公开广告的方式邀请大众参与任何讲座或者会议……"规则第 506 条针对的是私募豁免，规则第 504 条和第 505 条是小额豁免。《506 规则》，对非"私募发行"确定了一个明确的标准："（1）向合格的投资者（accredited investor）以及数量有限的其他投资者出售证券；①（2）不通过传单、报纸、电视、广播进行广告传播；（3）不通过集会、散发传单等形式到处征集投资者。"符合私募发行标准发行证券豁免注册。

2016 年 10 月 26 日，"美国证券交易委员会宣布将规则 504 的豁免金额提高到了 500 万美元，废除了规则 504，修改后的 504 仍然要遵守公开劝诱禁止规则。"②

条例 D 在私募股权基金立法史上的最大贡献是确定了合适投资者制度。如果投资私募股权基金的投资者获得了投资信息又能够负担投资风险，那么，公开劝诱禁止规则实际上存在的必要性大打折扣。况且，公开劝诱禁止规则将那些具有投资能力且能够承担风险的投资者因为信息阻隔而失去了投资机会，也影响了私募基金企业的融资。因此，美国证券交易委员会从 1995 年开始尝试放松乃至取消该项规则。2008 年金融危机之后，2012 年 4 月，美国颁布了《促进创业企业融资法》（Jumpstart Our Business Startups Act）（以下称为 JOBS 法案）。该法案第一章彰显了其立法目的"向新兴成长型公司重新开放美国资本市场"。如果私募股权基金发行的对象是合适投资者，那么对于他们而言，"一般性劝诱或广告的禁止"不予适用。公开劝诱禁止规则的解除，一方面可以说是为了解决美国资本市场在金融危机之后面临的资金饥渴问题，另一方面也是这

---

① 在美国，所谓合格的投资者是指资产超过 500 万美元的银行、保险公司、基金及其他公司等投资机构和年收入超过 30 万美元的富裕家庭、年收入超过 20 万美元的富有个人，普通投资者虽然不具备上述条件，但应该有相关知识和风险判断能力，且数量不能超过 35 名。
② 转引自彭冰《美国私募发行中公开劝诱禁止的取消》，《社会科学》2017 年第 4 期。

一规则本身面临的挑战与问题，如一般而言，只有进行信息的充分交流，才能发现投资的风险所在，但这一规则阻止了基金募集者与投资者之间的信息交流。应该说，美国立法在此问题上的表现可以说是与时俱进了。

在美国，VC与PE两个概念是将PE定义为不包括VC的狭义范畴而产生的，如果从广义来讲，PE包括VC，VC只是PE投资的一个阶段。如美国风险投资协会以及美国两家最重要的研究机构企业经济学（Venture Economics）与冒险者（Venture One）将私募股权基金的概念分为广义和狭义概念。

（三）私募股权基金的内涵

在介绍了我国学者对私募股权基金概念的界定及美国法的私募股权基金的概念与私募股权基金内涵演变之后，我们可以从以下几个方面来阐释私募股权基金的内涵。

第一，私募发行是一种金融中介方式，基金管理者从手头富裕的投资者那里募集资金，将这些资金再投资到他们认可的目标公司。

第二，私募股权基金一般投向被基金管理者看好的成长型公司，投资一旦达成，目标公司在一定的期间内不能公开交易。

第三，私募股权基金投资成功之后，基金公司可以为目标公司提供增值服务，以提升目标公司的经营绩效，改善目标公司的治理能力。

第四，私募股权基金的投资目的在于目标公司绩效提高后获得增值的投资收益，基金退出的通道在投资协议中设定。

为了更清晰地理解私募股权基金的内涵，可以从以下几个方面进行更为详细的阐述。

1. 私募股权基金的资金募集对象是特定投资者。

私募股权基金的资金募集对象既可以是投资机构也可以是自然人，但一定要满足法律法规所规定的合格投资者标准。如果是投资机构，也是指那些法律允许投资给私募股权基金的机构，而不是所有的机构都可以向其投资。其判断标准，可以从以下几个方面来进行。

一是根据机构的性质来判断。一般来说，金融机构都可以投资给私募股权基金。如美国《条例D》的501规则条款规定的机构投资者包括以下几类"（1）银行、储贷协会或者类似组织，保险公司、投资公司、企业开发公司、小企业投资公司、总资产超过500万美元的雇员福利计划等；（2）《投资顾问法》所规定的私人商业开发公司；（3）非为获取发行证券目的而设立的任何公司、商业信托、合伙，其总资产超过500万美元；（4）总资产超过500元美元，非为获取发行证券目的而设立的一般信托机构。"根据中国现行法律的规定，商业银行、政策性银行、社保基金理事会、信托公司、投资公司等金融机构可以投资私募股权基金。《私募投资基金监督管理暂行办法》规定下列投资者为合格投资者："（1）社会保障基金、企业年金等养老基金，慈善基金等社会公益基金；（2）依法设立并在基金业协会备案的投资计划；（4）中国证监会规定的其他投资者。以合伙企业、契约等非法人形式，通过汇集多数投资者的资金直接或者间接投资于私募基金的，私募基金管理人或者私募基金销售机构应当穿透核查最终投资者是否为合格投资者，并合并计算投资者人数。但是，符合本条第（1）、（2）、（4）项规定的投资者投资私募基金的，不再穿透核查最终投资者是否为合格投资者和合并计算投资者人数。"

二是根据机构的经济实力来判断。如美国《1940年投资公司法》规定的"有资格买家"之一是其他拥有不少于2500万美元且具有投资自由支配权的机构。我国《私募投资基金监督管理暂行办法》规定"净资产不低于1000万元的单位"是合格投资者。

自然人作为合格投资者，主要考虑其风险承受能力。因此，一般不具有风险承受能力的普通大众不被视为私募股权基金投资的合格投资者。判断自然人是否是合格投资者，主要根据以下标准：

一是私募股权基金的高级管理人员。这是身份标准。美国《条例D》规则501的合格投资者若是自然人："发行人的任何董事、高级管理人员、一般合伙人，或者该发行人一般合伙人的任何董事、高级管理人员或一般合伙人。"我国《私募投资基金监督管理暂行办法》规定"投资于所管理私募基金的私募基金管理人及其从业人员。"

二是拥有一定资产的自然人。美国《条例D》规定以下自然人是合格投资者："在购买证券时，个人净资产或与配偶共同的净资产超过100万美元的自然人，在净资产计算时扣除自用住宅的价值；在最近两年的每一年中，个人收入超过20万美元，或者与配售收入合计超过30万美元，且合理预期在本年度收入可达同样水平的自然人。"我国《私募投资基金监督管理暂行办法》规定的合格投资者的自然人标准是"金融资产不低于300万元或者最近三年个人年均收入不低于50万元的个人"。

2. 投资者的人数限制。

这一限制主要针对自然人投资者。如美国《1940年投资公司法》将投资者人数限定在100人以内，1982年的《D条例》第504条将合格投资者人数限定在35名以下。

我国相关法律对投资者人数也有明确的限制。私募股权基金一般要选择公司与有限合伙的组织形式，以下就是相关法律的规定。《证券投资基金法》规定"非公开募集基金应当向合格投资者募集，合格投资者累计不得超过二百人。"《公司法》规定"有限责任公司由五十个以下股东出资设立。""设立股份有限公司，应当有两人以上二百人以下为发起人，其中须有半数以上的发起人在中国境内有住所。"《合伙企业法》规定："有限合伙企业由两个以上五十个以下合伙人设立；但是，法律另有规定的除外。有限合伙企业至少应当有一个普通合伙人。"

3. 以非公开发行的方式募集资金。

"非公开发行"不是秘密发行，是指只向特定的投资者而不是社会公众发行私募股权基金。主要内容包括对象限定、人数限制、方式规范。非公开发行的方式，哪些是合法合规的，法律也没有详细的规定，主要是从禁止性规定入手制定负面清单。美国法称这样的负面清单规定为"公开劝诱禁止"规则。英国《2001年集合投资计划（豁免）条例》对"未受监管的集合投资计划"的发行方式进行了限制。"美国证券交易委员会在1962年发布的解释规则中第一次明确提出公开劝诱禁止。"[①] 在向公众发行私募股权基金时，"与不受限制的或者素无关系的潜在购买人谈判、交流，或者向他们发布公开劝诱，以确定他们是否愿意加入证券要约，不符合该交易私募的性质，即使最终购买人是少数富有

---

① 彭冰：《美国私募发行中公开劝诱禁止的取消》，《社会科学》2017年第4期。

经验的人。"① 美国《条例 D》规定"（c）限制发行方式。……发行人及代理人不应该采取任何形式的公开劝诱或者公开广告的方式要约或者销售证券，包括但不限于：（1）在报纸、杂志或者类似媒体上或者在电视、广播上刊登、发布广告、文章、通知或其他信息传递形式；（2）通过公开或者公开广告的方式邀请大众参与任何讲座或者会议……"正如上所述，"公开劝诱禁止"规则随着时间的推移及国际金融形势的变化，日益显得没有太多的实际意义，与其存在的价值与目标渐行渐远，最后美国不得不通过新制定的法律对其进行修改与调整。

第二节 私募股权基金的分类

一 公司型私募股权基金、契约型私募股权基金、合伙型私募股权基金

这是根据私募股权基金的组织形式所作的分类。

1. 公司型私募股权基金。私募股权基金选择公司这种组织形式，根据《公司法》设立法人企业。根据我国《公司法》规定，公司型私募股权基金可以选择有限责任公司或者股份有限公司两种公司形式。参与公司型私募股权基金的投资人多为法人机构，与基金管理人共同组建公司。公司型私募基金的投资人作为公司股东，参与公司的重大决策；公司型私募股权基金是法人实体，可以根据业务开展的需要向银行等金融机构或者其他社会投资者融资，扩大公司的资金规模；公司型私募基金经营期限较长，只要公司不破产，一般可以长期经营。美国一些大型的私募股权基金公司，如黑石集团、KKR 集团已经成为上市公司。融资性能好，公司治理规范是公司型私募股权基金的特色。

2. 契约型私募股权基金。契约型私募股权基金根据投资人、基金管理公司、基金保管机构通过契约而组建的投资机构。契约型私募股权基金成立的依据是《信托法》。契约型私募股权基金成为广大投资者欢迎的一种组织形式，主要是设立形式灵活多样，依据投资各方的共同意思设

---

① 转引自彭冰《美国私募发行中公开劝诱禁止的取消》，《社会科学》2017 年第 4 期。

立，充分体现了合同自由的精神。这类组织形式的基金管理人通常以"理财工作室""投资咨询公司""投资顾问公司"和"投资管理公司"等名义设立。契约型私募股权基金机构不是法人实体，无须向工商机构登记注册，设立方式快捷灵活。基金管理人与基金保管人依据合同管理基金。基金存续期间，基金的申购、赎回、基金份额的转让等，由基金登记机构进行登记即可。

3. 合伙型私募股权基金。根据《合伙企业法》设立的一种私募股权基金机构。根据《合伙企业法》第六十一条的规定，"有限合伙企业由二个以上五十个以下合伙人设立；但是，法律另有规定的除外。有限合伙企业至少应当有一个普通合伙人。"有限合伙企业的名称中应当标明"有限合伙"字样，以示世人。我国《合伙企业法》之前没有规定有限合伙这种合伙形式，2006年修改之后增加了这部分的有关规定，主要的是适应有限合伙企业的设立需求。合伙型私募股权基金一般由有限合伙人、普通合伙人和基金管理人设立。普通合伙人对合伙企业的债务负无限责任，有限合伙人对合伙企业的债务承担有限责任。普通合伙人一般经营管理合伙企业，也可以委托其他专业的基金管理机构管理经营有限合伙企业。有限合伙人一般不参与企业的投资决策。美国的私募股权基金一般选择有限合伙企业。人们选择有限合伙的主要原因是避免了公司法人的双重征税。有限合伙企业一般只需要缴纳个人所得税。同时，合伙型私募股权基金设立门槛低，设立程序简便，治理机制灵活，投资决策效率高，利益分配机制具有很强的激励功能，因此，这种组织形式很受投资者青睐。如美国加州公务员退休基金，作为有限合伙人，进行了许多成功的投资，投资收益颇丰。在我国，这种组织形式并非适用于所有的投资者，《合伙企业法》第三条规定"国有独资公司、国有企业、上市公司以及公益性的事业单位、社会团体不得成为普通合伙人"。因为普通合伙人要承担合伙企业债务的无限连带责任，按照《公司法》第十五条规定"除法律另有规定之外公司不得成为对所投资企业的债务承担连带责任的出资人"，这一规定阻止了基金公司、证券公司、风险投资公司以普通合伙人身份投资有限合伙企业的可能性。

二 证券投资基金、产业投资基金、风险投资基金

这是根据私募股权基金投资种类所作的分类。

1. 证券投资基金。根据我国《证券投资基金法》第二条的规定,证券投资基金可以公开或者非公开募集资金的方式设立,"由基金管理人管理,基金托管人托管,为基金份额持有人的利益,进行证券投资活动。"证券投资基金可以选择契约型或者公司型组织基金机构。参与基金的主体分为基金投资者、基金管理者和基金托管者。我国现行的《证券投资基金法》不涉及调整私募股权基金,将证券投资基金划入私募股权基金稍有勉强。

2. 产业投资基金。根据我国发改委《产业投资基金管理暂行办法》(2001 年)的规定,产业投资基金,"是指一种对未上市企业进行股权投资和提供经营管理服务的利益共享、风险共担的集合投资制度,即通过向多数投资者发行基金份额设立基金公司,由基金公司自任基金管理人或另行委托基金管理人管理基金资产,委托基金托管人托管基金资产,从事创业投资、企业重组投资和基础设施投资等实业投资。"① 2017 年国家发改委出台《政府出资产业投资基金管理暂行办法》第二条,政府出资产业投资基金,"是指由政府出资,主要投资于非公开交易企业股权的股权投资基金和创业投资基金。"产业投资基金是一个具有中国特色的概念。实际上,私募股权基金设立的目的就是投资产业。不过,国家发改委专门为政府出资的产业投资基金制定一个办法,主要是如何使用与监督好政府出资的国有资产。

3. 风险投资基金。风险投资基金早期在国内翻译成创业投资基金。广义的私募股权基金包含风险投资基金,作为私募股权基金投资的一个阶段性的描述性概念。有学者认为,"私募股权起源于风险投资,在发展早期主要以中小企业的创业与扩张融资为主,因此,风险投资与私募股权在相当长时间内是同义词。"②

---

① 《产业投资基金管理办法》第二条。该办法实际上没有真正实施。
② 文学国:《私募股权基金法律制度析论》,中国社会科学出版社 2010 年版,第 5 页。

三 天使基金、风险投资基金、成长基金、并购基金、减值和重组基金、夹层基金等

这是根据私募股权基金投资目标企业的阶段不同所作的分类。

1. 天使基金。有学者将天使基金视为风险投资基金的一种。但从企业的生命周期来界定，天使基金应该与风险投资基金处于不同的企业生命周期阶段，天使基金一般是对于处于企业初创阶段的投资。天使基金一般来源于民间，有时来源于自然人，如搜狐公司创始人张朝阳1996年8月在北京注册ITC爱特信电子技术公司，他于当年的10月13日获得了两位美国人的天使投资，他们是美国麻省理工学院教授尼葛罗庞蒂和斯隆管理学院的教授爱德华·罗伯特，开始到账15万美元，尼葛罗庞蒂的另外两万美元在1997年到位。这是一笔典型的自然人出资的天使基金。一般而言，天使投资表现出一种非组织化的企业投资形式，不是专业化的投资机构组织投资。天使基金的投资门槛较低，数量不限，投资人大多是出于对某个投资项目的兴趣，甚至是创业者的一个具有吸引力的创业点子。

我国一些地方政府有时为了鼓励与支持初创企业的发展，出台一些激励天使投资的政策，如2015年上海市有关部门出台了《上海市天使投资风险补偿管理暂行办法》，按照该办法的规定，"风险补偿，是指对投资机构投资种子期、初创期科技型公司，最终回收的转让收入与退出前累计投入该企业的投资额之间的差额部分，给予一定比例的财务补偿"。这办法的出台也引发了一些争议，如政府的财政资金是纳税人的钱，用于补偿投资失败的损失，有失公正性。虽然后来上海市又制定了实施细则，将补偿标准与数额进行了细化规定，但这一办法引发的争议仍然没有消除。

随后，一些地方政府如合肥、杭州、重庆也制定了类似的规则。2019年8月30日，广西南宁市政府发布《南宁市天使投资基金管理暂行办法》，这是由政府出资成立的天使投资基金。按照南宁政府的说法，这是"由南宁市人民政府出资设立的不以营利为目的的政策性基金，它按照'政府引导、市场运作、科学决策、风险容忍'的原则开展投资。该

基金总规模为2亿元，首期规模为5000万元。"① 政府设立天使基金的目的，是要解决中小企业初创时期的资金需求问题。这些初创企业没有抵押物，难以获得银行的贷款支持；信用记录也没有建立起来，社会融资也存在相当的难度。政府设立由其出资的天使基金，改变了天使基金的无组织化管理模式。

2. 风险投资基金。风险投资从英文 Venture Capital 翻译而来，简称 VC，有时在我国也被翻译成"创业投资"，根据2005年国家发改委发布的《创业投资企业管理暂行办法》规定，"创业投资，系指向创业企业进行股权投资，以期所投资创业企业发育成熟或相对成熟后主要通过股权转让获得资本增值收益的投资方式。"创业投资基金投向成长性的企业，不投资上市公司或者已经成熟的企业。风险投资基金一般来源于投资机构或者个人，政府有时也设立引导基金，以吸引社会资金投向成长性的企业。所设"风险"二字，以指这样的投资相对于投资于成熟性企业来说，投资失败的可能性很大。但一旦成功，投资者获得的投资回报也是巨大的。为了吸引、引导风险投资基金的发展，中央政府有关部门、地方政府纷纷制定相关的制度安排，鼓励与规范风险投资的运作。

3. 成长基金。证券投资基金中也有成长基金，但此处的成长基金（Growth Fund）偏向于投资成熟稳定成长的企业，是一种股权投资。成长基金一般投资的企业处于稳定成长阶段，企业早期经营阶段的风险基本释放出来，此时，企业为了扩大市场，调整经营方向，或者进入新的市场领域，企业需要大量的投资资金。但由于企业自身没有足够的资金来进行这些投资，需要寻求外部的资金支持。其获得外部资金的吸引条件在于企业具有稳定的现金流，处于发展的成熟阶段，能够给予投资企业未来稳定的投资回报。作为投资者来说，如果偏好稳健性的投资项目，那么此类企业应该是一个不错的选择。"成长资本也能起到改善企业资产负债表的作用，可以减少企业资产负债表中的债务数量。成长资本也可以以一种私人投资的形式收购已上市公司的股份，因此，成长资本也是

---

① 《南宁日报》2019年8月30日。

一种进入上市公司的投资形式。"① 投资者会根据企业所处的行业与产业的成熟度,判断企业未来的发展前景。

4. 并购基金。并购基金（Buyout Fund）致力于企业的兼并重组。与成长基金一样,并购基金投资的对象是成熟企业。同时,与其他私募股权投资的目的不同,并购基金投资意在获得目标企业的控制权。并购基金经常出现在管理者收购（Management Buy-outs，MBO）和管理者换购（Management Buy In，MBI）中。MBO 是公司管理层利用从外部获得的资金购买自己的公司股份,通过改变公司股权结构从而获得公司的控制权。管理层收购完成之后,实现了公司的所有权与公司的控制权的合一。与传统的公司治理理念不一样,传统的资合公司实行的公司的所有权与公司控制权的分离,公司的所有权由股东行使,公司的控制权由管理层行使,两权分离是现代企业制度的特征之一。当有些公司出现了所有权与控制权分离之后,公司的经营效率下降,管理成本上升,为了激励公司内部人员的积极性,降低代理成本,改善企业经营状况等,MBO 成为不少企业的选择模式,20 世纪 70—80 年代风行欧美国家。MBI 也称外部管理团队收购。它是 MBO 的一种衍生形式,公司的外部管理团队通过募集资金收购一家公司从而获得目标公司的所有权与控制权。这两种并购模式,如果并购的目标公司是上市公司,并购成功之后,该家公开的上市公司就实现了"私有化"。

关于我国并购基金的发展现状,有关专家认为:"我国并购基金发展晚,并购基金发展模式还不成熟,诸多挑战与问题仍制约并购基金的健康发展。一是体量小、期限短,并购策略不够丰富,资金配套手段有限,且以参股型消极投资为主,较少参与企业发展战略和经营决策;二是并购基金投资出现'避险'趋势,对产业升级和科技新兴产业支持作用不足;三是资金来源渠道受限,缺少长期资金。"②

5. 减值或者重组基金。理解这一概念之前,需要对不良证券或者减

---

① 文学国:《私募股权基金法律制度析论》,中国社会科学出版社 2010 年版,第 7—8 页。
② 洪磊:《并购基金应至力于实体经济转型》,http://finance.people.com.cn/n1/2019/1105/c1004-31439292.html,2019 年 11 月 10 日访问。

值证券（Distressed securities）作一了解。当一家公司或者实体出现了经营困难，其证券价值大为缩水，或者公司将面临破产。从投资价值的角度来看，购买这样公司的证券是有非常大的投资风险的，因为如果公司一旦破产，所付资金将一无所回。之所以有些投资对此类证券感兴趣，可能的原因是这类公司的证券价值被严重低估了，如果一旦有了市场机会，收效之后可能获得较大的投资收益。因此，对于那些老练的投资者来说，在市场中寻找这样的投资机会是他们的偏好。那么，减值或者重组基金就是投资于此类公司的资本组合。减值或者重组基金投资对象显然是陷入经营困境的公司。这些公司如果不被收购，将来的命运很可能就是破产清算。为了防范风险，减值或者重组基金投资要依赖于高度专业化的风险分析师进行风险管理。当然，对于那些善于在不良证券市场发现机会的投资机构如对冲基金来说，他们收集了相关市场的关键数据，可以借助于计算机进行风险模拟与风险分析，从而决定是否投资目标公司。

6. 夹层基金。夹层资本（Mezzanine Capital）指的是投资于债务资本与股权资本之间的资本。常见的夹层资本包括次级债和优先股。夹层资本在公司资本结构中，"处于普通股之上，优先债务之下，处于中间层次。在公司破产清偿时，优先债务先清偿，再清偿次级债务或者优先股，然后才是普通股。"[①] 这类基金投资的风险与收益状况大致是：风险低于杠杆收购与风险投资，但收益率高于银行贷款；对于目标公司而言，接受夹层基金的投资，借款利率低于杠杆收购与风险投资。因此，在此类投资中借贷双方各有所获。夹层基金的投资还很广泛。

此外，还有学者根据私募股权基金的开放程度将其分类为开放式私募股权基金、封闭式私募股权基金和半开放式私募股权基金。

第三节 私募股权基金的特点

一 私募股权基金的募集方式为非公开方式

"私募"是相对"公募"而言，其募集方式的非公开性，主要含义是

[①] 文学国：《私募股权基金法律制度析论》，中国社会科学出版社2010年版，第8—9页。

指募集对象的特定性与募集方式的非公开性。这种募集对象与募集方式的限制，使私募基金与公募基金在数量上不在一个等级，一般情况下，公募基金多者可以达到几百亿元的规模，而私募基金一般也就几千万至几亿元，几十亿元规模及以上规模的基金比较少。既然投资对象有了限定，那么投资门槛也有限定，这是私募基金与公募基金的又一个区别，公募基金的投资门槛很低，几乎没有什么投资门槛，一元钱也可以投资。非公开募集方式虽然限制了私募股权基金募集的数量，但保证了私募股权基金投资者承担风险的能力，那些真正具有风险承担能力的投资者才有资格投资私募股权基金。

二 私募股权基金是一种集合投资方式

私募股权基金无论是选择何种组织形式，如公司型、契约型还是合伙型，基本上都是一种资金集合型的投资方式，投资人的投资组合成一个资金池，投资管理人再将这些资金投资于目标企业。这种集合投资方式区别于自然人或者法人投资。为了保证集合资金的安全性，需要为资金设立托管机构，在中国一般是银行承担托管责任。在投资过程中，为了获得较高的投资收益，集体作出投资决策也是这种集合投资基金的基本特征。

三 私募股权基金运作以自律为主、外部监管为辅

2008年美国金融危机发生之前，私募股权基金企业及行业运行基本由管理人与投资人之间的协议及行业自律规则约束，法律对这个行业没有专门的信息披露规则。这并不意味着私募股权基金领域是"法外之地"。在私募股权基金发源地美国，"为了获得1933年修订版证券法案法规D规则506条下有效的豁免资格，很多PE基金拥有的投资者数量都很有限。这一法案豁免条款是优惠的，因为它免除了与登记注册相关的大量成本、公开披露信息义务以及合规义务。"[①] 法律已经规定了合格投资

[①] ［美］哈利·曾德罗夫斯基等：《私募股权投资：历史、治理与运作》（第二版），孙春民、杨娜等译，中国金融出版社2014年版，第16页。

者的标准及投资者人数,那么在此条件满足之后基金管理人与投资人之间签订的投资协议就成为约束他们之间及基金管理机构内部运作的规则,其他的信息披露好像没有太多的必要,因为基金机构的运作与社会公众利益没有太大的关系。社会公众也不关心这类基金机构的具体运作情况。行业自律曾经是私募股权基金领域的金科玉律。

金融危机发生之后,人们发现私募股权基金也会成为造成金融危机的推手之一,如杠杆收购、对冲基金等投资行为也会对金融危机的发生起推波助澜的作用。美国《多德—弗兰克法案》增加了对PE的监管,取消了一些豁免条件,缩小了豁免注册的范围,修改了PE基金主要来源的《1974年雇员退休收入保障法案》,主要目的是加强了投资者的利益保护力度。我国加强了对私募股权基金的监管力度,出台了《私募股权基金监督管理暂行办法》,加大了行业协会对私募股权基金的登记力度,这些措施是在原有的自律基础上增强了对这一行业的外部监管,形成了以自律为主,外部监管为辅的新监管格局。

四 基金管理机构可以选择灵活多样的组织模式

私募股权基金管理机构选择何种组织形式来运作与管理基金,主要考虑的因素有以下几个方面:一是税收政策,即在现有的税收政策下,选择哪种组织形式对私募投资人及基金管理人最有利。二是要考虑组织运作的成本,当然,这与基金管理人管理的基金规模有关,基金规模越大,管理成本越大。三是与基金管理机构的发起人有关,如果基金的发起人是政府或者国有法人机构,基金管理机构一般会选择公司型组织机构。因为公司法及相关制度禁止国有企业及政府承担无限责任。自然人作为基金机构发起人的,大多会选择契约型组织形式,如有限合伙企业。

五 私募股权基金的投资周期较长

企业成长有一定的规律性,企业的生命周期因为不同的行业也会长短不一。一般而言,股权投资的周期短则5年,长则10年,大多数情况下为5—7年。在宏观经济形势发生预期改变的情况下,投资周期会有相当大的不确定性。如资本市场因宏观经济形势变化影响企业的 IPO，那些以追求 IPO 方式退出的私募股权基金会遇到上市排队甚至出现"堰塞湖"现象，原定的 IPO 期限肯定要被打破。私募股权基金的流动性较差，在基金退出之前，一般都不能流动。若要提前退出，预期的收益实现不了，投资收益会受损；同时，为了实现预期投资收益，无论选择哪种退出方式，都需要一个合适的投资者能够接受的交易价格，交易对象的选择与交易价格的谈判都不是件容易的事情，需要时间。资金的时间价值，在私募股权投资领域十分重要。交易机会一旦没有把握住，会导致千金尽失。等待好的退出机会出现，需要时间。

第四节　国外私募股权基金的发展历史与现状

一　美国私募股权基金

私募股权基金起源于美国，在美国有百年的发展历史。[①] 大致可分为几个阶段：一是萌芽阶段，从19世纪末到20世纪60年代，基金投资的领域主要集中在石油、钢铁、铁路等产业。1946年成立的美国研究与发展公司是美国乃至世界上第一家私募股权投资公司。这家公司的成立标志着私募股权投资的投资者由个人转向了投资机构。二是成长阶段，20世纪60年代至70年代。1958年美国制定了《中小企业投资法》，在政府的推动下，私募股权基金迅速发展，投资领域主要集中在电子、医学等行业。1971年，美国推出了纳斯达克股票市场，为投资基金的退出扩大了通道。1978年法律允许养老金以有限合伙人的身份投资私募股权基金，扩大了基金的来源。三是快速发展阶段，20世纪80年代。美国硅谷在80年代崛起，一些高科技公司迅速成长，一些私募股权基金投资于高科技产业一夜暴富，但1987年美国股灾使风险投资的投资策略转向了并购基金与成长基金。80年代最火爆的投资当属杠杆并购基金的投资，众多投资者与投资机构参与其中，1979—1989年，交易额超过2.5亿美元的交

---

① 参见文学国《私募股权基金法律制度析论》，中国社会科学出版社2010年版，第9—20页。

易就超过了 2000 宗，一些私募股权界的巨无霸由此产生：KKR、贝恩资本、黑石集团、凯雷集团等。四是繁荣阶段，从 20 世纪 90 年代至 21 世纪初，世界信息技术与生命科学时代到来，一批高科技公司如戴尔、雅虎、亚马逊、谷歌等在私募股权基金的投资下获得了巨大的成功，造就了一大批富翁。私募股权基金的规模也不断攀升。五是成熟阶段，2008 年美国金融危机发生之前。2000 年美国互联网泡沫破灭，对美国股市造成巨大影响，IPO 急速下滑，私募股权基金的退出渠道受到严重影响，这在很大程度上影响了投资者的热情。

下面主要概述以下 2008 年美国金融危机发生前后的情况。

全球私募股权基金的发展到 2006 年达到峰值，交易数量达到了 2547 笔，交易额为 6850 亿美元，之后开始下滑，2007 年交易为 2256 笔，2008 年为 1846 笔，2008 年的交易额仅为 1900 亿美元。根据美国全国风险投资协会的统计，金融危机发生之后，自 2009 年后，除了 2013 年有小幅下降之外，风险投资基金的资金募集量一直是上升的：2009 年 120 亿美元，2010 年 196 亿美元，2011 年 233 亿美元，2012 年 244 亿美元，2013 年 206 亿美元，2014 年 354 亿美元，2015 年 352 亿美元，2016 年 416 亿美元。相应地，这些年退出的基金数量是：2009 年 122 只，2010 年 153 只，2011 年 141 只，2012 年 190 只，2013 年 204 只，2014 年 268 只，2015 年 255 只，2016 年 253 只。2016 年募集资金的数量是 10 年来最高的。2016 年，基金退出的数量与 2015 年基本持平，是 2010 年最低的年份，有 39 家企业是通过 IPO 退出的，是 2009 年以来的最低点，以并购方式退出的占 82%。全国风险投资协会总裁兼 CEO 鲍比·富兰克林（Bobby Franklin）表示，风险投资协会的政策目标是：支持风险投资获得收益、增加与保护投资机会、支持对风险资本的投资、创业投资与风险投资的监管负担面临挑战。全国风险投资协会优先考虑的公共政策是以下几个方面：税收、移民、专利保护、资本市场、生命科学、基础研究与技术转移、网络安全与政府采购等。这些都与新上任的特朗普总统的政策有关。这些因素决定着美国风险投资市场的下一步发展。

二 欧洲私募股权基金

有学者认为,从人类近代的金融活动来看,私募股权投资最早应该出现在欧洲。15世纪末,当时欧洲的海洋强国英国、葡萄牙与西班牙等为了远洋贸易活动的需要,筹集资金建立远洋贸易企业,但那时个人的自有资金非常有限,这些贸易企业的设立者开始向社会筹资,手头有富余资金的个人只需向企业投资就可以获得未来的高额贸易回报,这种企业的外源资本是私募股权资本的雏形。资助克里斯托弗·哥伦布进行新大陆探险的西班牙国王和意大利投资者在某种意义上是私募股权投资者。自英国工业革命以来,投资者一直都在收购企业或者在私人公司进行少数股权投资。伦敦和巴黎的商业银行家曾在19世纪50年代为工业企业提供资金。[1]

欧洲私募股权基金在随后的发展中远远落后于美国。私募股权基金在欧洲的真正兴起是在20世纪80年代,后来的发展虽然与美国相比仍然存在较大的差距,但欧洲已经成为世界上仅次于北美的第二大投资发展区域。

在欧洲,私募股权投资、创业投资(Venture Capital)和风险投资(Risk Capital)三个概念经常互换使用。与美国不同的是,欧洲一般将风险投资包含在私募股权投资之中。

根据欧洲私募股权投资与风险投资协会(BVCA)的统计,1996—2001年,欧洲PE公司募集的资金数量增幅较大。2007年,通过PE吸引最多投资的国家是四个,即英国、法国、德国、西班牙。欧洲私募股权的投资额2006年也达到峰值,为1120亿欧元。根据欧洲私募股权与风险投资协会的统计,至2016年,欧洲共有3000家私募股权基金企业,7000只基金,投出了60000个投资组合,完成了200000笔交易。1200多家私募股权企业,根据2016年的统计,管理着总共6000亿欧元中的88%的基金。1997—2016年的20年间,欧洲私募股权基金数量总体呈上升趋

---

[1] 参见[加]道格拉斯·卡明等《私募股权投资:基金类型、风险与收益及监管》,孙春民、杨娜译,中国金融出版社2016年版,第486页。

势。2006年是高峰，募集的基金数量是1120亿欧元，投出了710亿欧元。受美国金融危机的影响，2009年陷入了低谷。2016年募集的基金是745亿欧元，投出了550亿欧元，退出了400亿欧元。在各类基金的构成上，2016年，风险投资基金为64亿欧元，并购基金为563亿欧元，成长基金为39亿欧元，其他基金为79亿欧元。

欧洲投资者的来源，主要有主权财富基金、养老基金、保险公司、政府机构、基金的基金、家庭与个人、公司投资者、资本市场、银行、大学基金和捐赠基金。各类的投资者的分布在各个国家的情况不太一样，如在英国与北欧国家，养老基金占大头；中东欧国家，基金的基金占比较大。

法律与税收制度的不同，制约着欧洲PE市场的发展。欧洲私募股权与风险投资协会曾经建构了一个评价指标体系，对欧洲不同国家的税收框架质量和法律框架质量进行评价。2004年的测评结果是，英国、卢森堡和爱尔兰拥有对PE最有利的发展环境，芬兰、德国、奥地利和丹麦的环境靠后。英国是欧洲国家里拥有最成熟的资本市场，完善的IPOs市场和强劲的经济增长，让它在欧洲占据PE市场的主导地位。①

三　英国私募股权基金

1868年，英国的一些投资者共同出资成立了"海外和殖民地政府信托"，委托熟悉海外经营的专家进行投资管理，将这些基金投资到欧洲和美洲，这大概是世界上最早的私募股权基金。

有学者认为，英国现代风险投资业的发展可以追溯到1952年，当时英国有两家风险投资组织。经过近30年的发展，到1979年时英国的风险投资机构发展到了23家。这个阶段被称为英国风险投资的启蒙阶段。②20世纪70年代之前，英国政府专注支持大企业的发展，建立了中小企业的淘汰机制。中小企业发展受挫，更不用说科技型中小企业的发展了。

---

① 参见［加］道格拉斯·卡明等《私募股权投资：基金类型、风险与收益及监管》，孙春民、杨娜译，中国金融出版社2016年版，第486页。
② 参见陈德棉、卓悦《英国风险投资业发展的历史和现状分析》，《国际技术经济研究》2000年第3期。

到了80年代，撒切尔夫人上台执政，她认为英国乃至欧洲与美国在科技创新领域相比差距很大，主要的原因是科技创新在英国得不到金融的支持，风险投资业不发达。在撒切尔夫人政府政策的支持下，英国风险投资业发展速度跟了上来，投资数额占据除美国、日本之后的世界第三位。撒切尔夫人政府鼓励人们投资开办新企业，主要的激励措施之一就是对新设企业进行减免税的政策。在这一政策的激励之下，人们积极投身于创业活动。英国政府为了支持科技企业的发展并为之提供资本市场的融资需求，1980年在伦敦创设了非挂牌证券市场（Unlisted Securities Market，USM），当年即有23家公司进入市场，到1989年年底，USM市场共有448家上市公司，总市值为89.75亿英镑。后来该市场逐渐萎缩，到1996年关闭时只有12家上市公司了，市值萎缩至8.39亿英镑。80年代，为了支持与推动中小企业的发展，政府共出台了11项相关法案。英国1983年成立了私募股权与风险投资协会（The British Private Equity & Venture Capital Association，BVCA），它是英国私募股权投资与风险投资行业的行业机构和公共政策倡导者。

20世纪90年代初，英国的资本市场信心不足，严重受挫。1990年，根据BVCA的调查，整个风险投资行业信心严重不足，只有两家会员打算在今后三年追加投资。这与整个80年代风险投资收益不佳、市场效果不好有直接的关系。投资回报率达不到投资者的期望，募集资金困难，基金公司管理人员的薪酬水平也不高，整个行业处于萎靡不振状态。经过几年的调整期，到了1994年，英国的风险投资又进入了一个快速发展的通道。USM市场受挫之后，1995年，英国设立了可供选择的市场（AIM），将上市目标定位于中小企业和初创企业。伦敦证券交易所也开始作一些改革，1993年制定了科研类企业的上市规则；1999年制定了专门针对初创高科技企业的上市规则。在此基础上，伦敦证券交易所于1999年11月正式建立伦敦科技板市场TECH-MARK，专门为科技创新公司提供融资服务。在市场建设完备之后，科技创新企业的发展开始进入了顺畅的快车道。

目前，英国私募股权基金的数量在欧洲占有比较大的分量。在公布的一个五年统计数据中，2012年，英国募集的私募股权基金为143亿欧元，2013年为352亿欧元，2014年为228亿欧元，2015年为231亿欧元，2016年为413亿欧元。

英国目前拥有2980家风险投资与私募股权投资企业，这些企业雇用385000个工作人员，2015年有84%的风险投资与私募股权基金投给了中小型企业，2015年之前的五年时间里，风险投资与私募股权投资了3900多家英国公司共270亿欧元的资金，2005—2014年，风险投资与私募股权的年平均投资回报率为14.9%。

四 印度私募股权基金

印度是新兴经济体的代表，印度的风险投资与私募股权基金市场近几年发展很快，在新兴市场经济体中引人注目。我们来看2015年印度的私募股权基金市场的情况。2015年，印度私募股权基金的交易量为230亿美元，这些交易包括不动产交易、基础设施投资和小型交易，比2014年增长了41%，比之前交易量最高的2007年的170亿美元增长了34%。2015年私募股权基金的交易量上升，受益于不断改善的宏观经济条件，在退出环境和价值预期方面都发生了积极的变化。政府的几个倡议，如创业印度项目、税收体制合理化和印度制造等，刺激了投资，更多基金参与印度市场，2015年有240只基金，而2014年时有193只基金。相比于亚太市场，基金管理者期望印度有更好的市场表现。2015年，退出的数量增长了10%，总的退出价值增长了57%，达到了94亿美元。相对于具有活力的宏观经济形势，私募股权基金遇到的最大挑战是资金募集的困难和不能持续退出。

2015年，亚太地区的私募股权基金的募集资金为500亿美元，比2014年下降了14%，印度下降了12%。印度私募股权基金投资聚集在干燥粉，投资了110亿美元，比上年增加了80亿美元，进一步证明了印度市场具有潜在的投资增长。普通合伙人期望增长与一般合伙的共同投资，主权财富参与的交易量从2014年的19起增加到了2015年的24起。

在市场退出方面，2015年的退出数量比2013年增长了10%，退出的价值增长了57%，银行保险金融服务业与IT退出的价值最高。普通合伙人希望退出的速度加快，但是不稳定的宏观经济条件、IPO市场的低效率与达不到预期的退出价值阻碍了股权的退出。

关于私募股权基金的投资，印度被认为是互联网的普及率最低的国家之一，但人们认为2015年普及率为22%，到2019年达到44%，增长的速度会很快。消费者技术在印度具有潜在的投资价值，在2015年交易价值增长了46%达到了69亿美元，交易数量从2014年的295起，2015年达到了431起。技术部门面临的挑战主要有五个方面：一是规模化的商业模式，二是破坏的速度在下降，三是突破单一的经济模式，四是激烈的竞争导致资本效率的下降，五是如何平衡管理的深度与企业家的才能。投资者需要聚集投资组合与资产风险，对胜出者加倍奖赏，以便他们能够扩大规模，有选择性地支持企业家，有利于现有的合资企业成长，转型升级，以便将来更容易退出。

第五节　私募股权基金在中国的发展历程与现状

中国何时有了私募股权基金？学者对此有不同的看法。一种观点认为，中国私募股权基金的发展起点应该从1985年算，这一年中共中央发布的《关于科学技术体制改革的决定》里明确提出："对于变化迅速、风险较大的高技术开发工作，可以设立创业投资给予支持"。这里的"创业投资"概念，实际上指的就是现在所谓的私募股权基金，中共中央的这个文件标志着发展创业投资正式成为中国的重要政策[1]。如果从1985年起算，中国的私募股权基金的发展历史可以分为五个发展阶段。

一　第一阶段：起步与初期发展阶段（1985—1995年）

这个阶段的重要事件主要有：

1. 1985年中共中央发布《关于科学技术体制改革的决定》，正式认可并鼓励发展"创业投资"，发展创业投资成为中国的一项经济政策。

2. 1985年9月，国务院批准成立中国第一家本土风险投资公司"新技术创业投资公司"（CVIC，简称中创公司），中央的政策开始落地。随

---

[1] 王燕辉：《私人股权基金》，经济管理出版社2009年版，第278页。

后，中央政府和地方政府又批准成立了"北京太平洋优联技术创业有限公司""清华永新高科技投资控股公司"等数家公司，以及国家科技风险开发事业中心（1991）、沈阳科技风险开发事业中心（1992）等机构。

3. 1992年，针对中国投资的外资私募股权基金在海外成立，美国国际数据集团（International Data Group，IDG）在波士顿注册了"太平洋中国基金"。随后，1993年IDG开始大规模进入中国市场。紧随其后，华登国际、中经合集团、汉鼎亚太和怡和创投等中国台湾背景的美籍华人设立的投资公司也于20世纪90年代初进入，试水中国大陆资本市场。

4. 20世纪90年代初国内证券市场开始起步。证券公司为了募集资金，开始开展信托资金委托业务，虽然那时还很不规范。资本市场刚起步，许多业务还没开展起来，因此，那时许多顶着"创投公司"名义的投资公司实际做的业务却不是真正意义上的股权投资。

二 第二阶段：初具规模到互联网泡沫阶段（1996—2001年）

这个阶段的重要事件主要有：

1. 1995年1月，中国电信开通了北京和上海与国际互联网的两个接口，互联网产业开始进入中国。支持中国早期互联网产业创业的大多数都是风险投资或者私募股权投资。很多互联网企业如搜狐、网易、新浪、腾讯、阿里巴巴、携程旅行网、金山以及百度等都曾经得到过风险投资的支持。

2. 1996年5月15日，第八届全国人民代表大会常务委员会第十九次会议通过了《中华人民共和国促进科技成果转化法》。该法第三章第二十四条规定："国家鼓励设立科技成果转化基金和风险基金，其资金来源由国家、地方、企业、事业单位以及其他组织或者个人提供，用于支持高投入、高风险、高产出的科技成果的转化，加速重大科技成果的产业化。"这是我国首次认可"风险基金"这一概念。

3. 在1998年3月的全国政协九届一次会议上，民建中央《关于尽快发展我国风险投资事业的提案》被列为当年的政协"一号提案"，"风险投资"进入大众传媒视野，引起社会的高度关注。

4. 1999年8月20日中共中央国务院发布《关于加强技术创新、发展高科技、实现产业化的决定》。随后，国家科技部、税务总局、证监会等七部委联合发布了《关于建立风险投资机制的若干意见》，有关风险投资和私募股权基金政策的出台，意味着私募股权投资这一新型投资形式开始进入实操阶段。深圳开风气之先，该年成立"深圳市创新科技投资公司"。

5. 委托理财与资管业务开始兴起。

三 第三阶段：第一个调整期（2001—2003 年）

这个阶段的重要事件主要有：

1. "9·11"恐怖袭击事件发生，美国股市网络泡沫破灭，世界经济出现调整，国内创业板搁置。

2. 2001 年后，中国股票市场步入熊市。大批私募证券基金管理公司倒闭，引发大量委托理财方面的法律纠纷。

3. 2001 年，证监会叫停券商直接投资。

4. 2002 年，原中国国际金融公司直接投资部团队的骨干人员组建了鼎晖投资公司。

5. 2001 年至 2003 年国务院国资委等部委颁布了一系列关于国有企业改制和国有资产转让方面的规定，国有企业改革进入了有法可依的时代，但改革由于发生了许多国资流失案件和引发了较大争议而实际上陷入了停顿状态。

6. 2003 年 1 月 30 日，科技部、外经贸部等五部委联合颁布的《外商投资创业投资企业管理规定》生效。外资私募股权基金继续进入中国的风险投资领域。中国政府加大了对创业投资的支持力度，也加强了对外资在中国境内开展创投活动的规范力度。2005 年颁布实行的《创业投资企业管理暂行办法》也主要是在这个时期起草的。

四 第四阶段：第二次快速发展阶段（2004—2007 年）

这个阶段的重要事件主要有：

1. 2003 年 2 月，深圳证券交易所设立中小企业板，股权分置改革顺利进行。全球股市步入了繁荣期，国内前期海外风险投资和本土创业投资进入收获期。风险投资参与的企业纷纷以"小红筹模式"① 在纳斯达克、纽约交易所、香港交易所、伦敦交易所、新加坡交易所和首尔交易所上市。VC/PE 投资企业的成功上市所产生的"财富效应"引发了国内"PE"投资热。

2. 2004 年 1 月 31 日，国务院以国发〔2004〕3 号印发《关于推进资本市场改革开放和稳定发展的若干意见》。《意见》提出了大力发展资本市场的重要意义；要求进一步完善相关政策，促进资本市场稳定发展等九个方面的内容，被称为旧"国九条"。

3. 2006 年 12 月 30 日，渤海产业投资基金经国务院特批在天津发起设立，该基金以契约形式设立，采用私募发行方式，被业界认为是中国本土首只私募股权性质的投资基金②。

4. 2007 年 6 月 28 日，南海成长创业投资有限合伙企业在深圳成立，成为新修订的《中华人民共和国合伙企业法》生效后国内第一家以有限合伙方式设立的创业投资企业，也即国内首只有限合伙型的私募股权基金。

5. 2007 年 9 月 16 日，中国首家私募股权投资基金协会正式在天津成立③。

6. 外国对华投资逐渐由"绿地投资"（Greenfield Investment）转向跨国并购为特点的褐地投资（Cross – Boarder M&A）。这期间在华出现了很多标志性的外资收购事件。例如：（1）2004 年美国新桥资本收购深圳发展银行，新桥资本以 1.61 亿美元收购了深圳发展银行中 17.9% 的法人股，标志着海外私募收购基金正式进入中国市场；（2）2004 年 12 月美国华平投资基金联手几家机构收购哈药集团 55% 的股权，是我国第一宗国

---

① "小红筹模式"是指，境内民营企业实际控制人以个人名义在开曼群岛、英属维京群岛、百慕大群岛等离岸中心设立壳公司，再以境内股权或资产对壳公司进行增资扩股，并收购境内企业的资产，以境外壳公司名义达到曲线境外上市的目的。国有企业境外注册、境外上市模式被称为"红筹模式"。

② 该基金总规模为 200 亿元人民币，存续期为 15 年。首期 60.8 亿元资金已募集完毕，于同日挂牌成立的渤海产业投资基金管理有限公司负责该基金的投资与管理。

③ 业界认为该协会的成立具有里程碑意义，意味着私募股权基金在中国开始被官方正式认可。

际私募并购基金收购大型国企的案例;(3) 2005年10月,凯雷基金与徐工集团签署股权转让协议,凯雷以3.75亿美元(约合30亿元人民币)的价格收购徐工集团85%的股权[①]。

7. 此期间我国政府主管部门针对跨境并购及私募股权基金的运作出台了一系列法规,主要有:(1) 2005年1月24日,国家外汇管理局发布了《关于完善外资并购外汇管理有关问题的通知》,即11号文件[②]。(2) 2005年4月8日,国家外汇管理局发布了《关于境内居民个人境外投资登记及外资并购外汇登记有关问题的通知》,即29号文件。这两个文件要求,以个人名义在境外设立公司要到各地外汇管理局报批;以境外公司并购境内资产,也要经过政府主管部门的批准。之前的红筹模式,海外上市的三个环节即注册境外企业、资本注入、并购境内资产都需要报外汇管理局审批。(3) 2005年10月21日,国家外汇管理局发布了《关于境内居民通过境外特殊目的公司融资及返程投资外汇管理有关问题的通知》,即75号文件,一改之前的有关审批制规定,允许境内居民(包括法人和自然人)可以特殊目的的公司的形式设立境外融资平台,通过反向并购、股权置换、可转换债等资本运作方式在国际资本市场上从事各类股权融资活动,合法地利用境外融资满足企业发展的资金需要,重新开启了外资创投投资境外注册中国企业以及海外红筹上市的大门。该文之前的11号文件与29号文件停止执行。(4) 2005年11月15日,国家发展改革委员会等十部门发布《创业投资企业管理暂行办法》,自2006年3月1日起施行。该暂行办法涉及创业投资企业的设立与备案、投资运作、政策扶持、监管等,标志着中国的股权投资步入规范化发展轨道。(5) 2006年1月31日,商务部、证监会等五部委联合发布《外国投资者对上市公司战略投资管理办法》,该办法规定了外国投资者对我国上市公司战略投资的原则、资质、程序等,使外资作为战略投资者可以直接投资我国的A股市场。(6) 2006年8月8日,商务部等六部委联合

---

① 该股权转让因涉及我国国家战略安全问题,未获我国商务部批准。
② 该文件在一定程度上遏制了国内资本恶性中转外逃的现象,但其中部分规定对企业谋求海外上市的计划增加了困难。

发布了《关于外国投资者并购境内企业的规定》，即10号文，规定了外国投资者并购境内企业的安全审查制度。同时10号文严格限制了境内企业以红筹方式在海外上市的模式，给国内创业投资产业的发展带来了一定影响。(7) 2006年8月27日，第十届全国人民代表大会常务委员会第二十三次会议修订了《合伙企业法》，修订后的合伙企业法增设了有限合伙企业类型，对我国的私募股权基金的发展有着意义深远的影响。(8) 2007年2月15日，财政部、国家税务总局联合下发了《关于促进创业投资企业发展有关税收政策的通知》。(9) 2007年9月，中国证监会允许中信证券股份有限公司、中国国际金融有限公司开展直接投资业务试点工作。至此券商直投业务逐步恢复①。

五 第五阶段：后金融危机阶段（2008年至今）

2008年9月，美国"次贷危机"引发全球金融危机，全球经济陷入萧条时期，与全球经济联系越来越密切的中国经济也受到了较大影响，经济增长速度放缓，资本市场处于震荡与调整期。宏观经济环境发生了变化，私募股权投资市场开始了新一轮的调整与变化。这一时期发生的重要事件有：

1. 2008年4月，全国社保基金获准自主投资经国家发改委批准的产业基金和在发改委备案的市场化股权投资基金。

2. 2008年6月，银监会发布《信托公司私人股权投资信托业务操作指引》，规范和指引信托类私人股权投资业务。

3. 2008年10月，发改委、财政部、商务部联合出台《关于创业投资引导基金规范设立与运作指导意见》，对地方政府设立的创业投资引导基金作出明确规范。

4. 2008年12月，中国银监会发布《商业银行并购贷款风险管理指引》，允许符合条件的商业银行开办并购贷款业务，使商业银行资金进入股权投资领域成为可能。

---

① 2008年3月，中国证监会决定在中信和中金直投试点的基础上适度扩大券商直投范围，华泰证券、国信证券等八家符合条件的证券公司相继获准开展直投业务。

5. 2009年1月，国务院办公厅发布《关于当前金融促进经济发展的若干意见》①，各地方政府争相引进和发展股权投资基金，为国内外私募股权基金提供了比较优惠的发展环境。

6. 2011年11月23日国家发展改革委办公厅颁布《关于促进股权投资企业规范发展的通知》（发改办财金〔2011〕2864号），该通知是我国政府主管部门颁布的第一部规定股权投资企业的正式文件，对我国私募股权基金的发展与规范起到了重要作用。内容包括以下五个方面：规范股权投资企业的设立、资本募集与投资领域；健全股权投资企业的风险控制机制；明确股权投资管理机构的基本职责；建立股权投资企业信息披露制度；加强对股权投资企业的备案管理和行业自律。但该通知是发改会内设机构金融司起草发文，算不上部门规章，效力层次稍低。

7. 2012年6月6日，中国证券投资基金业协会成立，会员大会是协会的最高权力机构，负责制定与修改章程，会员代表大会选择和罢免理事、监事，审议理事会工作报告、监事会工作报告和财务报告。理事会为执行机构，第一届理事会由50名理事组成。

8. 2014年5月8日，国务院发布《关于进一步促进资本市场健康发展的若干意见》（国发〔2014〕17号），称为"新国九条"。加快多层次股权市场建设。该意见要求"按照功能监管、适度监管的原则，完善股权投资基金、私募资产管理计划、私募集合理财产品、集合资金信托计划等各类私募投资产品的监管标准。依法严厉打击以私募为名的各类非法集资活动。完善扶持创业投资发展的政策体系，鼓励和引导创业投资基金支持中小微企业。"

9. 2014年6月30日，中国证券监督管理委员会发布《私募投资基金监督管理暂行办法》，该办法是中央编制办公室界定了私募基金的监管机构之后，由证监会发布的。该办法吸收了《关于促进股权投资企业规范发展的通知》相关内容，并在原来文件的基础上进行了更为详细的规定。该办法界定了私募基金的概念，确定了私募基金的登记备案制度，确定

---

① 该意见要求出台股权投资基金管理办法，完善工商登记、证券登记和税收等相关政策，促进股权投资基金行业规范健康发展。

了合格投资者的标准，对资金募集、投资运作、行业自律、监督管理、法律责任等都作了详细的规定，还对创业投资基金作出了特别的规定，是一部较为全面的监管规则。

10. 2014年12月3日，国务院总理李克强主持召开国务院常务会议，部署在更大范围推广中关村试点政策，加快推进国家自主创新示范区建设，进一步激励大众创业、万众创新。

11. 2015年3月2日，国务院办公厅发布《关于发展众创空间推进大众创新创业的指导意见》（国办发〔2015〕9号），要求"发挥国家新兴产业创业投资引导基金对社会资本的带动作用，重点支持战略性新兴产业和高技术产业早中期、初创期创新型企业发展。发挥国家科技成果转化引导基金作用，综合运用设立创业投资子基金、贷款风险补偿、绩效奖励等方式，促进科技成果转移转化。……发挥财税政策作用支持天使投资、创业投资发展，培育发展天使投资群体，推动大众创新创业。"

12. 2015年6月11日，国务院发布《关于大力推进大众创业万众创新若干政策措施的意见》（国发〔2015〕32号），该意见出台的有关政策内容主要有："按照税制改革方向和要求，对包括天使投资在内的投向种子期、初创期等创新活动的投资，统筹研究相关税收支持政策。修订完善高新技术企业认定办法，完善创业投资企业享受70%应纳税所得额税收抵免政策。积极研究尚未盈利的互联网和高新技术企业到创业板发行上市制度，推动在上海证券交易所建立战略新兴产业板。加快推进全国中小企业股份转让系统向创业板转板试点。研究解决特殊股权结构类创业企业在境内上市的制度性障碍，完善资本市场规则。放宽对外资创业投资基金投资限制，鼓励中外合资创业投资机构发展。"

13. 2015年7月8日，中国证券监督管理委员会发布公告〔2015〕18号，公告内容主要规范上市公司控股股东及董事、高级管理员、监事的股份减持问题。6个月后，2016年1月7日，证监会发布了《上市公司大股东、董监高减持股份的若干规定》。

14. 2016年9月16日，国务院发布《关于促进创业投资持续健康发展的若干意见》（国发〔2016〕53号），该意见涉及创业投资发展的9个方面22条意见。

15. 2017年4月28日，财政部税务总局发布《关于创业投资企业和天使投资个人有关税收试点政策的通知》（财税〔2017〕38号），涉及三个方面的创新试点政策：应纳所得税额的抵扣、合伙创投企业的合伙人纳税抵扣、天使投资人的纳税抵扣等。

16. 2017年5月22日，国家税务总局发布《关于创业投资企业和天使投资个人税收试点政策有关问题的公告》，一方面是为了进一步明确相关税收征管工作流程，规范纳税人办税手续，保证相关税收优惠政策快速落地；另一方面也是为了使纳税人更好地理解和把握政策规定，规范各地税务机关政策执行口径，保证相关税收优惠政策精准落地。

17. 2017年5月27日，证监会发布《上市公司股东、董监高减持股份的若干规定》（证监会公告〔2017〕9号），自公布之日起施行。新规在保持现行持股锁定期、减持数量比例规范等相关制度规则不变的基础上，专门重点针对突出问题，对现行减持制度做进一步完善，有效规范股东减持股份行为，避免集中、大幅、无序减持扰乱二级市场秩序，冲击投资者信心。

18. 2018年4月28日，中国人民银行四部门联合印发了《关于规范金融机构资产管理业务的指导意见》（银发〔2018〕106号），该意见指出：我国资产管理业务发展很快，但也存在部分业务发展不规范、多层嵌套、刚性兑付、规避金融监管和宏观调控等问题。此文即要重点解决此类问题。指导意见要求"私募投资基金适用私募投资基金专门法律、行政法规，私募投资基金专门法律、行政法规中没有明确规定的适用本意见，创业投资基金、政府出资产业投资基金的相关规定另行制定"。

19. 2019年1月24日，财政部发布《关于创业投资企业个人合伙人所得税政策问题的通知》，明确了创业投资企业个人合伙人的所得税计算问题，创投企业可以选择按单一投资基金核算或者按创投企业年度所得整体核算两种方式之一，对其个人合伙人来源于创投企业的所得计算个人所得税应纳税额。

20. 2019年1月28日，中国证监会发布《关于在上海证券交易所设立科创板并试点注册制的实施意见》（〔2019〕2号），实施意见明确重点支持新一代信息技术、高端装备、新材料、新能源、节能环保以及生物医药等高新技术产业和战略性新兴产业，推动互联网、大数据、云计算、人工智能和制造业深度融合，推动互联网、大数据、云计算、人工智能和制造业深度融合，引领中高端消费，推动质量变革、效率变革、动力变革。科创板试点注册制。

21. 2019 年 3 月 15 日，第十三届全国人民代表大会第二次会议通过《外商投资法》。

22. 2019 年 7 月 22 日，上海证券交易所科创板开市，首批 25 家企业上市。

23. 2019 年 8 月 23 日，中国证监会发布《科创板上市公司重大资产重组特别规定》（〔2019〕19 号）。

24. 2019 年 11 月 18 日，中国证监会修订《上市公司重大资产重组管理办法》。

25. 2019 年 10 月 25 日，国家发改会等六部委发布《关于进一步明确规范金融机构资产管理产品投资创业投资基金和政府出资产业投资基金有关事项的通知》（发改财金〔2019〕1638 号）。

26. 2019 年 12 月 18 日，第十三届人大常委会通过新修订的《证券法》，全面推行注册制。

六 我国私募股权基金的发展现状

近年来，在政府大力倡导"大众创业、万众创新"的背景下，中央政府出台了一系列鼓励创新的政策，私募股权基金市场的发展也迎来了新的机遇。

根据清科研究中心的统计，[①] 我国私募股权投资市场管理的资本量近十年来一直稳步增长，至 2019 年达到 11.2 万亿元人民币。2019 年我国私募股权资本市场募集资金为 12.4 万亿元人民币，投资案例数量达到 8234 起，投资金额为 7630 亿元人民币，退出案例数量为 2949 笔。2019 年股权投资市场募资总额为 1.24 万亿元人民币，比 2018 年下降 6.6%。

---

① 以下相关的统计数字，参见清科集团清科研究中心的研究报告《2019 中国股权投资市场回顾与展望》。

这与我国经济增长速度放缓，宏观经济形势下行有密切的关系。同时，随着监管措施的加强，资产管理新规的进一步落实，多层嵌套进入股权投资市场受到限制。2019年出台了《外商投资法》以及我国实施的五大对外开放举措，各地营商环境不断改善，私募股权市场对外资与国有资本的依赖度进一步增强。

从 2019 年私募股权市场筹集资金所投项目与产业分布来看，与国家产业政策密切结合，2019 年私募股权筹集的基金，规模最大的是由基金管理人惠华基金筹集的国家军民融合产业基金，总规模为 1500 亿元人民币，首期认缴 560 亿元人民币，约 40% 进行子基金的投资，投资项目主要为军民融合产业企业及项目，同时作为母基金发起设立或者参股地方政府等设立的军民融合产业投资基金。国开金融"国家集成电路产业投资基金二期"认缴总规模为 2042 亿元人民币，这一只基金主要投资于集成电路设计、制造、封装测试等全产业链。一些大型基金公司筹集的基金投资导向基本上与国家的战略新兴产业相关，如新材料、新一代信息技术、电力装备等，也有投向基础设施领域的。

从中国私募股权基金市场中人民币与外币基金，2019 年人民币基金约为 11000 亿元，同比上升 1.5%，外币基金约为 1400 亿元，同比下降 41.5%，下降幅度较大。从基金类型来看，按募集数量来自成长基金占 56%，创业基金占 36%，房地产基金占 3%，早期基金占 2%，基础设施基金占 2%，并购基金占 1%。

2019 年中国私募股权市场的投资案例为 8234 起，同比下降 17.8%，投资总额为 7630 亿元人民币，同比下降 29.3%。由于经济下行导致的不定性增加，投资人对投资日益持谨慎态度，投资也倾向于盈利模式清晰且收益见效快的中后期成熟企业。

从投资退出情况来看，2019 年私募股权市场的退出案例比上一年有所增加，退出 2949 笔，同比上升 19%，被投企业 IPO 共发生 1573 笔，同比上升 57.9%。退出数量比 2018 年增加，很重要的一个原因是科创板的设立，IPO 退出中有 651 笔是通过科创板实现的，占比 41.4%。同时，一些即将到期或者已经到期的基金，也通过并购、股权转让、回购等方式退出。

受国内科创板设立的影响，中国企业境外上市的数量增加较快，2019年在境外上市332家，同比上升43.1%，融资总额4737亿元，同比上升10.2%。

中国私募股权投资市场是国际上最活跃且最具有增长潜力的市场之一，不仅中国有人数众多的消费群体，中国经济日益向好的宏观面不会因为某些暂时因素的影响而发生根本性的改变，中国经济的韧性增强，经济效率不断提高，由高速增长向高质量发展的势头仍然强劲。因此，私募股权市场将来会有更大的发展。

当然，中国私募股权市场的发展与中国资本市场的发展密切相关，从某种程度上讲，资本市场的发展直接影响私募股权市场的发展，毕竟，投资人都希望所投资的目标企业最终能够IPO。2009年深圳证券交易所设立创业板，为私募股权基金投资企业的上市提供了一个新的通道，自此，我国境内股权投资机构数量大幅增长，最后纷纷挤上IPO的退出通道。这从一个侧面说明了资本市场与私募股权市场之间的关联性。另外，发展并购市场迫在眉睫。美国等发达国家投资企业的退出以并购为主，在我国并购退出只能排在IPO之后，股权转让、管理层收购、借壳上市和回购等方式退出案例较少。2013年和2015年A股市场曾经两次IPO暂停，IPO退出通道受阻，以IPO退出为主的现象发生了转变，并催生出了多元化的退出路径，2014—2015年，VC/PE机构所投项目通过挂牌新三板的方式退出成为主流。

在退出收益方面，通过IPO退出的项目，内部收益率中位数为42.8%，投资回报倍数中位数为2.01倍，位列所有退出方式投资收益之首。通过并购方式实现退出的项目投资IRR中位数为19.6%，投资回报倍数中位数1.57倍。此外，其他退出方式包括清偿债权、清算、反向收购（借壳上市）等相比之下收益率较低。

随着我国私募股权基金的快速发展，行业发展所带来的风险因素也日益显现，政府与行业组织近几年来十分重视监管制度的建构，着力保证私募股权基金行业的健康规范发展。2016年被称作股权投资行业监管"最严元年"，现行的以信息披露为核心，诚实信用为基础的私募监管体系已形成"一法、两规、七办法、二指引、多公告"的监管体系，形成了适应现代金融市场发展的金融监管框架，规范基金从业人员的任职资格，加强从业人员的职业伦理建设。据统计，私募基金管理人和从业人员在 2016 年缩水近三成，约六成 VC/PE 机构已在证券投资基金业协会完成备案登记。

"一法、两规、五办法、二指引、多公告"具体制度包括："一法"是一部法律：《证券投资基金法》；"两规"是指证监会制定的两部部门规章：（1）《私募投资基金监督管理暂行办法》，（2）《证券期货经营机构私募资产管理业务运行管理暂行规定》；"五办法"是指基金行业协会制定的五个办法：（1）《私募投资基金募集行为管理办法》，（2）《私募投资基金信息披露管理办法》，（3）《私募投资基金管理人登记和基金备案办法》，（4）《私募投资基金服务业务管理办法（试行）》，（5）《基金从业资格管理办法》；"二指引"是指基金行业协会的两部指引：（1）《私募投资基金管理人内部控制指引》，（2）《私募投资基金合同指引》；"多公告"是指基金行业协会发布的一系列公告：《私募基金管理人登记公告》、系列《私募基金登记备案相关问题解答》等。

第三章

金融监管的理论基础与私募股权基金监管

尽管私募股权基金有许多定义，但广义而言仍属于一种证券，因此适用于证券的监管理论同样适用于私募股权基金，证券市场属于金融市场之一种，金融监管的理论同样适用于证券监管。政府监管是指市场经济国家的政府为克服市场失灵而采取的种种有法律依据的管理或制约经济的活动。因此，本章首先综述金融监管的理论依据，然后讨论私募股权基金监管的必要性。

第一节 金融监管的理论基础

虽然理论界有各种争议，但金融监管在实践中却为各国政府普遍接受。有关金融监管的基础性理论，主要有金融脆弱理论、公共利益理论、金融监管的内生性理论以及利益集团理论四种理论。

一 金融脆弱理论

金融脆弱理论主要是从金融系统内部寻找导致金融系统不稳定的因素，从而论证进行金融监管的必要性。1982年，美国经济学家明斯基提出"金融不稳定假说"，从信贷市场的角度，阐述了金融危机发生的内在机制，得出了经济繁荣时期孕育了经济危机的结论。明斯基把需要融资的经济主体分成了三类，第一类是补偿性的经济主体，这类经济主体无论是在近期还是在远期，收入总是多于债务支出，这一类经济主体的融资行为最为谨慎，因此也最为安全。第二类是投机性的经济主体，这一类的经济主体，虽然长期来看，能够收支相抵，但在短期内，收入小于债务支出，存在资金缺口，其融资具有投机性，靠债务滚动维持其经营，具有一定的风险，比较具有代表性的这类经济主体有银行、企业等。第三类是旁氏型（Ponzi）的经济主体，这类经济主体的长期收益并不能确定，且短期收入不能满足其债务支出，需要大量的借贷资金的注入，这类主要依赖于经济繁荣时期的宽松的信贷环境获得所需的资金，往往以债抵债，不具有抗击经济冲击的能力。同时，明斯基认为，在金融业繁荣时，以银行为代表的金融机构，往往会忘记金融危机时期的损失，而表现出对未来收益的过度乐观的预期，在利润最大化目标的驱使下，提高了业务风险，从而导致系统内部的不稳定性。因此，应该对银行等金融机构进行监管。

随后，美国经济学家戴蒙德（Diamond）和迪比维格（Dybvig）（1983）建立了银行挤兑模型，即著名的 DD 模型。[1] 该模型指出，作为中介机构，银行把不具有流动性的资产转化成具有流动性的资产，是沟通存款人与借款人之间的桥梁。但由于存在信息不对称，存款人对银行的资金状况一般情况下不掌握，出于对银行未来收益的不信任，存款人往往会从银行取现。一部分人的取现往往会进行扩散，带来大规模的挤兑风波。而银行是高负债经营的，较高的杠杆率使挤兑现象给银行造成的负面影响成倍扩大，严重的情况下会导致银行破产。而银行之间具有密切相关拆借和财务系统，一家银行的倒闭往往会带来连锁反应，最终导致金融危机的爆发。DD 模型指出，由政府提供的存款保险，是克服银行系统脆弱性的最好方法。

戴蒙德和拉詹（Rajan）（2001）又从金融机构资产负债的流动性方面，对金融机构的脆弱性进行了分析。[2] 他们认为，银行及其他金融机构

---

[1] Douglas W. Diamond, Philip H. Dybvig, Bank Runs, Deposit Insurance, and Liquidity, *The Journal of Political Economy*, Vol. 91, No. 3. (Jun., 1983), pp. 401–419.

[2] Diamond, Douglas, W., Raghuram G. Rajan, Banks and Liquidity, *American Economic Review*, 2001, 91 (2): 422–425.

吸收的存款往往是短期的，而发放的贷款则主要是中长期的，这种借贷期间的不匹配导致了金融机构内在的非流动性。但在经济萧条时期，对流动性资金的需求以及对货币贬值的预期，会激励人们从银行以及其他金融机构中提取现金。再加上这些金融机构的资产一般都不是实物资产，而是金融资产，同时，这些金融机构往往是负债经营，杠杆率较高。这些因素集合在一起，使银行及其他金融机构容易受到外界的影响，而呈现出"脆弱性"。

国内学者郭田勇（2005）认为，商业银行等金融中介机构存在着随着经济周期而进行波动的破产倾向，而这些金融中介机构不仅相互之间联系密切，和经济中的其他实体也有比较密切的联系，一旦这些金融机构经营失败，其危害就会传导到经济的各个方面，甚至引发经济危机。这就是导致金融不稳定的重要原因。

二 公共利益理论

公共利益理论认为金融市场作为一个特殊的市场，具有市场的一般化特征。不完全竞争、外部性、公共产品、信息不对称等导致市场失灵而不能实现帕累托最优配置的因素，在金融市场同样适用。正是由于金融市场中存在着不完全竞争、外部性、信息不完全等因素，使市场这只"看不见的手"不能实现金融资源的最优配置，因此，需要政府这只"看得见的手"给予干预，进行金融监管。斯皮尔林斯（Spierings，1990）认为，作为应对金融市场失灵手段的金融监管，是一种公共物品，并且是一种只有政府提供的公共物品，这样才能提高金融市场资源的配置效率，维护金融市场的稳定有序发展。

（一）不完全竞争

金融市场具有较高的市场进入门槛，初期需要大量的资金投入。同时，随着金融机构网点的不断增加，其平均成本呈下降趋势，体现出规模经济效应。鲍尔滕斯伯格（Baltensperger，1972）和本顿（Benton，1982）的研究表明，银行业具有自然垄断的倾向，因为银行的经营成本与其规模成反比，而收益与其规模成正比。如果市场中出现垄断，而非完全竞争的状态时，往往会导致价格歧视、寻租、效率低下等不利于资源优化配置的现象。同样，在金融市场中，如果出现垄断现象，也会降低市场对资源的配置效率，不利于金融服务的优化，会有损于社会福利。当一家金融机构在金融市场中占有较大的份额时，就会给类似的金融机构进入市场带来巨大的阻碍，该机构甚至可以通过价格战等方式将实力较弱的金融机构挤出市场，一家独大，而这种竞争的相对缺失，会使这家金融机构产生通过收取高价格服务来提高利润的倾向。因此，梅尔策（Meltzer，1967）和克拉克（Clark，1988）认为，应该通过监管来消除金融市场的垄断现象，提高金融市场里资源的配置效率。

（二）外部性

美国经济学家曼昆对外部性的定义是："一个人的行为对旁观者的福利造成的无补偿性的影响。"[①] 外部性分为正的外部性和负的外部性两种，根据萨缪尔森的定义，我们知道，正的外部性是指一个经济主体的生产和消费活动带给其他经济主体的不需要付出任何代价的收益，而负的外部性则是一个经济主体的生产和消费活动给其他经济主体造成的无法避免的损失。作为资产多数不流动而负债具有高度流动性的金融机构，特别是银行，其破产的社会成本明显高于其自身的成本。以银行为例，一个银行破产所造成的"多米诺骨牌效应"，不仅会使整个银行系统崩溃，也会传导到经济的方方面面，引发金融和经济危机。因此，需要政府对其进行监管，削弱金融机构负的外部性。

（三）不完全信息

不完全信息，是指市场中的参与者并不能利用其经济决策所需要的全部信息。而这种信息缺失的状态，会使市场里的价格机制失灵，产生"劣币驱逐良币"的柠檬效应，资源的配置达不到帕累托最优状态。斯蒂格利茨和威斯（Stiglitz & Weiss，1981）指出，在金融市场中也存在不完全信息的现象，这就会造成金融市场中的逆向选择和道德风险，同时，价格机制的失灵会给市场活动的参与者带来更高的决策成本，不利于金融市场资源的优化配置，导致金融市场失灵。以银行为例，作为存款人

---

① [美] N. Gregory Mankiw，*Principles of Economics*，Fourth Edition，清华大学出版社2009年版，第204页。

和贷款人之间沟通的桥梁,在管理、谈判以及贷款人信息收集上具有无可比拟的优势。如果金融市场中的信息是完全的,那么银行可以很容易做出是否借款的决定,存款人也能很容易地做出是否去银行提现的决定。但是由于金融市场存在不完全信息的情况,增加了银行和存款人的决策成本,同时容易带来柠檬效应和道德风险。因此,需要政府对金融机构进行监管,保证金融市场的健康、稳定运行。

三 金融监管的内生性理论

金融监管的内生性理论,从监管产生的必然性方面论证政府监管的合理性。英国经济学家古德哈特(Goodhart, 1957, 1955, 1991)认为,即便没有政府力量的存在,仅仅依靠市场的自我调节,同样会产生监管行为。这种监管行为,是由金融市场的结构特征所引发的。我们知道,金融市场中各个市场主体之间是一种相互竞争、相互依赖的关系,经济行为中逐渐形成一个相对稳定的市场结构。在这个市场结构中,实力较弱的金融机构会天然地对实力较强的金融机构存在一定的依附。以银行为例,一般情况下,实力较弱的小银行会在实力强大的大银行里开设存款账户,存入存款准备金,由大银行为其办理转账支付业务。通过业务之间的往来,小银行的负债就与大银行的负债联系在了一起。大银行就产生了监督小银行的需求,需要考察小银行的经营状况、准备金充足率等,确保小银行的银行运营是对大银行收益的一种保障。因此,在金融市场中,信用等级最高的市场主体往往会承担起监管的职责。

四 利益集团理论

利益集团理论认为,政府监管的需要不是来自政府自身而是来自被监管者,因此,监管的目的是为了满足利益集团的需要而不是公共利益的需要。这种理论有时也称为俘获理论。

利益集团理论来自学者对监管实证的分析。该理论的提出者认为,监管不仅仅是政府对经济过程的干预,更重要的是政府通过监管决策对经济资源重新进行分配。该理论的最大贡献者美国芝加哥学派的代表人物斯蒂格勒(Stigler)在《经济管制理论》中指出:"经济监管的中心任务是解释谁是监管的受益者或受害者，政府监管采取的形式以及对资源分配的影响"。① 他通过实证分析指出受监管行业并不比无监管行业具有更高的效率和更低的价格。1976年，佩兹曼（Peltzman）在"对市场失灵、对政府监管结果的预测进而推断政府在经济监管的有效性三个层次更全面地阐述了该理论，他认为无论监管者是否获益，被监管产业的产量和价格并没有多大的差异，其主要差别只是收入在各利益集团之间的分配"。②

简言之，利益集团论是建立在国家控制资源、利益集团最大化其自身利益的前提下，指出监管是利益集团最大化其自身效用水平的经济行为，显然这与"经济人"的假设是一致的。由于立法总是对那些组织良好的利益集团有利，所以利益集团总是能从监管中获益。

第二节 私募股权基金行业的特殊性与监管的必要性

（一）私募股权基金市场参与者之间的信息不对称

信息不对称是私募股权基金市场的一个非常明显的特征。在私募股权基金市场的参与者中，基金的投资者对投资项目的信息了解程度远不如基金管理人，在通常情况下，基金投资人是根据基金管理人提供的投资项目信息而作投资决策的，甚至有时是完全针对基金管理人的信用而作出投资决策的。在中国的基金业，就存在"投资基金管理人"还是"投资项目"的二选规则，投资基金管理人就是投资者针对基金管理人过往的投资绩效而建立起了对基金管理人的信任，只要基金管理人认同的项目，投资者就会作出投资决策。在基金管理人选择投资项目时，同样也存在这样的问题，即基金管理人对目标项目或者目标企业的创始人也存在信息不对称问题，虽然在作出投资决策之前必须要经过尽职调查的

---

① George J. Stigler, The of economic regulation, *The Bell of Economics and Management Science*, Vol. 2, No. 1 (Spring, 1971), 3–21.
② 转引自吴俊海《消费能力对政府规制的影响研究》，《当代经济》2013年第1期。

程序，但再完善的尽职调查也无法完全掌握目标企业的信息。在不对称信息下，多数基金管理者倾向于只推介自己有优势的方面，不自觉或者有意识地掩盖自身的缺陷和不足，因而提供的消息是有偏差的或者是不对称的。私募股权基金监管的目的就是要减少信息不对称情况的发生，通过信息披露使投资者更多地了解基金管理公司与基金管理人。

（二）私募股权基金市场参与人的非理性

第二个特点是私募股权基金参与人的非理性。私募股权基金参与人的非理性可能表现为基金管理者因缺乏经验而作出错误的投资决策，或者基金公司聘请了不合适的基金经理人。基金投资者有时也会为私募股权投资收益率的光环所迷惑，在自身并不了解这一行业的情况下贸然进入。一般情况下，基金管理人在募集基金时，常常会将基金公司投资成功的案例进行广泛宣传，而对自己投资失误甚至投资血本无归的案例却避而不谈，使拟进入的投资者对这个行业的投资收益产生误解，对投资风险淡然处之，作出非理性的投资决策。

（三）私募股权基金市场的外部性

第三个特点是私募股权基金具有较强的负外部性。私募股权基金的投资者必须是具备风险承受能力的投资者，意味着这种投资行为隐藏着高风险。每位投资者购买私募股权基金是纯粹的私人投资行为，从这个意义上讲，私募产品是私人物品。但如果购买者众多，达到了一定数量的投资者，但资金的集合效应就开始显现，这种纯粹私人物品就具备了公共物品的性质。尤其是当数量众多的私募基金公司集中于某个区域时，在私募股权投资收益率的感召之下，就会在短时间内汇集众多的投资者。一旦出现私募股权基金企业筹集资金不规范，投资收益不能兑现投资者的预期目标，就有可能形成群体性事件，造成局部地区的社会不稳定。因此，对于这种带公共品属性的私募股权基金进行监管是符合基本的经济学理论的。

第三节　并购市场高杠杆率的监管

私募股权基金在一些场合被人们称为并购基金，主要原因是由于私募股权基金在许多情形下是用于并购基金的,而且在并购过程中,基金管理公司常常通过金融市场进行债务融资,这种债务融资的比例有时超过并购资金的90%。并购基金的杠杆率有时很高。私募股权基金的这种高杠杆并购是政府加强对其监管的主要原因之一,因为这样的高杠杆率极易引发系统性或者微观层面的金融风险。

一 杠杆率是金融监管的重要指标

杠杆率即一个公司资产负债表上的资本/资产的比率。杠杆率是一个衡量公司负债风险的指标,从侧面反映出公司的还款能力。杠杆率的倒数为杠杆倍数,一般来说,不同金融机构的杠杆率存在差异,如美国2008年金融危机前,美国商业银行的杠杆率一般为10—20倍,投资银行的杠杆率要高一些,通常为30倍左右。为了吸取2008年金融危机的经验教训,新巴塞尔协议提出了杠杆率的监管指标,设置下限为3%。2008年美国金融危机的重要原因之一是银行体系的表内外杠杆率的过度累积。杠杆率累积也是以前金融危机(例如1998年金融危机)的特征。巴塞尔委员会引入杠杆率要求,旨在实现以下目标:"一是为银行体系杠杆率累积确定底线,有助于缓释不稳定的去杠杆化带来的风险以及对金融体系和实体经济带来的负面影响。二是采用简单、透明、基于风险总额的指标,作为风险资本比例的补充指标,为防止模型风险和计量错误提供了额外的保护。"[①]

一国的总杠杆率成为衡量一国金融风险的国际通行指标。美国在2008年金融危机爆发之前的总体杠杆率是369%。中国在2016年的中央经济工作会议把"去杠杆"列为2016年结构性改革的重点任务之一,积极推动在提高生产效率、推动经济增长的过程中改善债务结构,增加权益资本比重,以可控方式和可控节奏逐步减少杠杆,防范金融风险压力,促进经济持续健康发展。经过一年多的努力,中国政府去杠杆取得了一定的成绩。2017年杠杆率增幅比2012—2016年杠杆率年均增幅低10.9个百分点,中国人民银行货币政策委员会2018年第二季度例会认为,我国"结构

---

① 参见百度百科词条杠杆率:https://baike.baidu.com/item/。

性去杠杆稳步推进，金融风险防控成效初显。"① 企业部门的杠杆率情况是，国有企业 2018 年 5 月的杠杆率为 59.5%，外资企业和私营企业分别为 53.8%、55.8%。2017 年年末，我国住户部门贷款/存款为 62.1%。2017 年年底，中央政府的杠杆率为 16.4%，地方政府杠杆率为 19.9%。

二 并购市场的杠杆率

私募股权基金在并购市场上的杠杆率有多高？我们先看两个案例。

一个是私募股权投资基金巨头 KKR 的并购案。② 2011 年 11 月 24 日，KKR 宣布完成了一笔 72 亿美元的并购，该交易是 2008 年美国金融危机以来金额最大的杠杆并购之一。不过，此次 KKR 对美国私人油气勘探企业萨姆森（Samson）的并购仅仅使用了不到 50% 的外部融资，这与 KKR 创立之初动辄 90% 以上的融资杠杆相比，可谓融资很保守。

KKR 担任牵头人，联合了伊藤忠商事株式会社、天然气合伙（Natural Gas Partners）以及克雷斯特韦合伙（Crestview Partners）三家机构共同发起对萨姆森除墨西哥湾区之外全部资产 100% 股权的收购。此次交易是该年度第二大并购交易，此前排名第一的是黑石集团对澳大利亚对中心地产集团（Centro Properties）的 600 家门店的收购，该交易价值 94 亿美元。

这次交易分为两个部分，一部分用于收购股权，约 40 亿美元，其余部分为债务融资。这种股权与债权混合融资的方式，且股权融资占比超过债权融资的方式相对而言是一种较为保守的融资方式。KKR 占有整个交易的大多数股份。

2008 年美国金融危机之后，私募股权基金对杠杆融资越来越慎重，近年来杠杆交易的融资比例一直在下降。相对更多的资本金、相对较少的负债有利于被收购企业保持资产负债表的稳健和长远发展。事实上，作为一种长期投资工具，包括杠杆收购在内的股权投资较少受到经济周期的负面影响，相反经济下行阶段反而能提供更多的并购机会。

---

① 《我国杠杆率将总体趋稳》，《人民日报》2018 年 7 月 24 日。
② 蒋飞：《KKR 牵头完成 72 亿美元收购，杠杆率相对保守》，《第一财经日报》2011 年 11 月 25 日。

中国企业海外并购杠杆率较高。国际律师事务所史密夫斐尔（Herbert Smith Freehills）发布了名为《跨越疆界：并购的未来版图》调查报告，报告认为中国企业海外并购杠杆率较高。①

该调查报告认为："根据金融数据公司 Dealogic 数据显示，2016 年第一季度，中国企业宣布的海外并购总额达 922 亿美元，比第二名加拿大 624 亿美元多 47.8%，几乎是第三名美国的两倍。当然，922 亿美元中，超过 430 亿美元来自中国化工收购先正达一例。"②

中国企业对海外并购产生浓厚的兴趣，专家认为，原因是中国国内经济增速处于下行状态，企业希望通过海外投资来获得收益的支撑。2008 年美国金融危机之后，很多西方发达国家的资产被低估，尤其是在欧洲，吸引了很多企业去欧洲并购，但这些进行海外并购的风险仍然存在，总体来看，中国企业目前的杠杆率比其他国家都要高，而且中国企业跟银行业的关系也非常紧密，比较容易获得银行的支持，并购完成之后，中国企业的杠杆率还会被继续拉升。一般而言，西方企业并购的杠杆率在 2—3 倍，中国企业则在 5—10 倍。

中国企业海外并购遇到的监管方面的标准可以分为两方面，一方面要达到国内监管标准，另一方面是目标法律辖区的监管标准。外国专家认为，"中国企业和银行紧紧绑在了一起，来执行国家政策，因此高杠杆率造成的风险反而比西方低杠杆率风险还要低。"③ 但这是从企业角度而言的，外国专家认为国家的银行为企业的并购进行了背书。但这也恰恰说明了这种高杠杆率的并购风险最终会转嫁到银行身上，成为潜在的金融风险。

第四节　影子银行的监管问题

一　什么是影子银行

经济学家们在反思美国次贷危机时，发明了一个新的概念即"影子

---

① 吴红毓：《史密夫斐尔律所：中国企业海外并购杠杆较高》，财新网：http://special.caixin.com/2016-06-02/100950406.html，2016 年 6 月 2 日。
② 中国化工集团于 2017 年 6 月 8 日对外宣布，完成对瑞士先正达公司的交割。
③ 吴红毓：《史密夫斐尔律所：中国企业海外并购杠杆较高》，财新网：http://special.caixin.com/2016-06-02/100950406.html，2016 年 6 月 2 日。

银行"。影子银行概念只不过是对金融体系已经存在的一类金融机构与金融业务的概括与提炼。从根本上说，影子银行是金融创新的成果。金融从业人员在传统的银行业务之外创新了一类金融业务，传统的信贷业务是借款人与金融机构之间的借贷关系，二者之间的合同关系是清晰的。如果人们将传统信贷业务关系通过转化，将其隐藏在证券化之中，虽然实质上还是一种信贷关系，但购买证券的投资者不清楚这种隐藏的信贷关系，以为购买的是出售方自己发行的证券。这种信贷关系虽然外表看起来像是传统银行从事的金融功能，但实际上它不是传统银行，像传统银行的影子一样存在，被人们称为"影子银行"。

影子银行的概念最早由美国太平洋投资管理公司（Pacific Investment Management Company，PIMCO）执行董事保罗·麦考利（Paul McCulley）2007年提出。他用"影子银行"概括那些行使银行职能之实但无银行之名的各类繁多的机构和业务，"这些业务游离在监管之外，通过发行无保险的，并没有真正传统银行的流动性支持的商业票据来投融资，容易出现挤兑与流动性风险。"[1] 因此，麦考利认为影子银行是"吸纳未获保险的短期资金的非银行投资中介、工具和机构"。[2]

麦考利认为影子银行体系产生于20世纪70年代的货币市场基金，货币市场基金账户与银行存款账户有类似的功能，但二者受到的监管是不同的。这些影子银行业务"包括投资银行、对冲基金、货币市场基金、债券保险商、结构性投资工具等"。[3]

随后，国际金融界引发了对影子银行的讨论，参与讨论的有银行业的管理者、专家学者等，其中包括时任纽约联邦储备银行行长的盖特纳等。2008年国际货币基金组织发布的《全球金融稳定报告》中首次使用了"准银行"一词，类似影子银行的概念。纽约经济学家鲁里埃尔·罗

---

[1] 参见阎庆民、李建华《中国影子银行监管研究》，中国人民大学出版社2014年版，第5—6页。

[2] 参见阎庆民、李建华《中国影子银行监管研究》，中国人民大学出版社2014年版，第5—6页。

[3] 参见阎庆民、李建华《中国影子银行监管研究》，中国人民大学出版社2014年版，第7页。

比尼将"影子银行"体系扩展为"影子金融体系"。他认为,"影子银行体系就是现代金融体系,因为它囊括了'二战'结束之后商业银行以外的几乎所有金融创新"。① 他认为"二战"之后世界金融创新的目的是为了摆脱金融监管。

影子银行概念提出及关于影子银行的监管问题引起了各国政府的重视。2010 年 11 月韩国首尔 G20 峰会上,领导人认为应"加强影子银行的规制与监管"。G20 峰会要求金融稳定委员会与其他的国际标准委员会合作,到 2011 年中期提出加强影子银行监管与调整的政策建议。金融稳定委员会于 2011 年 11 月提供给 G20 峰会的报告中,初步提出了监管影子银行的建议,并建议将全球的主要经济区及全球的绝大部分金融资产纳入金融稳定委员会的监测范围。

金融稳定理事会将影子银行定义为"发生或部分发生在银行体系之外的涉及杠杆和期限转换的金融中介活动"。

需要说明的是,在一些学者看来,闯下此次金融危机大祸的对冲基金,就属于私募股权投资基金中的一种:"PE 包括风险投资基金和收购交易以及对冲基金、FOF、PIPEs、不良债权基金以及其他证券的投资。"② 这正是本书将影子银行的监管纳入私募股权投资基金的监管范围之内的依据。

二 影子银行与美国金融危机之间的关系

发生在 2007 年至 2008 年的美国金融危机,可以追溯到 2007 年 8 月。这场危机与以往的金融危机有一个显著的不同之处,"这场危机并非我们熟悉的银行危机,而是全新的'影子银行'危机。"③ 我们来看危机不断发展的许多标志性事件都与非银行机构和市场有关,如:(1) 2007 年 6

---

① 阎庆民、李建华:《中国影子银行监管研究》,中国人民大学出版社 2014 年版,第 8 页。
② [美] 哈利·曾德罗夫斯基等:《私募股权投资:历史、治理与运作》(第二版),孙春民、杨娜等译,中国金融出版社 2014 年版,第 4 页。
③ [英] 阿尔尔·特纳《影子银行与金融不稳定》,载吴敬琏主编《比较》第 61 辑,中信出版社 2012 年版。本书为英国金融服务局(FSA)主席阿代尔·特纳(Adair Turner)2012 年 3 月 14 日在伦敦城市大学 CASS 商学院发表的演讲。

月，贝尔斯登资产管理公司发起的两家对冲基金的流动性压力导致禁止投资者赎回、保证金要求的突然增加和资产价格的迅速下滑。同年8月，虽然市场认为对冲基金一贯采用低风险市场中性策略，但由于结构性信用组合的保证金要求增加导致对冲基金出现了重大损失。(2) 2008年2月，由于要求对按揭贷款支持债券增加抵押品，导致对冲基金凯雷资本（Carlyle Capital）和珀莱东（Peloton）破产。(3) 2008年3月救助贝尔斯登和9月雷曼兄弟的破产。这两家机构都是交易商或投资银行，并非商业银行。(4) 2008年秋季，对冲基金在市场下行时期大量卖出信用债券实施去杠杆化，推动交易账户资产价值进入下跌螺旋，这反过来又动摇市场对主要银行清偿能力的信心。

既然影子银行对金融危机有如此重要的影响，针对防范金融风险发生的监管措施，必须要同时覆盖到影子银行和传统银行。2011年，金融稳定理事会的报告对"影子银行"进行了定义。金融稳定理事会向G20峰会领导人承诺，到2012年年底，将会对由影子银行带来的风险作出全面分析，并提出一系列的监管建议。

美国金融危机发生前，影子银行的规模到底有多大？许多官方机构和学术界试图估计"影子银行"的规模，但估计结果差异很大。

2010年7月，纽约联邦储备银行的研究者的研究结果表明，2008年美国影子银行规模高达20万亿美元，但波扎尔等认为，若反映抵押品的再抵押，美国影子银行的规模还要增加5万亿美元。[1] 布弗雷（Bouveret，2011）估计，欧洲影子银行规模约13万亿美元。[2] 2011年10月金融稳定理事会发表的报告称，基于"其他金融机构"资产负债表对影子银行更宽泛的定义，影子银行的规模约为22万亿美元。[3]

金融稳定理事会将影子银行定义为"发生或部分发生在银行体系之

---

[1] Shadow Banking, Strengthening Oversight and Regulation: "Financial Stability Board", October 2011.

[2] Zoltan Pozsar and Manmohan Singh, "The Nonbank-Bank Nexus and the Shadow Banking System", IMF Working Paper 289, December 2011.

[3] Antoine Bouveret, "An assessment of the Shadow Banking Sector in Europe", European Securities and Market Authority, July 2011.

外的涉及杠杆和期限转换的金融中介活动"。特纳先生认为，该定义的内在逻辑如下：①

第一，金融体系居间交易使资金提供者（通常为家庭部门和企业部门）的资金流向资金使用者（通常是家庭部门、企业部门和政府部门）。这些资金流的方式包括债务形式（贷款、债券或信用证券）、股权方式或以两者混合的方式。

第二，金融中介体系的核心功能由部分准备金银行来履行，它们吸收家庭和公司部门的存款，然后借给家庭、公司和政府部门。这些银行具有高杠杆率（债务股权比很大）和期限转换（负债期限远短于资产期限）的功能。

第三，很多资金流发生在银行体系以外，包括直接从家庭部门到公司部门，或通过其他中介机构（比如保险公司或投资基金）的股权转让；也包括非银行信用中介，如直接或间接购买政府或公司债券。但我们不能将这些非银行金融中介形式的资金流归为影子银行，因为它们不具有银行独有的特征：高杠杆率和期限转换。

第四，当银行体系之外出现具有上述这些显著特征的全部或部分信贷流时，"影子银行"活动就产生了。如图3—1所示，货币市场共同基金向从事资产支持商业票据的结构性投资工具提供资金；结构性投资工具购买了特殊目的实体发行的分层债务工具，构成了功能相当于银行的信用中介链。该信用中介链引入杠杆和期限转换，但是通过多个步骤完成的，而不是体现在一家银行的资产负债表上。

第五，至少在理论上，这种影子银行可以作为传统银行体系的平行的、完全独立的体系存在。但是，在实际中并非如此，影子银行体系还包括传统银行体系与影子银行之间复杂的相互联系。

特纳先生得出的研究结论是：一是我们应该明白，影子银行并非与核心银行系统平行或完全分离，二者是紧密联系在一起的。二是影子银行对金融不稳定的影响方式反映了当今全球金融体系最新发展表现出的

---

① 参见［英］阿尔尔·特纳《影子银行与金融不稳定》，载吴敬琏主编《比较》第61辑，中信出版社2012年版。

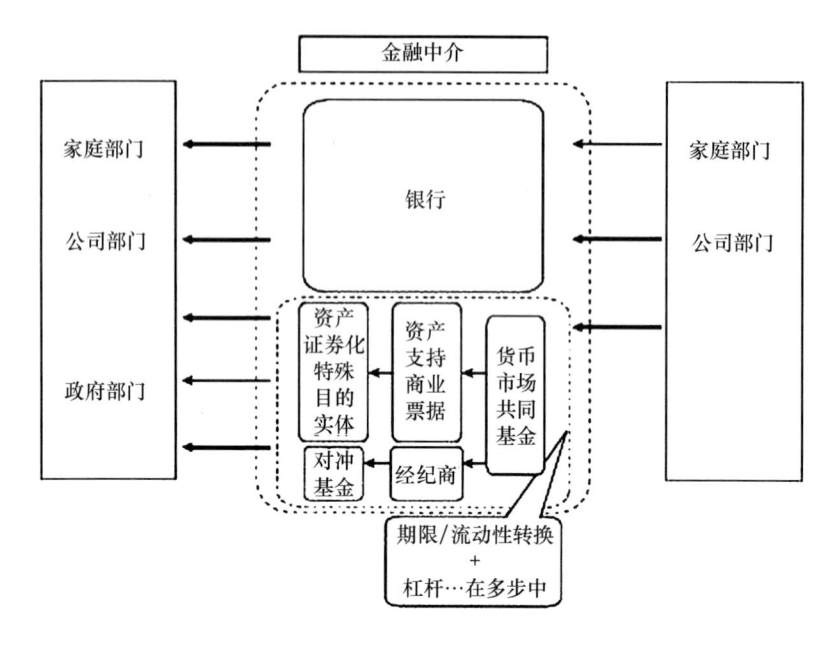

图 3—1　传统银行中介和影子银行信用中介

资料来源：金融稳定委员会。

根本特征。金融体系与影子银行的相关性与传统银行的相关性一样。影子银行不仅在今天值得关注，而且未来还可能会产生新的问题。三是虽然 2008 年以来反映影子银行活动规模的一些特定指标呈下降趋势，但我们不能认为影子银行的风险已经不复存在。[①]

影子银行的风险不是理论上的存在而是一种客观存在，2008 年美国金融危机影子银行作出了"很大贡献"，因此，将影子银行纳入宏观审慎的监管框架之内以防范其风险就成了金融监管的应有之义。

三　中国影子银行及监管

中国学者对影子银行的研究起步较早，成果不少，目前已经发表了一系列的著作与大量的学术论文。关于影子银行的定义，一般分为广义

---

① ［英］阿尔•特纳《影子银行与金融不稳定》，载吴敬琏主编《比较》第 61 辑，中信出版社 2012 年版。

与狭义两种。广义的影子银行包括传统银行体系之外的信用中介体系以及它们的相关业务。专家认为，广义的影子银行业务并非都能引发系统性金融风险。从防范金融风险，尤其是系统性金融风险的角度出发，我们关注的应该是狭义的影子银行业务。根据此要求，专家提出了狭义影子银行的定义："具有期限转换、流动性转换、高杠杆、信用风险转移这四个特点（具备一个或者以上），且目前不受监管或监管程度较低，能够引发系统性风险和监管套利的非银行信用中介机构或者业务。"① 判断狭义影子银行业务的四条标准为：期限转换、流动性转换、高杠杆与信用风险转移。

美国次贷危机之后，全球金融监管改革的方法转变为宏观审慎监管，对所有金融活动乃至整个金融体系进行全口径监管。采纳的是两个维度：一是时间维度：减缓顺周期性，采取的措施包括设置逆周期资本要求、改革会计准则等；二是空间维度：将所有的金融活动纳入监管范围，尤其是加强了对影子银行的监管。美国率先加强了金融监管的力度，2010年通过的《多德—弗兰克华尔街改革与消费者保护法案》，完善了金融监管体制，强化应对系统性金融风险的能力，更为重要的是填补了监管漏洞，加强了对影子银行的监管，实施的"沃克尔法则"，明确要求银行不得直接或以自有资金从事对冲基金等高风险投资交易。②

私募股权投资基金是否应该纳入影子银行体系之中？《中国影子银行监管研究》一书的作者将私募股权基金列入第四章"各部委和地方政府监管的类金融机构及业务研究"之中。作者认为，私募股权投资基金投资者的主要风险是投资风险，或者投资失败，或者投资的结果达不到预期，最坏的结果可能还会出现亏损。另外，在私募股权投资基金的募集资金方面，可能会发生非法集资的问题，从一些地方发生的案件来看，这种现象在局部地区还比较严重。在杠杆收购中，如果杠杆率过高，也会给投资者与金融机构带来高风险。当然，私募股权基金在运作过程中

---

① 阎庆民、李建华：《中国影子银行监管研究》，中国人民大学出版社2014年版，第48页。
② 阎庆民、李建华：《中国影子银行监管研究》，中国人民大学出版社2014年版，陈雨露序，第3页。

也可能会存在内幕交易、操纵市场、利益输送等交易风险。根据这些特点。该书作者认为,"本质上,私募股权投资基金是一种信用中介。"同时,"在中国,私募股权投资基金受到的监管较少,所以,私募股权投资基金具有影子银行性质。"但按照作者甄别影子银行的标准,其认为"在不进行杠杆投资的情况下,私募股权投资基金并不存在期限错配问题,流动性也较为容易管理。具有影子银行特征的私募股权投资基金并未给金融体系带来明显的系统性风险,故其并非严格意义上的影子银行"。① 该书的作者并未将私募股权投资基金纳入影子银行的范围之内,这点与美国的学者不同。

从国际经验来看,该书作者认为:"美国对私募股权投资基金的监管都是比较宽松的,其监管模式主要是自律监管。私募股权投资基金无须像公募基金那样履行严格的注册审批程序及信息披露义务。基金管理人的资格准入方面也无须像公募基金那样受到美国证监会的严格监管。美国对私募股权投资基金的监管主要是从保护投资者利益出发对投资者资格和人数进行约束。"②

一位从事银行业务的专业人士,从其自身接触到的业务中揭示了我国私募股权投资基金在运作过程中存在的不规范现象,也意味着私募股权投资基金存在的潜在风险。从他的经验描述中可知,PE 是如何变相成为银行的高利贷的。作者对私募股权投资基金的一个运作过程作如下整理:

> 具有银行关系背景的人士注册成立了一家私募股权投资基金公司。公司成立之后,实际上也没有从社会上的合格投资者那里募集资金,而是想从银行以贷款之类的名义获取资金。这家公司先与地方政府签订一个投资于基础设施或者其他项目的协议,成立项目公司,私募股权投资公司占项目公司 20%—35% 的股份,同时,在投

---

① 阎庆民、李建华:《中国影子银行监管研究》,中国人民大学出版社 2014 年版,陈雨露序,第 189—190 页。

② 阎庆民、李建华:《中国影子银行监管研究》,中国人民大学出版社 2014 年版,陈雨露序,第 191—192 页。

资协议里，私募股权投资基金公司与协议另一方政府签署一个回购条款，地方政府用财政收入或者其他现金流作担保。然后，项目公司开始向银行申请贷款，贷款利率是20%—25%，但银行的基准利率只有6%左右（当时的利率）。项目公司作的预期投资回报率也是一个数字而已，因为谁都知道该项目不可能有这么高的投资收益率。毫无疑问，这个项目不可能在预计的时间内上市，也就意味着投资不可能在5年内的时间退出。私募股权投资基金公司与地方政府签订的回购条款里，签订的是13%—14%的年回报率。但是，显然这与银行的贷款利率存在很大差价。20%—25%的贷款利率只是双方都明白的一个数字而已。这样之后，项目公司就可以通过银行出卖其理财产品了。这样13%—14%的政府利息所得，一般是这样进行分配的，投资银行理财产品散户能拿到5%—6%的投资收益，比银行定期存款利率要高一些，万一公司上市了，散户还有更大的投资收益，当然，这种可能性小。银行赚3—4个百分点，私募股权投资基金公司赚1%—2%，剩下的分配给市场营销、律师等中介环节。虽然私募股权投资基金公司分配比例不大，但项目的资金量大，如有50亿—100亿元规模，公司也能赚予一个亿。政府在该项目回购中，一般考虑到项目数额较大，所以，常常用商业用地作抵押。如果政府不能按协议付息，那么私募股权投资基金公司就可以回收商业用地，改变土地使用性质，在上面建商品房，或者将土地转让给其他人。①

当然，这只是一位业内人士的自我"坦白"，中国私募股权投资基金的管理者到底有多少曾经或者正在从事这样的以私募股权融资名义实则从事从银行理财产品中进行套利的高利贷行为，不得而知。这从一个侧面告诉我们，中国的影子银行业务实则很庞大，真实的数字我们很难获得，监管任务自然很艰巨。

---

① 参见张化桥《影子银行内幕：下一个次贷危机的源头？》，黎木白译，机械工业出版社2013年版，第85—90页。

中国银行监管当局是如何认识中国的影子银行的监管问题的？当国际货币基金总裁拉加德问到中国对影子银行的监管问题时，时任中国央行行长周小川回答说，金融稳定理事会与国际清算银行将影子银行分成两类，包括影子银行机构（如对冲基金、货币市场基金等）和影子银行活动，其中，影子银行活动是传统的商业银行采取的意在规避传统监管的有关活动，中国的影子银行主要指这一类。中国影子银行的总规模不是很大，如果将影子银行活动的总资产与传统银行资产相比较，则规模只有后者的20%，如果与银行总贷款相比，只有30%。但是因为监管真空与监管套利的问题，中国近期影子银行发展迅速，占据了较大的市场份额并获得了较大的市场利益。传统金融机构如银行、保险公司等纷纷进入影子银行业务领域，中国已经决定开展新一轮监管体制改革来覆盖这些监管真空，从而解决这个问题。[①]

第五节　系统性金融风险的防范

一　金融体系的本质

金融是经济的血液，正是由于经济体系中每个血管时刻奔流着丰沛的血液，我们的经济生活才得以正常地进行着。在互联网金融日益发达的今天，彻底改变了我们每个普通人与金融机构之间进行交易的行为模式。过去，我们只与银行打交道，而去银行也只是存取人民币。现在我们也去银行，但去银行的目的有可能是为了支付，如支付日常开支中水电气的费用，也有可能是为了投资，如去银行购买投资理财产品。总之，即使你还与传统的金融机构打交道，也扩大了你的交易范围。如果下载了银行的APP，你在手机上就可以办理银行的几乎所有业务。如果你使用支付宝或者微信，一个手机终端几乎可以解决日常生活中的所有支付问题。你可能每天都在使用着金融体系提供的便利，但你不一定详细知道这个庞大的体系是如何运转的。

[①] 参见《周小川行长与拉加德总裁问答环节实录》，2016年6月25日，中国人民银行网站：http://www.pbc.gov.cn。

作为市场体系中的中枢体系，金融体系主要由三大要素构成：一是金融中介机构，如商业银行、保险公司、证券公司、信托公司等，这些金融机构是承担义务与获得权利的市场主体。二是金融交易市场、也是权利交易市场。包括股票与固定收益证券交易市场、外汇交易市场等。包括场内交易与场外交易。三是金融基础设施，是金融中介机构与金融市场必不可少的设施。如证券交易所、外汇交易所等，支付结算系统，还有支持整个金融体系良性运转的支持机构，如信用评级、会计、审计、金融分析及金融监管等。

一个运行良好的金融体系，需要这三大要素之间的密切配合：金融中介机构要借助于金融基础设施才能进行安全的交易，需要利用金融市场来对冲金融交易可能产生的风险；而金融市场要保持有效的运转，需要金融机构提供流动性，金融市场的信息提供者能够有效地发现价格，才能引导金融资源进行有效率的市场配置。总之，三大要素之间的配合协调，金融市场价格的真实发现，通过价格引导金融资源的合理流动与配置，是一个金融体系顺畅高效运转的要求。如果金融体系内部出现了运转不顺畅，甚至出现了资源配置扭曲的情况，金融体系的风险外溢，就会引发金融风险，导致金融危机。金融体系运行的负外部性，完全由金融体系内部运转的机制失灵所导致。金融体系运行的这种负外部性，不仅会对实体经济造成损害，同时，对参与金融活动的市场主权造成巨大的损失，也会导致金融机构自身的破产与倒闭。每次金融危机爆发之后，大批中小银行破产与倒闭。此次美国金融危机爆发之后，百年老店雷曼兄弟都没有经受住考验而破产。

金融体系的良性运转是保证实体经济良性发展的前提。对于金融体系对实体经济的贡献，原国际清算银行总裁安德鲁·克罗克特认为："实际上，一个运作良好的金融体系对集中储蓄、促进投资有效配置和熨平非金融因素导致的经济波动都至关重要。通过合理地承担风险，它可以推动生产率达到最优增长水平。"[1] 根据安德鲁的观点，金融体系助力实

---

[1] 安德鲁·克罗克特：《21世纪需要怎样的金融体系？》，载吴敬琏主编《比较》第58辑，中信出版社2012年版，第158—159页。

体经济的主要途径有：

一是金融体系为实体经济提供信用中介与支付系统。支付系统是保证市场体系得以正常运转的基础，而实践证明，银行体系来提供支付是有效的方式。有人认为，这是银行体系最独特的功能，也是唯一需要政府的公共政策干预保护的功能。"狭义银行学派"的观点认为，如果支付机制得到充分的保护，公众对金融体系的其他部分如何运转的根本不关心。现实的问题是，"隔离支付系统并不能自动保证信贷供给机制的稳定性、有效性。而通常正是信贷供给的中断使金融体系的问题传递到实体经济，也往往是信贷分配的无效妨碍经济达到最优的增长，一个明显的表现就是泡沫的形成及破裂。"[①]

二是期限转换。银行可将短期和不确定的债权转换成更符合储蓄者资产持有偏好的债务。这样，"既增加了非金融部门的流动性，也提高了经济体内的总体储蓄水平。"但期限转换虽然是金融体系增加实体经济部门价值的一个重要途径，但期限转换过程中会增加相关的杠杆率，使金融体系脆弱，引发金融危机。因此，从金融体系自身建设出发，要强化金融体系应对意外的流动性短缺的能力，如市场信心丧失后的流动性短缺。期限转换因为对实体经济有益处，仍然是金融体系今后需要改进与加强的一个方面。

三是金融体系是交换经济解决信息不对称的最基本方法。金融中介的链条很长，最终的借款人与最终的贷款人之间存在很多的机构参与，那么二者之间的信息严重不对称。在进行最终交易之前，潜在的借款人比潜在贷款人更多地了解投资的风险与收益的可能性，这可能导致逆向选择。交易之后，由于借款人和贷款人的利益不相同，可能导致道德风险。"最终，这些因素共同导致了跨期交易的缩减、投资的减少和资源的次优分配。"[②] 而银行作为交易的中介机构，自身有动力去解决最终借款人与最终贷款人之间的信息不对称问题。因为银行为了获得借款与贷款

[①] 安德鲁·克罗克特：《21世纪需要怎样的金融体系？》，载吴敬琏主编《比较》第58辑，中信出版社2012年版，第158—159页。

[②] 安德鲁·克罗克特：《21世纪需要怎样的金融体系？》，载吴敬琏主编《比较》第58辑，中信出版社2012年版，第159页。

之间的利差，作为专业的中介机构，它有能力做最终借款人与最终贷款人之间的"代理监督人"（Diamond，1984），能够提供专业资源来评估信贷风险，限制借款人的行为。"如果一个金融机构生产的附加信息的价值超过成本，并且能够从这些信息中提取私人价值，那么它就能生存并取得成功。"①

四是金融体系可以提供对冲实体经济投资风险的方法与手段。实体经济经营者要获得利益的保障，就离不开保险。保险公司的介入就可以减少经济活动中的不确定性风险，从而降低经济活动的风险损失。但是，经济市场如果利用金融体系的优势，在高价值的项目中，其风险可以通过利用金融衍生工具来进行风险对冲。"这些金融衍生工具既包括覆盖利率和汇率风险以及商品价格波动风险的标准化产品，也包括覆盖更为复杂或特殊风险的、量身定做的结构化产品。"②

二　市场机制如何避免系统性风险

无论是金融工具的广泛运用，还是金融市场交易的复杂性越来越难以防控交易的风险，但市场机制本身还是防控金融风险的第一道防火墙。

首先，从金融机构自身来说，内部治理机制本身可以发出风险预警的信息，并通过内部治理机制的完善进行预防与化解风险。金融机构的资产负债表所表现出来的风险，公司的利益相关者是能够较早认识与了解到的。他们从自身利益出发，应该知道什么样的风险是自身能够承担的，采取何种管理措施是审慎的。"在金融周期的每年阶段上，股东作为所有者应当坚持贷款发放的高标准、良好的风险管理和风险控制，以及维护充足的资本缓冲以保护特许权价值。"③ 作为金融市场资金的提供者，也应该意识到过高的资金杠杆率会带来较大的风险，从维护自身利益出

---

① 安德鲁·克罗克特：《21世纪需要怎样的金融体系？》，载吴敬琏主编《比较》第58辑，中信出版社2012年版，第160页。
② 安德鲁·克罗克特：《21世纪需要怎样的金融体系？》，载吴敬琏主编《比较》第58辑，中信出版社2012年版，第160页。
③ 安德鲁·克罗克特：《21世纪需要怎样的金融体系？》，载吴敬琏主编《比较》第58辑，中信出版社2012年版，第161页。

发，也应该警惕甚至约束这样高的杠杆率。作为金融机构的债权人，应该对风险过高和资本缓冲过少的金融机构予以警告与惩罚，使金融机构的管理者认识到风险对于机构本身还是债权人都是不安全的，其自身的利益也会受损。

其次，金融市场的声誉机制促使市场参与主体爱惜自己的羽毛，并从长期的声誉中获得。金融体系中的参与者评级公司、会计师事务所、律师事务所、证券分析师等一直都依靠其在市场中建立起来的长期声誉获利。或许他们会面临许多短期投资利益的诱惑，但通过市场建立起来的长期声誉机制，可能会让其放弃短期利益而寻求长期利益。但这样的假设可能会让有些逐利之徒在巨大的短期利益面前忘乎所以，从而不惜铤而走险。否则，就不会产生一次又一次的金融危机。人性中的贪婪永远都是触发金融危机的内在动因。

即使金融机构的相关利益方因自身利益的追求而保持了审慎行为，但金融市场本身的缺陷却难以防止风险的发生。一般而言，金融机构的债务存在大量的正式或者非正式的担保，"担保的引进是为了避免金融恐慌，却极大地削弱了对杠杆的外部约束力。如果资金提供者认为担保使他们不会有市场下行风险，那么金融机构的管理者通过承担额外的信用和流动性风险来扩张资产负债表就容易得多。"① 担保制度的设置，主要是为了减少资金提供者的风险，但这一制度的激励就是让资金提供者减轻了风险意识，认为多了一层保护，自身可以承担更大的风险了。担保反而增加了金融体系的风险而不是减少了风险，这恐怕是设立这种制度时利益相关者都没有想到的结果。

最后，金融市场的信息质量可以防止风险的发生。如上所述，金融市场由于信用中介链条过长而导致信息严重不对称，解决信息不对称问题，提高市场信息披露的质量与效率，成为市场参与者共同努力的目标。但以下问题成为信息披露质量的妨碍：一是金融创新花样翻新，当人们还没有认识与了解某种金融产品时，风险却随之而来。二是评级机构提

---

① 安德鲁·克罗克特：《21世纪需要怎样的金融体系？》，载吴敬琏主编《比较》第58辑，中信出版社2012年版，第161页。

供的信用评级常常失准。评级机构提供的信用评级常常成为金融机构购买某种金融产品的依据。2008年美国金融危机源于次贷危机的爆发,而次贷危机的爆发与评级机构对次贷产品的信用评级有关。一般情况下,评级机构对单个经过了多次证券化之后的次贷产品评级时给予较高的信用等级,如AAA级,这个信用等级对于金融机构来说,是安全的产品,所以,金融机构开始大量购买这样的产品。但评级机构在计算次贷产品的违约概率是就某个或者某些产品进行统计模型进行计算的,但当将整个房地产的次贷集中在一起计算时,就产生了整个房地产的次贷风险系数,这个全局性的风险就成了评级机构的一个漏洞。"在出事之前,评级机构把证券化的次贷证券评级过高,当很多次贷同时出问题的时候,评级机构突然又将跳出来重评,调低对它们的评级。一旦评级机构把次贷证券的评级降低时,根据银行的资本监管要求,所有金融机构必须增加资本金,以避免银行遭受怀疑而产生流动性问题。当评级机构同时降低所有金融机构的评级,实际上就等于触发了流动性危机,并加剧了流动性冻结,大规模的金融危机就在所难免。"[1]

三 我国系统性金融风险问题

一般而言,我国发生系统性金融风险的现实性不大,但并不意味着不存在发生系统性金融风险的可能性,其原因主要有:一是金融体系和金融机构本身存在的脆弱性。这与世界上其他金融机构并无异样。同时,我国还存在社会融资结构失衡的问题,通过银行进行间接融资的比重过大,通过资本市场直接融资的比重过小;"影子银行"广泛存在的资产负债期限错配,又加重了金融体系的脆弱性。二是近些年我国金融创新不断发展,在分业监管体制下产生了监管套利、监管真空等问题,金融控股公司发展很快,成为金融行业举足轻重的金融机构。各类资产管理业务发展迅速,跨行业、跨市场的金融产品层出不穷,导致风险在不同行业和金融机构之间转移和扩散。三是以影子银行为代表的融资活动活跃,

---

[1] 许成钢:《解释金融危机的新框架和中国的应对建议》,载吴敬琏主编《比较》第39辑,中信出版社2008年版,第7页。

形成银行表外业务发达的繁荣景象,这些业务规避了银行的资本充足率、存贷比等金融监管要求,削弱了宏观调控的效果,强化了金融体系的复杂性、关联性和传染性。四是金融体系的道德风险,"中央银行承担了本该由财政、金融机构或投资者承担的风险成本,金融机构存在过度从事高风险业务的冲动,社会公众风险意识薄弱,地方政府对金融业仍然进行行政干预。"[1] 根据专家监测,"我国的金融风险在2016年年初以来有可能处于中度风险状态。值得注意的是,2016年年初由熔断机制触发的股票市场大跌,以及以互联网金融名义从事的非法集资活动,是我国转轨体制下的特有风险。"[2]

---

[1] 参见陶玲、朱迎《系统性金融风险的监测和度量——基于中国金融体系的研究》,中国人民银行网站,http://www.pbc.gov.cn。

[2] 参见陶玲、朱迎《系统性金融风险的监测和度量——基于中国金融体系的研究》,中国人民银行网站,http://www.pbc.gov.cn。

第四章

私募股权基金监管制度的比较与分析

本章讨论全球几个主要国家和地区的私募股权基金的监管制度。虽然世界范围内很多国家的私募股权基金都存在不同的发展阶段,其监管状况也不尽相同,但是限于篇幅,我们不可能讨论所有国家的状况,感兴趣的读者可以参考道格拉斯·卡明(Douglas Cumming)等的著作《私募股权基金:基金类型、风险回报和监管》。[①] 本章将选择性地分别介绍美国、英国、日本和中国台湾地区的监管制度,并在此基础上对几个代表性国家和地区的监管制度进行总结与比较。

第一节 美国私募股权基金监管制度

一 监管规则体系

如前所述,美国法律对私募证券发行实行"不公开发行"因而"豁免注册",但"豁免注册"并不是豁免监管,实际上,美国法律对投资者保护方面法律制度同样适用于私募股权投资;同样,防范金融风险发生的管理制度也是如此。

美国证券法律对私募股权基金、私募证券基金、对冲基金没有作清楚的区分,在一般意义上投资公司法、证券法、证券交易法、投资顾问

---

① 道格拉斯·卡明等:《私募股权投资:基金类型、风险与收益以及监管》,孙春明、杨娜译,中国金融出版社2016年版。

法、投资者保护法等法律规定，都适用于以上证券或者基金，因此，针对以上证券或者基金监管的法律规则，同样适用于私募股权基金，在本节的内容描述上，一般不详细区分这三类基金。

在证券监管方面，联邦与州均制定了相应的法律规则，两套法律体系虽然管辖范围有区别，法律效力与法律适用也不同，自然，联邦层次上的法律规则效力更强。同时，美国是判例法国家，联邦法院的判例对各州具有约束力。在这个意义上讲，美国虽然存在联邦与州两个层次上的法律规则，但规则大致上是统一的。本节内容因篇幅问题，对各州的规律规则不作详细的阐述。

美国联邦层次上有关证券方面的法律有：（1）1933年《证券法》；（2）1934年《证券交易法》；（3）1940年《投资顾问法》；（4）1940年《投资公司法》；（5）1974年《商品交易法》；（6）1990年《投资者保护法》；（7）1996年《证券市场促进法》等联邦法律。证券交易委员会制定的规章有：（1）1982年D条例（规则506）；（2）1972年规则144；（3）1990年规则144A等。还有联邦法院的大量判例。

二 私募股权基金发行豁免规则

在美国，发行私募股权基金只要符合相关的规定，就可以享受产品发行转让注册豁免、基金载体注册豁免和管理人注册豁免。此处豁免之意义，即不用经过美国证监会（SEC）的注册，就可从事该行为。

（一）私募股权基金产品发行的注册豁免

美国1933年《证券法》第4（2）规定"发行人进行的与公开发行无关的交易"是一种豁免交易。注册豁免意味着证券监管机构无须对这种交易进行监管。这种针对特定交易对象的证券发行，根据联邦最高法院的解释，这种发行是"针对那些有证据表明能够实施自我保护的人所为之发行"。因为对象人数少或者发行对象具有自我的抵抗风险的能力，证券监管机构没有必要对此进行监管，或者这种发行不涉及公共利益的保护。美国证券委员会（SEC）开始确定的此种发行方式的发行对象少于25人，将人数控制在较少的范围内，主要是发行人与购买者在信息对称的情况下彼此了解证券的投资风险，因而将此种风险限于自身可控制的范围之内。后来，联邦最高法院将人数标准作了进一步的解释，如果投资者需要法律的保护，那么"需要保护"标准超越了自我保护标准，证券监管机构对那些需要保护的投资者应该提供保护。这就是美国联邦最高法院在 SEC 诉罗尔斯顿·普瑞纳公司（Ralston Purina Co.）案中确定的判决意见。

美国证券交易委员会 1976 年颁布规则 146，成为第一个证券交易委员会的"安全港"条款。1982 年美国证券交易委员会颁布了 D 条例（Regulation D），沿此思路，SEC 于 1982 年颁布了非排他性"安全港"原则 D 条例，该条例有 6 个条款，其核心条款是规则（Rule 506）：D 条例第 506 条为公司提供和出售证券时提供两项豁免登记。根据第 506 条的规定，公司可以筹集到不限金额的资金。

D 条例实际上是细化了《证券法》第 4（a）（2）条的豁免规定，D 条例第 506（b）条规定的"安全港"，公司可通过满足下列特定要求，确保其处于第 4（a）（2）条规定的豁免条例："公司不得利用一般招揽或广告推销证券。"[①] D 条例提出一个重要的概念：合格投资者（Accredited Investors）。对于一般投资者之外的合格投资者，针对的是某些例外情况，如 D 条例第 506 条，公司可将其证券出售给这些合格投资者。"合格投资者"一词的定义见法规 D 条例第 501 条。

豁免规定区分合格投资者与非合格投资者，以此来区分投资风险的负担者。D 条例规定，公司向合格投资者发行证券时，可以不受数量的限制，而向非合格投资者发行证券时数量不能超过 35 名，而且，这 35 名非合格投资者，无论是单独购买还是买方代为购买，他们必须具有相当丰富的投资经验，即"他们必须在金融和商业事务上有足够的知识和经验，使他们能够评估未来投资的优点和风险"。[②]

证券发行公司要采取合理的步骤来确认投资者是否是合格投资者，这些方法包括审查文件，如 w-2 表、纳税申报表、银行和经纪公司报表、信用报告等。

---

① Rule 506（b）.
② Rule 506（b）.

根据 D 条例的规定，依据第 506 条提供的证券的购买者获得的证券是一种"限制性"证券，这意味着这些证券至少在 6 个月或 1 年内不得出售，如果购买者要在此期间出售证券，则需要购买者对证券进行登记。

公司发行的证券如果符合条款第 506（b）或（c）要求，则发行公司无须向 SEC 登记其证券发行，但在首次出售证券后，必须以电子方式向 SEC 提交"表格 D"。表格 D 是一份简短的通知，其中包括公司发起人、执行官员和董事的姓名及地址，以及有关发行的一些细节，但几乎不包含有关公司的其他信息。社会公众可以通过访问 SEC 的 EDGAR 数据库来确定该发行公司是否提交了表格 D。

（二）基金载体的注册豁免

美国法上将所有投资基金都纳入 1940 年《投资公司法》所称之投资公司，该部法律对所有投资行为进行监管。根据该法第 3（a）（1）之规定，任何主要从事或声称从事投资、再投资或证券交易业务的发行人，都必须注册并接受 SEC 的监管，除非符合该法的豁免规定。私募股权基金如果要想获得注册豁免，必须满足该法第 3（c）（1）条或第 3（c）（7）条的豁免规定，才可享受豁免注册之规定。因此，利用该法第 3（c）（1）条或第 3（c）（7）条豁免规定而设立的基金可称为第 3（c）（1）条或第 3（c）（7）条基金，不受 1940 年《投资公司法》的约束。下面介绍该法对两类基金的相关规定。

1. 1940 年《投资公司法》第 3（c）（1）条款。

关于投资者人数的限定。该条款规定受益人不得超过 100 人。为了确定准确的人数，该法第 3（c）（1）（A）规定了一个穿透条款（looking-through provision），拥有 10% 以上 3（c）（1）基金股票权证投资公司的权益持有人视为该基金的受益人，应该纳入 100 人的数量计算之中。基金公司管理人员、参与管理的雇员购买基金证券的，不纳入 100 人的数量计算。此 100 人的限制数量，计算起点是投资购买基金证券时，购买之后购买者发生了变化时也不计入其中，如购买者分居、离婚、死亡或者其他不可抗力导致证券过户而使基金人数发生变化，甚至超过了 100 人的情况，仍然视为人数在 100 人以内。①

关于非公开发行。发行此类基金不能使用公开劝诱、广告等公开发行招揽投资者，否则，不能豁免注册。

2. 1940 年《投资公司法》第 3（c）（7）条款。

该条款是 1996 年《全国证券市场促进法》增加而来。根据该条规定，如果已经发行的证券全部归于合格投资者拥有，也没有公开发行，将来也不准备不公开发行的发行人可以不视为本法意义上的"投资公司"。②

该法规定的合格投资者，符合以下条件：（1）拥有 SEC 规定的不少于 500 万美元投资的任何自然人；（2）拥有不少于 500 万美元的投资并直接或间接地由两个或者两个以上的有亲戚或者婚姻关系的自然人拥有的任何公司即家族公司；（3）特定的信托；（4）代理自己的账户或者其他合格买家的账户，在全权委托的基础上合计拥有和投资不少于 2500 万美元的任何人。③ 如果不符合这些条件，那么投资公司的投资行为将纳入 SEC 的监管。

（三）基金管理人的注册豁免

基金管理人在美国被称为投资顾问，④ 1940 年《投资顾问法》规定了投资顾问的权利与义务。根据 1996 年《全国证券市场促进法》的规定，管理资产不超过 2500 万美元的投资顾问，或仅为联邦注册投资公司之顾问的投资公司，受州法的监管。⑤ 管理资产不低于 2500 万元的任何投资顾问根据《投资顾问法》第 203 条注册。因此，根据该法第 203A 规定的受州法监管的管理资产不超过 2500 万美元的投资顾问，或者仅为联邦注册投资公司之顾问的投资顾问可以豁免注册。

---

① 参见 15 U. S. C. §80a – 3（c）（1）（B）。
② 参见 15 U. S. C. §80a – 3（c）（7）。
③ 参见 15 U. S. C. §80a – 2（a）（51）（A）。
④ 根据《投资顾问法》第 2 条（a）（11）定义的投资顾问，是指为了报酬，从事向他人或者直接地或通过出版物或著作就证券价值或投资、购入或转让证券的明智性提供建议的任何人，或为了报酬且作为日常业务的一部分，发布或公布关于证券的分析或报告的任何人。
⑤ 参见 15 U. S. C. §80b – 3A。

根据《投资顾问法》第203（b）(3) 条规定，在之前的12个月内，提供服务的客户少于15位，且既未向公众显示自己为投资顾问，也没有担任依《投资公司法》注册的投资公司或《投资公司法》第54条规定的商务开发公司的顾问，可以豁免登记。

只要不违反联邦证券法的反欺诈禁令，公司必须决定向合格投资者提供何种信息。这意味着公司向投资者提供的任何信息都必须不含虚假或误导性的陈述。同样，如果遗漏使提供给投资者的信息虚假或具有误导性，公司不应排除任何信息。公司必须向非认可投资者提供披露文件，这些文件通常与法规A或注册发行中使用的文件相同，包括财务报表，在某些情况下，财务报表可能需要会计师认证或审计。如果公司向合格投资者提供信息，它也必须向非合格投资者提供这些信息。

（四）私募股权基金产品转让的注册豁免

根据1940年《证券法》第4（2）条和D条例规则506规定的私募发行的证券，未经注册登记或取得其他豁免，不能转售。规则502（d）要求该发行人"履行合理注意义务，以确保该证券的购买者不是"第2（a）(11) 条下定义的为转售目的而取得证券的"承销商"。发行人的合理注意义务包括：在出售证券时，要合理地咨询购买人是为自己还是为他人购买证券；向购买人书面披露该证券未经注册因而不得转让；明示该证券未经《证券法》登记注册因此转让或出售受到限制。

以上规定明确了发行人在发行证券时要注意购买者不是"承销商"，但购买者必须要取得豁免之后才能转售证券，但法律与条例的规定是不明确的，因为以上的豁免规定通常只能适用于证券的发行者，而不适用于证券的购买者。在判定购买者是基于投资还是基于转让的购买动机时，美国法院的判例创立了"环境变化理论"来适用购买之后的"艰难情形"来证明购买者购买时的意图非常困难。[①] 因此，需要更加详细的规则来对此行为进行规范。SEC于1972年颁布了规则144（Rule144）。规则144又经过了多次修正。

---

① See Orrick, Non-public Offerings of Corporation Securities-Limitation on the Exemption under the Federal Securities Act, 21 U. Pitt. L. Rev. 1, 16, 19 (1959).

规则 144 适用于两类证券交易情况：一是发行人之关联方进行的证券销售，二是"受限制证券"（restricted securities）的转售。根据规则 144 对关联方的定义，"如果某人直接或间接地控制发行人，或者直接或间接地被发行人控制，或者与发行人一道共同被另一个人所控制，那么他就应当作为发行人之关联人。"①

"受限制证券"，规则 144 的定义为："（1）通过一次或一系列非公开发行的交易，直接或间接地从发行人或其关联人处取得的证券；（2）受 D 条例规则 502（d）、规则 701（c）中转售限制规定约束，从发行人处取得的证券；（3）通过一次或一系列符合规则 144A 要求之交易而取得的证券；通过符合 CE 条例之条件的交易，而从发行人处取得的证券；通过一次或一系列符合 S 条例规则 901 或规则 903 之条件的交易，而从发行人处取得的股权证券。"②

规则 144 规定，符合以下六个条件则转让不受限制：（1）发行人的信息公开。非关联方持有受限制证券两年后的销售行为不受此限；（2）受限证券的持有时间。受限证券转让前必须持有一年以上；（3）转让的数量受到限制。关联方只能"少量而分散地"转让，非关联方在两年之后不受转让数量的限制；（4）转让方式。所有的转让必须按照经纪商或者做市商的交易要求进行；（5）通知备案的要求。除非关联方在两年后转让受限证券之外，所有 500 股以上或总金额超过 1 万美元的转让，必须向 SEC 提交拟转让的通知用以备案；（6）善意转让的要求。

第二节　英国私募股权基金监管制度

一　英国私募股权基金发展与监管法规

学界一般认为，私募股权基金起源于美国。但实际上最早从事此类投资的是英国人。1868 年，一些英国投资者出资成立了一家"海外和殖民地政府信托"，投资者委托熟悉海外投资专家进行投资管理，资金主要

---

① Rule 144（a）（1）.
② Rule 144（a）（3）.

投向了欧洲和美洲。如果这种信托投资形式可以归入私募股权基金的话，这可算是世界上最早的私募投资基金。虽然后来的历史发展，英国与美国相比，在私募股权基金方面落后不少，但近年来，英国的私募投资基金业增长比较迅速且业绩表现良好，其年度投资额占整个欧洲的近50%，在全球的影响仅次于美国[1]。

私募股权基金在英国主要指"未受监管的集合投资计划"（Unregulated Collective Investment Scheme），未受监管是指不受2000年《金融服务和市场法》238（1）条款约束的集合投资计划，只向特定投资者发行。

在私募股权基金监管的立法模式上，英国采用美国分散立法模式，将相关规定分布在不同的法律规范之中。英国规范私募股权基金的法律主要有1986年《金融服务法》、2000年《金融服务与市场法》、2001年《金融促进条例》和2001年《集合投资（豁免）发起条例》。法律法规对私募股权基金规制的内容也主要体现在买家的适格和推广基金的传播、广告方式上。[2] 1986年《金融服务法》第57条规定：限制私募股权基金的广告宣传。2001年《集合投资发起（豁免）条例》中，从广告传播的角度，对"未受监管的集合投资计划"进行限制。

二 私募股权基金发行的监管

关于对传播的规制，英国根据传播的对象与传播的方式来确定发行集合投资计划时是否受2000年《金融服务和市场法》238（1）条款的约束。传播可分为"实时传播"和"非实时传播"两种。"实时传播"仅限于以下投资者："（1）由海外人士向海外人士传播关于海外投资的计划；（2）投资专家；（3）拥有高额资产的公司、非法人公司组织；（4）熟练投资者；（5）信托的发起人、受托人、其他代表；（6）信托、遗嘱的收益人。"[3] 采取"非实时传播"方式时，以下对象可以免受238（1）条款的约束："（1）海外人士；（2）以前的海外顾客（邀请加入的必须是一个

---

[1] 季敏波：《中国产业投资基金研究》，上海财经大学出版社2000年版，第49页。
[2] 潘道义、何长领：《私募股权基金理论实务与投资》，机械工业出版社2002年版，第204页。
[3] 英国《集合投资发起（豁免）条例》第238条第（1）款。

海外投资计划);(3) 曾经(12 个月之内)加入不受监管计划者;(4) 投资专家;(5) 不受监管计划的现有参与者;(6) 富有的个人;(7) 拥有高额资产的公司、非法人公司组织;(8) 熟练投资者;(9) 富有的投资者或熟练投资者的联合会;(10) 信托的发起人、受托人或其他代表;(11) 信托、遗嘱等的受益人;(12) 其他由于工作关系而能阅读此传播内容的人。"[1]

关于合格投资者,根据英国金融监管局(FSA)对投资客户的分类,将投资客户分为三类:零售客户、专家客户和合格交易对手。私募股权投资基金只能向专业客户和合格交易对手销售未受监管的集合投资计划。这些客户被政府监管机构认为具有相应的风险承受能力。

三 自律监管与间接监管

私募股权投资机构在募集基金时一般要求购买者提供投资者合格的证明,同时发行者在传播过程中要发出警告,防止不合格的投资者混入其中。英国与美国虽然在监管立法的模式上趋同,均采分散立法模式,但监管理念并不一致。英国对私募股权基金的监管更多的是采取自律监管和间接监管并用的原则。根据英国 2000 年《金融服务与市场法案》之规定,除了发行对象与发行方式受法律规制之外,私募股权投资基金完全可以作为一种不受监管的集合投资形式来成立。但是私募股权投资基金需要由接受政府的金融服务局监管的管理公司管理。基金管理公司在从事私募股权投资基金管理业务之前必须要获得金融服务局的批准。英国金融服务局对具备私募股权投资基金管理业务的资格设置了三个标准:一是基金管理公司的董事和高级经理要合格,公司要建立完善的内部控制制度;二是基金管理公司要在其管理的私募股权投资基金中投入高于一定数额的自有资本;三是管理公司的经营要符合反洗钱法案、商业道德方面的规范,这些法律包括 1939 年和 1958 年的《防止欺诈法》,1944 年的《投资业务管理办法》,1973 年的《公平交易法》,1976 年的《限制交易实践法》,1984 年的《股票交易上市管理法》,1948 年、1967 年和

---

[1] 英国《集合投资发起(豁免)条例》第 238 条。

1985 年的《公司法》等。

政府通过授权基金管理公司管理集合投资计划,既给予了集合投资计划的投资者的充分自律,又通过严格挑选的管理公司对其进行监管,减少了政府监管机构在监管方面存在的信息不对称问题,可以实施有效的监管。鉴于基金管理公司自身向集合投资计划进行了一定比例的投资,基金管理公司管理集合投资计划意味着对自己的投资进行风险管理与风险控制,作为通过政府授权具有风险控制经验的管理机构来说,可以实现最优的投资决策与风险控制结果。

第三节 日本私募股权基金监管制度

一 日本私募股权基金的发展与监管法规

相对于美英等国,日本的私募股权基金发展较为晚近。1951 年日本成立创业企业开发银行,这是一家主要向高科技中小企业提供低息贷款的银行。在促进私募股权投资发展方面,日本政府发挥了相当大的作用。20 世纪 50 年代末,日本制定《中小企业投资法》,1963 年日本政府在东京、大阪、名古屋成立了三家"财团法人中小企业投资育成社",标志着日本私募股权投资基金的产生。1974 年,日本通产省设立了官商一体的产业投资中心(Venture Enterprise Center),1972 年成立的"京都企业开发社"是日本第一家私营的私募股权基金机构。1975—1981 年,日本的私募股权投资基金向 62 个项目提供了 17 亿日元的资金,1993 年后又形成了一轮私募股权基金的投资热潮。日本私募股权投资基金的主要来源是金融机构与财团。日本私募股权投资基金一般投向成熟企业的比例较高,这一点与美国私募股权基金投向高科技企业的创业阶段相异。

日本涉及私募证券投资基金的法律主要有:1922 年的《信托法》和《信托业法》,1948 年的《证券交易法》《证券投资顾问业管理法》,1994 年的《关于投资信托制度改革的纲要》《证券交易法执行细则》《证券投资信托业法》,1998 年 12 月 1 日修正公布的《投资信托暨投资法人法》等。

日本的私募股权基金除少数境外基金(Offshore Fund)和地域基金

（Country Fund）外，基本上都是契约型基金，统一受《证券投资信托法》及由此产生的证券投资信托协会的监管。同时，日本的《证券投资信托法》第 3 条明确规定，"除证券投资基金外，任何人均不能签订以将信托财产主要投资于有价证券运用为目的之信托契约，但是不以分割受益权、使不特定的多数人取得为目的之行为，不在此限"。① 这一条明确规定，私募股权投资基金只能投资于私募股权而不能投资于二级市场上的证券。

二　监管内容

与美国法关于私募发行豁免注册不同，日本的私募投资信托受《投资信托暨投资法人法》管辖，日本私募投资信托是投资信托法下的特殊投信之一，与公募投资信托的"高度管理"不同，私募投资信托采用的是"低度管理"方式。对于不是主要投资于有价证券的集合投资基金而主要是投资于一些创业企业投资基金，日本法律并未予以禁止。②

日本证券法规定免予注册登记的私募证券大致可分为两类：职业私募与少数人私募。③ 职业私募，募集对象为合格的机构投资者，合格的机构投资者不能向合格的机构投资者之外的投资者转让。职业私募即使对 50 名以上的投资者进行劝诱，也豁免注册。少数人私募，是指虽然不是合格的机构投资者，但按照《证券交易法施行细则》第 1（4）条规定属于以 50 人以下的募集对象，且该证券难以向多数投资者转让，同样可以豁免注册。④ 此外，日本证券法还对私募发行的方式、相关信息披露以及转售限制等作出了规范。⑤ 可以看出，日本法虽然在细节上与美国法有一些差异，但日本证券法在对待私募发行的问题上，与美国采取了大致相同的监管标准。

---

① ［日］和本一郎、大武泰男：《证券交易法概论》，侯水平译，法律出版社 2001 年版，第 3 页。

② 夏斌：《部分国家和地区"私募股权基金"监管》，和讯网，2001 年 7 月 18 日。

③ ［日］和本一郎、近藤光男：《（日本）证券取引法读本》，有斐阁 2000 年版，第 46—50 页。

④ ［日］近藤光男、吉原和志、黑沼悦郎：《（日本）证券取引法入门》，商事法务研究会 1999 年版，第 94 页。

⑤ 卞耀武主编：《日本证券法律》，法律出版社 1999 年版，第 36—38 页。

三　金融改革后的监管制度

20世纪90年代初日本经济泡沫破灭，自此日本经济进入严重的衰退。日本政府于1996年年底提出了"金融体制改革"的计划，1997年6月13日，日本大藏省正式公布了《金融体制改革计划》。1998年6月19日，大藏省银行局和证券局被关闭。1998年6月22日完全脱离了大藏省的日本金融监督厅成立，标志着日本传统的金融监管制度的结束。金融监督厅负责统筹监管保险、银行、证券以及各类金融衍生产品的工作。随后，2006年日本制定了《金融商品交易法》，吸收合并了《投资顾问业法》等法律，大修《证券交易法》，将"证券"的定义扩展为"金融商品"的概念，新修订的《证券交易法》直接列举和引入了"集合投资计划"这一总括性概念，该法最大限度地把几乎具有投资性的金融商品和投资服务纳入适用对象，进行统一规制。

第四节　中国台湾地区私募股权基金监管制度

一　中国台湾地区私募股权基金监管制度的建立和完善历程

中国台湾地区的私募股权基金发展"私募股权基金之投资案件与金额迄今仍不算多"，其原因"不外乎企业规模未达私募股权基金要求之最低投资门槛、对于私募股权基金的了解度未深而产生之排斥感，以及法制上限制束缚所形成之交易困难等"。① 这些原因确实导致了台湾地区私募股权投资不够活跃甚至会出现大起大落的现象。台湾投资者认为台湾当局对资本市场监管过严，投资者很难从台湾的资本市场退出。退出难自然影响投资者的进入意愿。同时，台湾地区监管机构监管不透明、监管规则不确定等因素也客观影响了私募股权基金市场的发展。2013年私募股权市场的总投资只有4250万美元，只占到亚洲私募股权投资规模的0.1%，而台湾在亚洲位列第六大经济体，这一投资规模显然与台湾在亚洲的经济地位是极不相称的。当然，台湾也在2007年出现了私募股权投

---

① 台湾金融研训院研究报告：《国际私募股权基金之发展与监理》，2008年。

资总额达到 61.6 亿美元的历史高位。

台湾也发生多起外国与本地私募股权基金并购岛内企业的案例。如 2007 年凯雷并购大众银行、安博凯（MBK）并购中嘉网络、隆罗基金并购安泰银行、橡树资本收购复盛公司等影响较大的并购案。

20 世纪 90 年代中期之前，台湾地区"证券交易法"以概括方式禁止任何未向主管机关申报注册或未经主管机关核准的证券募集[1]、发行[2]以及买卖行为[3]。2001 年台湾地区修订了"公司法"，增加了"公司法"第二百四十八条第二、三项有关公司债私募的规定。2002 年修订了"证券交易法"，将私募制度引入"证券法"之中。

二 台湾地区私募股权基金监管制度的主要内容

1. 关于私募证券的发行规定

依据台湾地区之规定，"证券交易法"规范股份及其他有价证券的公开发行，"公司法"规定公司债的发行。"公司法"规定"（公司债）私募之发行公司不以上市、上柜、公开发行公司为限"[4]。当公司债的私募人为公开发行公司时，应同时受"证券交易法"及"公司法"的调整；如果两法规定存在冲突时，则依"证券交易法"之规定。

台湾地区"公司法"规定的私募发行，仅限于公司债的私募，私募人数不得超过 35 人，如果购买者为金融机构，则不在此限。

"证券交易法"所规定的私募对象限于该法第四十三条之六第一项所列举的三类：特定人："银行业、票券业、信托业、保险业、证券业或其他经主管机关核准之法人或组织；符合主管机关所定条件之自然人、法人或基金；该公司或其关系企业之董事、监察人及经理人。同时第四十三条之六第二项规定：后两类应募人的总数，不得超过 35 人。"

---

[1] 台湾地区"证券交易法"第七条，募集是指"发起人于公司成立前或发行公司于发行前，对非特定人公开招募股份或公司债之行为"。

[2] 台湾地区"证券交易法"第八条，发行是指"发行人于募集后抽走资金并交付有价证券之行为"。

[3] 台湾地区"证券交易法"第二十二条第一、二、三项。

[4] 台湾地区"公司法"第二百四十八条第二、三项。

所谓"符合条件的自然人、法人或基金"是指：（1）对该公司财务业务有充分了解之"国内外"自然人，且于应募或受让时符合下列情形之一者：本人净资产超过新台币一千万元或本人与配偶净资产合计超过新台币一千五百万元；最近两年度，本人年度平均所得超过新台币一百五十万元，或本人与配偶之年度平均所得合计超过新台币二百万元。（2）最近期经会计师查核签证之财务报表总资产超过新台币五千万元之法人或基金，或依信托业法签订信托契约之信托财产超过新台币五千万元者。根据有关解释，上述所称"净资产"指在台湾境内外之资产市价减负债后之金额；"所得"指依所得税法申报或经核定之综合所得总额，加计其他可具体提出之境内外所得金额。

2. 关于发行私募证券的信息披露规定

"证券交易法"第四十三条之六第四项规定："该（私募）公司应第一项第二款之人之合理要求，于私募完成前负有提供与本次有价证券私募有关之公司财务，业务或其他信息之义务。"

"证券交易法"第四十三条规定，私募股权基金单独或者与其他投资机构共同取得上市公司已发行股份总额超过10%，则应向证券主管机构申报，申报内容包括取得股份之目的、资金来源以及主管机构所规定应申报的事项。

关于发行过程中的广告劝诱问题，"证券交易法"第四十三条之七第一项规定："有价证券之私募及再行卖出，不得为一般性广告或公开劝诱之行为。"

3. 关于公开收购之规定

在资本市场，私募股权基金常常会通过购买目标公司的股份获得目标公司的股权，那么此种行为应该遵守"证券交易法"公开收购的相关规定，主要包括该法第四十三条第二款、第三款、第四款、第五款之规定。

4. 关于对股东权益的保障

台湾地区"公司法"规定了针对被收购公司股东权益的保障措施，如被收购公司股东可自由转让其股份而不受新设公司契约或章程限制（该法第163条）、股东就合并议案所享有表决权（该法第316条）、少数股东股份收买请求权（该法第 316 条第二款、第 317 条）；被收购公司负责人对于公司应负有的忠实义务（该法第 8 条、第 23 条）等规定，对于私募股权基金所从事的投资行为都应适用。

第五节 私募股权基金监管制度的比较与评析

作为一种投资工具，私募股权基金不会因为投资者或者管理者在不同的国家或者不同的社会制度下操作方法与运营规律有什么不同。因此，不同国家监管当局会因为监管理念不同在监管规则的设计上会有差别，但监管规则的普适性大于差异性。

一　私募股权基金监管制度的共同点

（一）政府监管机构普遍采用"包容审慎"的监管理念，实行"自律监管为主、间接监管为辅"的监管原则

从以上国家与地区对私募股权基金监管实践来看，一般通过证券法与公司法等法律规定私募证券的发行方式，限制投资者的购买条件与购买人数，采用的方法就是沿用美国法上的"豁免注册"制度。"豁免注册"实质上是一种间接的监管制度设计，只要私募发行人符合发行条件，购买者又都是法律规定的合格或者适格投资者，他们能够自行承担投资风险，作为理性人的投资选择，即使预测到的风险发生了，投资者所受到的投资损失也在其承受能力之内，不会造成整个社会的金融风险。

当然，政府对这种投资工具采取这样的监管理念与监管方式，与私募股权投资之内生性的特征有关。私募股权基金管理者以私募发行方式向特定的投资者发行私募证券，由于人数的限定，协议的秘密性以及投资者的经验老到等因素，基金管理者与投资者一般情况下都能够管控投资的风险，即使发生了风险，也不会城门失火殃及池鱼。这种投资协议的秘密性使政府难以获得相关信息，同时，从监管效率上讲，政府也没有必要像监管公众公司那样监管这种小众投资者的投资行为。政府对金融机构监管的目的是防止发生金融风险与金融危机，监管制度作为一种公共产品，针对的是社会大众而不是少数富有者的投资行为。

（二）政府监管机构针对私募股权基金监管制度的变化对私募股权基金的发展产生实质性的影响

从私募股权基金发展的历史与各国的监管实践来看，私募股权基金的投资活跃程度与政府对其监管的力度有很大的关系。当然，宏观经济发展形势会直接影响私募股权基金投资者的投资收益预期从而影响他们的投资决策，但法律监管措施的变化对其影响则是实质性的。如美国1958年通过了《中小企业法》，允许小企业投资公司从政府获得低息的长期贷款，私募股权基金得以快速发展。1978年，美国法律允许养老金以有限合伙人的身份投资私募股权基金，不仅实现了私募股权基金组织结构的转型，更为私募股权基金的发行拓展了丰富的资金来源。资本市场不够发达，或者对金融创新持保守态度的国家，私募股权基金的发展则相对滞后。我国台湾地区一直对私募股权基金缺乏专门的规定，采用传统的"公司法"与"证券法"制度监管私募股权基金，造成监管过严，影响了私募股权基金业的发展。

我国在发展私募股权基金的过程中也发生过惨痛的教训，在监管制度缺乏的情况下，一些地方为了当地经济与金融的发展与繁荣，盲目让私募股权基金泛滥，为一些打着私募股权基金名义实质为民间非法集资的企业与个人打开了方便之门，形成了局部地区一定程度的金融秩序的混乱，最后，地方政府不得不动用各方力量治理地方金融生态与金融秩序，从成本与收益的角度来看，此为得不偿失之举。

（三）为了防止发生系统性金融风险，加强对私募股权基金的监管成为国际社会的共识

2008年美国发生金融危机之后，国际社会开始反思这么严重的金融危机是如何发生的。国际社会通过G20这样的机制来协调各国对金融活动的管控。从人类历史上历次发生的层出不穷的金融危机来看，发生金融危机的根本原因在于人类对金钱的无限贪婪。各种各类花样翻新的金融创新活动，实质上是对既有的金融监管措施的颠覆与突破，以满足投机者对金钱的渴求。随着经济全球化，金融资本冲出国界，如洪水般追逐利益，视各国既有的监管机构与监管措施为无物，加之科技手段的助力，监管措施如果跟不上金融创新的步伐，金融危机时刻都会发生。

据统计，自17世纪以来，全球范围内发生了九次影响深远的金融危机。如荷兰的郁金香危机、英国的南海泡沫、美国20世纪30年代的大萧条等，都使人记忆深刻，但其影响也止于世界的局部地区。当今世界经济联系日益紧密，全球化的经济活动与金融活动让世界成为一个巨大的经济整体，一旦某个地区或者某个国家发生金融危机，立即会影响全球，这种"蝴蝶效应"在2008年的美国金融危机表现得特别明显，危机发生之后，欧洲受到的经济损失甚至超过了引发危机的美国。

产生这种现象的根本原因在于世界已经是一个联系紧密的金融生态系统，一国发生金融危机，他国很难独善其身，全球都受影响。各国政府认识到这些之后，采取措施的目标与方向就会很快达成共识。危机发生之后的几次G20峰会，都将如何治理与防范金融危机列入议题，参会国家的元首共同研讨对策，出台举措，共同治理与防范。

二 两种不同监管模式的比较与分析

全球化背景下的现代金融体系日趋复杂，形成了一个全球联络的金融生态系统。私募股权基金只是这个大系统众多金融品种中的一种。相对于复杂的金融品种而言，政府也构筑了一个针对不同金融品种的复杂监管体系，这个监管体系是由众多的法律原则、规则及指南构成。但不同的国家和地区在设计监管措施时，分野出"原则监管"（principles – based Regulation）和"规则监管"（rules – based regulation）两大类监管模式。英国、加拿大、澳大利亚目前在金融监管领域采取的是原则监管模式，而美国则采规则监管模式。

下面就对这两种监管模式的理念与内容作一分析。

（一）规则监管模式

美国采用规则监管模式。美国的规则监管模式，是指政府通过立法为金融机构设定了具体的法律监管规则，以此确定金融机构的权利与义务，保证金融机构的良性运营。基于规则监管的制度设计理念，规则在监管规范体系中居于主导地位，政府监管机构依据详细的监管规则对金融机构实施监管，监管机构自身的裁量权不大，被监管对象在详细的监管规则面前也没有太多自由运作的空间。规则监管以追求监管的公平性与可重复性为目标。

20世纪30年代末经济大萧条之后,美国建立了规则监管模式。1933年《银行法》开启了美国对金融业实施全面监管的时代。随后,美国立法机构与政府又相继出台了一系列的法律法规,如1933年《联邦储蓄制度Q条例》、1934年《证券交易法》、1940年《投资公司法》、1968年《威廉斯法》等,构建了较为系统全面的以金融法律法规为基础的监管制度体系。安然事件之后,美国于2002年制定了《萨班斯—奥克斯利法》(以下简称《萨班斯法》),规则监管模式在21世纪得到了进一步的重视与强化。

基于联邦制的行政管理体系,美国实行的是"双层多头"的金融监管体系。"双层"指联邦政府与州政府都享有监管权力,"多头"指两级政府均由多个政府监管部门实施监管职能。在联邦政府层面上,金融监管机构就有美国联邦储蓄委员会(以下简称美联储)、财政部、联邦存款保险公司、证券交易委员会、储蓄管理局等多个机构,它们在法律规定的职权范围内分别对金融业实施监管。在这种监管框架下,为了分清职责与权力,划定各自的监管边界,每个政府监管机构都会将自己承担的监管领域与监管职责进行细化,所以,在规则监管的法治理念之下,美国奉行的规则监管呈现出监管体系庞大、监管规则细化、监管职责细分的监管结果。规则监管在相当长的时间里发挥了重要的作用,保证了美国金融业的繁荣与发展。但不可否认的事情是,即使在如何严格的规则管理之下,华尔街的金融家仍然花样百出地进行金融创新以逃避金融监管,华尔街不断地成为金融危机的引爆点就是明证。美国频繁爆发的金融危机历史,说明这种监管模式既有监管有效的一面,也有监管失灵的一面。

基于"法条主义"立法思路的规则监管模式,第一是被监管对象提供了一套清楚而明确的规则体系,这套规则体系可作为被监管对象的行为准则。哪些行为可行,哪些行为被禁止,监管者与被监管对象都心知肚明,监管规则的信息对称,大大减少了监管者与被监管者之间的信息交流成本。第二是规则体系具有稳定性,法律规则一旦确定,在较长时间内不会被修改,监管者与被监管者在一定时间内的预期是稳定的,减少了监管活动的不确定性。第三是所有的监管规则都是公开的,规则的透明度高,增强了金融市场的竞争性与监管的有效性。第四是规则监管模式适合于单一金融产品的监管,单一金融产品结构清楚,风险传导路径明确,在可预期的情况下可以有效地实施监管,实现监管目标。

但规则监管模式也存在内在的缺陷。"规则监管也因其庞杂、僵化的法规体系而饱受争议。"[1] 规则监管模式主要存在以下问题:

第一,规则监管模式下,监管机构的主要职责就是执行规则,而金融机构的主要义务是遵守规则,监管的目的有可能落空。从经济人的理性原则出发,金融机构时刻都想利用规则套利甚至是规避规则获利。如果监管机构只是在形式执行规则而忽略了监管目的的实现,金融机构往往又能通过金融创新的手段规避规则的监管,那么规则监管模式的法条主义往往流于形式,规则越复杂监管效果越差,监管的目标很难实现。例如,美国证监会(SEC)为了加强对私募股权基金(对冲基金)管理人的监管,于2004年12月10日颁布了"《投资顾问法》下对冲基金顾问注册规则",亦即"注册规则"。[2] 该规则适用范围为具备下列三项特征的所谓"私募股权基金",即(1)依《投资公司法》第3条(c)(1)条或第3条(c)(7)条豁免注册;(2)允许投资者在两年内要求基金回赎其持有份额;(3)以"投资顾问的能力或经验"等为基础营销。该注册规则要求:如果"私募股权基金"(即对冲基金)管理人服务的客户达到或超过15位,则须在2006年2月1日前依据《投资顾问法》注册。之前《投资顾问法》规定两种情况下投资顾问无须注册:一种情况是小型投资顾问,根据《投资顾问法》第203A(1)条规定:"除非投资顾问(A)拥有资产不少于2500万美元,或者(B)是一位根据本法 I 条(Title I)注册的投资公司顾问,否则在其主要办公室和营业活动所在的州内,作为投资顾问被监管或者需要监管的投资顾问不需要根据203条进行注册。"投资顾问所管理的资产不超过2500万美元,或者不是对冲基金

---

[1] 田野、向孟毅:《原则监管、规则监管与中国金融监管框架改革》,《金融经济学研究》2019年第1期。

[2] Registration under th Advisers Act of Certain Hedge Fund Advisers,69 Fed,Reg 72. 05417 C. F. R. 275203(b)(3)-2. 注册规则的大多数内容于2005年2月10日生效。

的投资顾问，那么他就不需要注册。另外，还有投资客户数量的例外。《投资顾问法》第 203（b）（3）条规定："在过去 12 个月内客户总数不足 15 名，同时未公开以投资顾问身份营业，并且没有为任何根据本法 1 条注册的投资公司担任过投资顾问。"如何计算投资客户的人数，美国证券交易委员会之前是将每个对冲基金看作一个客户，不管对冲基金有多少个投资者。这样做的目的是为了和有限合伙协议以及其他的法律保持一致。2006 年的规则修改，美国证券交易委员会实施"穿透"规则，即把对冲基金的每一个投资者（如有限合伙人）都列为客户，而不是按照之前的只统计对冲基金的计算方法。实际情况是，每位投资顾问服务的投资者不止 15 位，那么按时新的规则，投资顾问必须注册。但新规则仍然存在安全通道，一是管理基金数额超过 2500 万美元才注册的规则没有变化，那么小型的对冲基金投资顾问无须注册；二是如果对冲基金存在一个锁定期为两年以上的条款，那么投资顾问享有豁免权。一般来说，私募股权基金存在的锁定期一般都在两年以上，新修订的这一条款只能是针对真正意义上的对冲基金，而对私募股权基金的投资顾问，新规则监管私募股权基金的目的基本落空。

第二，规则监管模式所要求的细化监管措施抑制了金融交易行为的灵活性。法条主义的缺陷在于所有的法条规则都是对已发生的法律关系与法律行为的规制，对未来的行为却无能为力，滞后僵化是规则监管的通病。金融市场是一个高度活跃的市场，随着新技术的引入，金融交易频次与复杂性日益提高，人们根据现实需要设计出来的金融品种也日益丰富，但无论是新的交易手段还是新的金融品种，都不可能在第一时间纳入规则监管的视野之内。根据 2007 年美国发布的报告《提升美国金融竞争力蓝图》指出的那样："过细的监管规则限制了监管者适应全球市场变化的能力，造成金融机构新产品和新服务的推出越来越难，导致监管者和金融机构之间更多的是对抗而不是合作，降低了监管的灵活性"。[①]

第三，规则监管模式一般注重金融业务的过程监管往往忽视了金融

---

① 田野、向孟毅：《原则监管、规则监管与中国金融监管框架改革》，《金融经济学研究》2019 年第 1 期。

业务的结果及金融机构的经营行为。监管机构在实施监管活动时通过现场检查与问卷调查，偏重检查金融机构在业务活动中是否遵守了相关规则，而金融机构通过内部的合规管理检查自身经营过程中是否遵守了这些规则，至于遵守这些监管规则所追求的结果是什么，二者都不太关注。因此在规则监管模式之下，过程不合规，结果最佳也不行。

第四，规则监管模式奉行"法不禁止即自由"理念，无论规则多么完善，总存在漏洞与缺陷，无法涵盖所有金融活动。逐利是人的本性，也是金融市场从业者的不二法则。钻空子找漏洞是金融机构获得利益的方法之一。因此，规则监管模式下监管机构有时会苦于没有现行规则而对一些行为束手无策。如前所言，金融市场是最活跃的市场之一，全球性的资本流动给金融市场带来了空前的活力，但也提升了监管难度。如果监管机构一味遵循已有规则的执行，对金融市场新出现的情况视而不见，可能会造成空前的金融危机。

20世纪80年代初，一方面美国信贷市场利率水平较高，而另一方面一些州的法律却设定了贷款利率的上限，这导致很多信用等级不高的借款人无法获得住房抵押贷款。为此，美国国会通过一项法案，该法案要求各州取消对绝大部分住房抵押贷款的利率限制。这一措施的初衷在于促进次级住房抵押贷款市场的发展，但资产证券化技术的迅速发展和广泛应用却使这一市场的规模极度膨胀，地产市场泡沫的破裂导致众多养老基金、对冲基金、投资银行等机构投资者饱受折磨，最终导致了系统性风险的爆发，这都是立法者难以预料的。[①] 监管者可以制定出规则对作为此次金融危机始作俑者的信用衍生产品进行严格监管，然而随着金融创新的迅猛发展，市场上必定还会涌现出更多的、更复杂的金融衍生品，并且也不是所有金融衍生产品都会涉及信用风险，针对抵押支持证券、有抵押债务债券和担保债务债券等信用衍生品的监管规则难以有效限制其他类型的金融衍生品的潜在风险。

第五，规则监管模式下监管成本高昂，监管效率低下。从立法上看，

---

① See Keneth C. Johnstone et al. The Subprime Morass: Past, Present and Future, North Carolina Banking Institute, March, 2008, pp. 127–130.

规则监管需要根据市场变化情况不断出台新的监管规则，同时，要对过时的监管规则进行修改，立法成本居高不下。从执法上看，多头监管也导致监管机构叠加，执法人员与执法成本不断增长。不断增长的立法与执法成本并没有带来监管效率的提升，监管效果也并不理想，金融危机发生的潜在风险随时存在。

规则监管虽然存在不少的缺陷，但要彻底改革这种传统的金融监管模式却存在诸多困难。2008年美国金融危机的爆发，让人们产生了不可思议的悖论：既然规则监管如此细致与严格，对金融市场给予了"保姆"般的关照，对各种各样的可能金融风险都给予了足够的防范，为何还会发生金融危机呢？危机发生之后，美国政府制定了"金融改革法案"，即《多德法案》，又是一次规则监管的辉煌成果，如此大部头的立法，有众多的法条，读起来让人眼花缭乱。危机过后不久，就有不少金融从业人员与专家预测下一次的金融危机何时到来。由此看来，想通过规则监管模式预防金融危机的发生，这些规则的制定者好像都没有信心。

（二）原则监管模式

英国在金融全球化过程的早期，也参照美国的金融监管模式，采用规则监管模式。但后来英国发现了规则监管模式的内在缺陷，逐渐由规则监管模式转向原则监管模式。这一监管模式在美国、英国、加拿大都曾经引发热议。在经历了美国式的规则监管模式之后，英国社会也经历了金融危机，巴林银行的倒闭、国际商业信贷银行的破产，金融市场的违规行为时有发生，英国政府感受到规则监管模式难以应付日益变化的金融市场，监管能力捉襟见肘，监管机构疲于应付，监管效率低下，最后不得不改弦易张，寻求一条与美国不同的监管之道。

英国的原则监管模式，是指在由原则、规则与指南等规范构成的监管体系中，金融监管机构在实施监管时以原则监管为主，其他监管规范居于次要地位的一种监管模式。

根据英国2000年《金融服务与市场法》，设立了统一的金融监管机构——金融服务局（FSA）。银行、保险、资产管理、资本市场、抵押贷款和一般的保险中介都由金融服务局监管。英国金融服务局2007年4月发布了《原则监管——聚焦结果导向》。2000年《金融服务与市场法》设定了四个法定的监管目标：一是维持对金融体系的信心；二是促进公众对金融体系的理解；三是为消费者提供适当程度的保护；四是减少受监管的企业被用于与金融犯罪有关的目的的可能性。为了确保这些目标的实现，该法确定了以下监管原则：一是能够实现高效且经济地运作；二是适当强调高级管理人员在履行监管职责方面的作用；三是适当监管；四是要充分考虑而不是扼杀市场的创新与英国金融市场的国际特色；五是要适当考虑监管对竞争的影响。金融服务局认为原则监管模式是一种基于风险和均衡的监管方法，建立在评定法定监管目标的风险基础上，实施能够取得良好效果的监管原则。

原则监管模式充分考虑到了金融市场是否存在市场失灵的问题，如果存在这种情况，那么采用原则监管的方法能否解决问题，同时，还要考虑原则监管所产生的成本收益问题。按照金融服务局的意见，原则监管取代规则监管的革命性意义在于：以原则为基础的监管意味着不再通过详细的、说明性的规则和监督行动来决定企业应该如何经营。

英国金融服务局发布《原则监管——聚焦结果导向》报告后，又制定了简化的《监管规范手册》，制定了以原则为基础的《业务守则》，提倡实施公平地对待客户计划（Treating Customers Fairly Initiative，TCF），这些措施改善了监管关系，并在行业指南、监管报告、消费者能力等方面开展了一系列卓有成效的工作。

英国金融服务局确定的11项商业原则为：（1）企业必须诚信经营；（2）企业经营者必须拥有必要的经营技能、谨慎和勤勉；（3）企业必须采取合理的谨慎，以负责的和有效的方式组织和控制其管理事务，建立适当的风险管理体系；（4）企业必须维持充足的金融资源；（5）企业必须遵守适当的市场行为准则；（6）企业必须重视顾客的利益，并给予所有顾客公平对待；（7）企业必须充分考虑顾客的信息需求，与客户进行清晰、公平和不产生误导的信息交流；（8）企业必须公平地处理利益冲突，利益冲突包括自己与客户之间的利益冲突，也包括客户与客户之间的利益冲突；（9）企业必须采取合理的谨慎以确保其建议与酌情决定是否适合任何有权依赖其判断的客户；（10）企业在对客户的资产负责时，必须为其提供足够的保护；（11）企业必须以开放合作的方式与监管者打交道，必须向金融服务局披露金融服务局有理由认为他们期待获得的与企业有关的任何信息。

金融服务局认为这些原则的实施可以实现高水平的监管结果，但这些原则只是提供了一个监管框架，在这个监管框架之下，仍然需要制定一些规则来落实，只是这些规则肯定要大大少于规则监管模式下的规则数量，而且即使制定规则，这些规则也是以追求监管结果为导向的。

原则监管导向良好的监管结果，但这一结果的实现，主要依赖企业的自我监管与合规经营。实际上，金融服务局将监管的责任更多地集中在了企业的高级管理人员和董事会。从监管信息需求来说，将监管责任下放给企业高级管理人员与董事会，他们更了解企业经营的风险点在哪里，同时，根据利益相关原则，风险与收益密切相关，控制了风险，就等于获得了收益。企业的高级管理人员与董事会应该更关注企业经营的风险。

因此，英国金融服务局认为："企业必须改变自己的行为，并抓住由此带来的机遇，增加创新和采取更灵活的经营方式，同时充分认识到他们的监管责任，并确保他们履行自己的职责"。[①]

与规则监管模式相比，原则监管模式具有以下特点：

第一，原则监管模式以监管结果为导向，克服了规则监管模式结果导向不明的缺陷。原则监管模式目标导向清晰，它不具体设置详细的监管细则，将监管结果表明之后，企业只有合规经营才能达到原则监管所追求的结果与目标。至于企业怎样才能实现原则监管所追求的结果与目标，给予了企业充分的经营自由，由于没有事先设定监管的适用条件与企业经营的行为模式，企业在日常经营过程中也就没有必要想方设法规避法律，监管套利也基本不可能发生。监管结果导向只求结果的实现，过程监管则由企业自身掌握。

第二，原则监管模式为企业参与自律监管建立了激励机制。监管普

---

① FSA：Principles – based regulation, Focusing on the outcomes that matter, April 2007.

遍面临的问题是信息的缺失，监管者与被监管对象存在企业经营信息的不对称，严重影响监管的质量与有效性。原则监管模式将一部分监管责任授予了企业高级管理人员与董事会，他们对自身企业的经营状况更了解，为了保证企业经营的合规性，他们只要根据监管原则制定具体的合规经营规则就可。企业高级管理人员与董事会提升了监管水平与监管能力，企业的经营就能合规，这是企业持续经营与发展的基础。同时，如果企业高级管理人员与董事会没有尽到监管职责，他们要承担相应的法律责任。不同金融机构与金融业态，难以适用统一的规则进行监管，因为再详细的监管规则，也不可能穷尽应该监管的事情与细节，尤其监管机构与被监管对象还存在信息不对称的客观事实。在这种激励机制之下，企业高级管理人员与董事会参与了监管活动，尤其是参与制定企业内部的合规规则，也能够实现监管的有效性。

第三，原则监管模式降低了监管成本，提高了监管效率。首先监管机构只需要制定一套简单明了的监管原则，如确有需要，也可以制定实施原则的规则，但这些规则与规则监管所需要制定的规则，无论是数量上还是详细程度上都不可同日而语。因此，大量减少了政府的立法负担。原则监管模式下，减少了监管机构的设置与监管人员的数量，政府的监管权力也受到了限制。这大大降低了监管的立法成本与执法成本。如英国金融服务局负担了金融系统的监管职能。原则监管的监管目标与监管原则简单清晰，企业可以根据结果导向的监管目标设定自身的实施规则或细则，企业根据行业特点与企业自身情况制定的规则或者细则，能够极大地提高监管效率。同时，原则监管模式保持了规则监管模式规则稳定性的优点，因为原则确定之后，相当长时间之内不用改变，原则确定监管的方向、追求的是结果导向，原则的稳定性也保持了金融监管制度体系的稳定性。

第四，原则监管模式提升了金融业的市场竞争，确立了公平竞争的市场原则，保护了金融消费者的利益。如上所述，英国金融服务局所确立的11条商业原则，所体现的利益平衡保护原则、公平竞争原则等现代法治精神十分明确。同时，原则监管模式下的平等精神也值得一提。在规则监管模式下，监管者与被监管者处于不平等地位，监管者高高在上，被监管者感觉自己总像犯规者,时刻要提防者监管者的检查与监督。而原则监管模式下,由于法律赋予了企业与监管机构在监管过程中平等的法律地位,企业高级管理人员与董事会直接参加了监管规则或者细则的制定,他们平时的履职行为也是自愿的行为,因而也可以说,他们既是监管机构的监管对象,同时也是企业内部的监管者,两种身份的重叠,更有利于他们履行监管职责,从而实现监管目标。

当然,原则监管模式并非完美无缺。原则监管模式克服了规则监管模式的一些缺陷,自身也存在一些缺陷。主要有以下几个方面:一是增加了监管的不确定性。原则监管所确立的原则一般具有普遍性、抽象性的特点,可操作性差,真正落实到企业层面还需要企业自身对监管原则的细化,若企业对监管原则的理解差异而导致各行其是,那么必然增加监管的不确定性,从方便执行的角度来看,不确实性会增加执行的难度与成本;二是增加了建立可信监管的难度。原则监管的执行弹性较大,监管机构针对企业如何建立一套可信的监管体系。与规则监管不同的是,监管机构针对违反监管原则如何采取执法行动,如何解决执法过程中公正、公平执行问题,如何保持执法与政策职能之间的密切关系,对执法机构来说都面临考验;三是增加了原则修订与执行过程中的协商成本。原则监管模式在执行过程中,根据市场情况变化与实践检验必然会对原则进行调整与修订,金融机构作为利益相关方必然要争取参与其中,否则,那些影响力更大更成熟的金融机构将会获得更多的参与机会,从而拥有更大的控制权,使原则在制定过程中就失去了公正性。同时,政府还需要考虑金融消费者与中小企业的需求。共同实施利益均衡的监管与原则监管才可以满足中小企业的需求。

三 寻求最佳监管模式

2008 年美国金融危机发生之后,美国金融监管机构与政要对规则监管模式进行了深入的反思,表达改革监管模式的意见。尤其是金融危机发生之后,欧洲一些国家深陷金融危机的泥潭,但英国所受影响较小,没有发生金融机构的破产案件。这一结果主要受益于原则监管模式之下金融机构主动承担了防范危机发生的风险,及时地采取了有效的措施,大幅度地降低了金融机构的杠杆率,从而避免了严重危机的发生。英国金融服务局首席执行官海克特·桑特特别指出:"具体的监管规则难以真正解决那些基础性的问题……在危机期间,正是监管原则引领了我们走出泥潭"。① 在世界资本市场上,交易所之间的竞争十分激烈,监管制度成为竞争的利器。自英国采取原则监管模式之后,伦敦证券交易所的上市企业数量与融资总额一度超过纽约证券交易所。在伦敦证券交易所的竞争压力之下,时任纽约市市长布隆伯格委托专家所作的调查报告指出,正是规则监管模式导致了纽约金融业的持续不景气。② 从反思自身立法情况来看,布隆伯格等认为,美国的《萨班斯法》监管要求过严,吓跑了许多外国公司,美国应该检讨该法的有关规定,借鉴原则监管模式的理念。美联储前主席本·伯南克也强调:"应尽可能地避免对新的金融产品或者金融机构制定具体的规则。相反,我们应采取一些基本的、以原则为基础的政策措施,使之能够普遍适用于金融行业中的各个领域,进而实现既定的监管目标。"正如美国《纽约客》杂志所言:"一个以原则为基础的监管体系依赖于专注的、资金充足的、对监管感兴趣的监管机构。……简化当前错综复杂的规则是有意义的。但是,如果我们不愿意任命这些人,不愿意承诺所需的资源,那只会带来更多的麻烦。一个基于原则的系统为更明智的监管提供了可能,这种监管有助于市场更有效地运作。但是,如果掌权者不愿意执行,世界上最好的原则也不会有多大帮助。"③ 美国政府中的高官也建议美国应当借鉴英国的相关做法,即主要运用原则来对资本市场进行监管,这一建议在美国财政部公布的《金融监管体制蓝图》中已经得到具体体现。美国若要改弦易张采取英国的原则监管模式,则要走一条漫漫长路。虽然管理者与学术界认为美国应该借鉴英国的原则监管模式,或者对现有的规则监管模式进行改进,但路径依赖的存在,美国想要改换现行的监管体系谈何容易。2010 年通过的美国《金融改革法案》,对原有的监管模式仍然没有实质性的改变。

---

① Hector Sants speech on principles – based regulation and the lessons from the sub – prime crisis. https：//uk. practicallaw. thomsonreuters. com/4 – 381 – 7638.
② 转引自刘庆飞《论证券监管立法原则中心主义》,《社会科学》2011 年第 4 期。
③ James Surowiecki, Parsing Paulson, *The New Yorker*, April 29, 2008.

有没有更好的金融业监管模式？来自英属哥伦比亚大学法学院的助理教授克里斯蒂·福特为加拿大证券监管专家小组提交了一份报告：《原则监管模式下的证券监管》。[①] 这份研究报告认为，原则监管要成为最佳的监管实践与关键的成功因素有六个方面：一是构建适合原则监管的监管文化环境。原则监管定义宽泛，具有灵活性，以结果为导向，要求监管机构有更多的专业技能，与产业建立信任关系并保持沟通关系，限制行政指导的运用，适当制定通知与评论的规则。二是关注市场参与者的影响。为了能够发挥原则监管的优势，产业需要时间来适应新的监管模式。三是要建立学习系统与信息管理系统。原则监管与以结果为导向的监管者在发布指南、评估结果和与产业沟通时需要可信赖的信息。四是结果导向的监管。它关注的是监管结果而不是监管过程，保持监管体系的灵活性与学习能力对于原则监管至关重要。五是监管的可信度。为了保证原则监管模式下监管者的判断得到尊重，监管者的行为必须是合理的、可预测的和可问责的。六是维护控制。监管机构具有法定的权力来制定规则与指南，同时，监管机构有权力解释监管原则的意义。

这些建议汲取了之前规则监管模式与原则监管模式各自的优点与长处，尽力克服各自存在的不足与缺陷。但金融监管是一个世界难题，随着经济全球化与金融自由化的发展，人们在不断地探求完善的监管模式与方法。金融监管永远都在路上。

---

① Cristie Ford: Principles – Based Securities Regulation, http://www.doc88.com/p-30322427.

第五章

金融监管改革背景下的私募股权基金监管改革

2008年美国金融危机发生之后,国际社会对原来的国际金融监管缺陷进行了深刻的反思,形成了全球共同治理金融危机的组织与框架。各国也对自己的金融监管体制与监管制度进行了检讨,查找漏洞与不足,出台了一系列的改革方案,完善了金融监管体制与监管制度。基于私募股权基金与金融危机发生具有某种程度的内在关联性,在全球不断呼吁加强金融监管,防止系统性金融风险,建立起了宏观审慎监管体系的情况下,各国对私募股权基金的监管也在不断加强,尤其是以美国为主的西方发达国家,在这个自出现以来一直以行业自律为监管主流的领域,政府出面加强监管的倾向越来越明显,呈现出行业自律与政府监管并存的监管局面。本章将重点探讨2008年美国金融危机之后,各国金融监管体制的变化,监管制度的创新,私募股权基金监管制度的变化等。

第一节 私募股权基金运作风险

本节探讨私募股权基金的运作风险与金融危机之间存在的关联性,主要从私募股权基金运作中存在的募集资金的风险、杠杆收购的风险、基金管理人的道德风险与基金经理投资时的"羊群效应"等方面探讨私募股权基金运作中的风险因素。

一　募集资金的风险

即使在倡导行业自律的时代，私募股权基金的募集也是受到了法律的严格限定的，基金管理人只能向合格投资者或者具有风险识别能力的投资者募集，不能向一般公众公开募集资金。这已经是各国规范私募股权基金募集资金的通例。

在我国，私募股权基金影响金融秩序，已经引发了局部地区金融风险的主要在募集资金阶段。他们的主要做法是向社会不特定的公众募集；利用公开的手段募集，如"通过媒体、推介会、传单、手机短信等途径向社会公开宣传；承诺给予高额回报，承诺在一定期限内以货币、实物、股权等方式还本付息或者给付回报。"[①] 这种募集行为的不合规性，极容易酿成触犯我国刑法所规定的集资诈骗罪与非法吸收公众存款罪。

我国像世界上其他国家一样，对私募股权基金的投资人数与投资数额都有明确的规定，但在现实中，一些私募股权基金管理人采取非法手段规避相关规定。根据天津市滨海新区法院发布的《滨海新区私募股权基金涉及非法集资刑事司法认定》，一些私募股权基金管理人采取了"拖拉机"的嵌套式合伙制基金方式进行募资，其目的就是为了解决人数限制和降低投资金额标准，而通过设立合伙企业（50人以下）成为另一合伙企业或基金的投资人，最后通过合伙企业或基金进行连续嵌套，进而突破以股份有限公司形式设立的投资者人数不得超过200人，以有限责任公司或合伙制形式设立的，投资者人数不得超过50人的限制。因此，经常发生的状况是，在工商部门登记或备案的私募基金公司、企业的登记人数在50人或200人之下，但实际中的股权投资人或债权人人数远远突破这个数目，构成了向社会公众募集，进而演化为非法集资犯罪。另外，实践中，一些私募基金管理人采取变通的手法，通过一个投资人代表多个投资人代持股的方式，使工商注册人数在法律允许范围内，但是事实上的投资人人数则可能远远超出限制。这种以"代持股"方式规避投资

---

① 《滨海新区私募股权基金涉及非法集资刑事司法认定》，天津法院网：http://tjfy.chinacourt.gov.cn。

人数限制的方法，实际上演变成了向社会公众募集资金。

虽然有关部门在不断打击一些机构以私募股权基金名义从事非法集资活动，但这一问题并没有得到根本的解决，甚至在我国的一些金融活动十分活跃的城市日益严重，已经造成了极大的社会影响，就北京而言，"2015年1月至8月北京市私募股权基金类的非法集资新增案件30件，占全市新发案件数量的27%，涉案金额达到了22.8亿元人民币，集资人1685人，涉案金额占比达到了56.9%，8月底全市私募股权投资案例累计共47件，涉及金额46亿元，集资人涉及6770人。私募股权类案件具有迷惑性大、潜伏期长、地域传播广、涉案金额大等特点，为行业健康发展带来了隐患，也为那些合法经营的机构带来了不利的影响。"[①]

二 杠杆收购的风险

根据一般发达国家的通行说法，私募股权基金的主要功能是企业收购，被收购的企业形容私募股权基金是"门口的野蛮人"，说明杠杆收购的威力之大，影响力之强。

杠杆收购（Leveraged Buy-out，LBO）是指公司或个体利用收购目标的资产作为债务抵押，收购另一家公司的策略。在交易过程中，收购方的现金开支降低到最低程度。杠杆收购是一种获取或控制其他公司的方法。杠杆收购的突出特点是，收购方通过大规模融资借贷去支付（大部分的）收购费用。融资的额度通常为总购价的70%或全部。[②] 一般情况下，在杠杆收购融资结构中，股权融资只占10%—20%，负债融资占80%—90%，极端的情况是收购方一分钱没掏，全面依赖融资进行收购，因此，杠杆收购如果出现操作不成功，带来的风险是极大的。

最近我国资本市场上的两起收购案引发了民众与监管部门的极大关注，一是"宝能收购万科"案，宝能公司通过资本市场上的杠杆融资获得巨额资金，几次举牌万科公司，成为万科的第一大股东。虽然此次收

---

① 北京市金融工作局副局长栗志纲在第七届全球PE北京论坛上的演讲，2015年12月5日。

② 参见 https://wiki.mbalib.com/wiki/LBO。

购最后以深圳地铁入股万科公司成为第一大股东收尾，宝能公司的掌门人也受到了中国保监会的处罚。二是著名演员赵薇自掏6000万元融资30亿元，50倍杠杆收购万家文化，一时间引发市场热议，成了娱乐圈、财经圈的新闻焦点，连上交所也发来了问询函。

杠杆收购最早出现于20世纪60年代的美国，进入80年代后风生水起，迅速成为企业收购的重要方式。杠杆收购作为收购者运用的一种金融工具，既有善意收购，也有恶意收购。一般情况下，杠杆收购者瞄准的对象是那些治理水平低下，管理层管理不善，严重损害了公司股东利益的上市公司，这些公司因业绩下滑，股价下跌，市值缩水，正好成为收购者的目标。成为收购对象的公司股权分散，如万科公司，或者管理层本身就是大股东所派来的人，广大中小股东却无权参与公司治理和监督公司的管理层。这时，杠杆收购者如抓住机会，获取公司的控制权，解雇不称职的管理层，改善公司的治理水平，就可以提升公司的市场价值。因此，杠杆收购也就成为资本市场上一种有效的外部治理机制。但是，如果收购者操作不当，或者进行恶意收购，杠杆收购就可能演变为危险的资本游戏，给市场带来惊人的损失。

三 基金管理人的道德风险

私募股权基金在运作过程中存在三种委托代理关系：一是投资者与基金管理人之间的委托代理关系；二是基金管理人与债权人之间的委托代理关系；三是基金管理人与投资对象之间的委托代理关系。由于委托代理关系方存在信息不对称的问题，三种委托代理关系中都存在道德风险。

在有限合伙关系中，投资者是有限合伙人，基金管理人是普通合伙人。两者之间本身存在信息不对称。在募集资金的过程中，普通合伙人需要向有限合伙人展示过往的经营业绩。但一般情况下，基金管理人的业绩很难通过公开渠道获取。作为投资人，总是希望你们所选择的基金管理人是最优秀的，管理能力强，道德水平高，这样才能使其投资未来获得最好的回报，但是这些信息基本上属于基金管理人的内部信息。一般情况下，普通合伙人在寻找有限合伙人时，都刻意地向有限合伙人展现他们最优秀的一面，而对自己的短处肯定是能隐瞒则隐瞒，这样造就了普通合伙人的机会主义。国外学者的研究也证实了这点。通常，会计资料很难反映企业的真实情况，评价一家高科技的企业需要对企业自身及竞争对手全面了解，这给有限合伙人监控普通合伙人带来了很大的困难。尤其是在投资者不能向普通合伙人赎回本金的情况下，普通合伙人几乎可以将基金绝对地控制在自己的手上，这就为基金管理人进行内部人控制提供了方便。[1]

基金管理人与债权人之间的代理关系，类似公司股东与债权人之间的代理关系。这一代理关系中，债权人是委托人，基金管理人是代理人。在这种代理关系中，基金管理人可能会侵害债权人的利益。主要是通过两种形式来实现：资产替代与投资不足。资产替代是指，基金管理人的投资项目有高收益时，基金管理人得到了大部分收益，但当投资项目失败时，基金管理人只负有限责任，而债权人则要承担项目失败的大部分不利后果。因此，基金管理人有投资高风险甚至净值为负的项目的动机。理性的债权人会预期到这种基金管理人的动机，并要求较高的回报率。因此，引发了负债的代理成本。[2] 投资不足的问题是指，基金管理人承担了投资的全部成本，但分享的净收益只能是债权人索取后的部分，而且负债越高，基金管理人的剩余部分越低，因此，基金管理人对正净现值项目没有足够的投资动力。理性的债权人预期到了基金管理人的这种动机，愿意支付较高的债务融资成本，成为负债的另一种代理成本。[3]

基金管理人与投资目标公司之间的关系，一般是一次性的，这与投资者与基金管理人之间的关系不一样，基金管理人为了便于募集资金，需要在基金管理人市场建立长期的声誉，因为声誉可以使基金管理人在竞争的市场里获得更好的回报。但基金管理人与投资的目标公司之间不

---

[1] Gompers, Lerner, The Use of Covenants: An Analysis of Venture Partnership Agreements, *Journal of Law and Economics*, Vol. 39, 1996, 463 – 498.

[2] Jensen, M. and Meckling, W., Theory of the Firm: Managerial Behavior, Agency Costs and Ownership Structuer, *Journal of Financial Economics*, Vol. 3, 1976.

[3] Myers, Determinants of Corporate Borrowing, *Journal of Financial Economics*, 1977, 5: 147 – 175.

需要这样的声誉机制。基金管理人投资的对象一般存在较严重的不确定性与信息不对称。因此，一般认为，二者的关系存在双边逆向选择问题：第一是潜在投资对象的逆向选择。基金管理人的潜在投资对象很多，有很大的选择空间，但这些潜在投资的目标企业的管理者，他们对自己企业的了解，新产品的功能与市场前景、项目的价值、自身管理能力等方面的信息，比基金管理人了解更多。因此，目标企业管理者为了获得基金管理人的投资，会有意夸大项目的未来价值与企业经营成功的可能性。而基金管理人对投资对象的选择，很大程度依赖于目标企业管理者提供的信息，这些信息也是尽职调查的主要信息来源。有时基金管理人要对目标企业管理者提供的信息进行判断，但如果信息不准确，会影响基金管理人的判断，因此，也会出现逆向选择。会出现这样的后果：目标企业的管理者提供了虚假的信息以骗取基金管理人的投资。另一种情况是，在基金管理人难以区别目标企业的真实信息时，基金管理人会采用较高的折现率，提高融资成本。"这样的结果可能加剧逆向选择和信息不对称，使能力较差的潜在投资对象的管理者为吸引 PE 资金而不得不传递虚假信息；而最好的管理者和项目却有可能因为资金成本太高而放弃 PE 投资，寻求其他融资渠道。"① 第二是基金管理人的逆向选择。由于基金管理人与目标企业的管理者存在信息不对称，对于那些管理能力强，一旦投资成功之后，可以对目标企业注入其所需要的资源，提升目标企业的管理水平，增加目标的价值，但结果可能是这样优秀的基金管理人得不到目标企业管理者的认可，从而使优秀的基金管理人错过了投资机会。

四 基金投资的"羊群效应"风险

基金管理人在决定投资时会存在严重的"羊群效应"。基金管理人在进行投资决策时，"会学习、模仿与追随其他基金的买卖行为而忽略了其自身拥有的信息。基金羊群行为产生的原因在于基金经理的报酬往往根

---

① 杨金梅：《解构私募——私募股权投资基金委托代理问题研究》，中国金融出版社 2009 年版，第 67 页。

据其与市场指数或者其他基金业绩的相对表现来确定。为了避免落后于人，基金经理倾向于追随他人的决策以降低业绩下降带来的风险。"①

这种因"羊群效应"产生的从众心理，往往给股权基金市场带来非理性的投资行为，从而引发金融风险。现在国内市场不差钱，缺少的是好项目，一旦出现某个新的技术领域或者新的商业模式，股权投资市场往往出现井喷现象，大量的资金都投向该领域。近两年以来，机器人成为投资领域的新宠，工信部副部长辛国斌坦言，当前我国机器人产业已呈现出"高端产业低端化"，甚至"玩具化"的发展趋势，有投资过剩的隐忧，机器人企业要避免盲目扩张和低水平重复建设。数据显示，我国涉及机器人生产的企业已超过800家，但是，其中200多家是机器人本体制造企业，大部分以组装和代加工为主，处于产业链低端，产业集中度低、总体规模小。各地还出现了40多个以发展机器人为主的产业园区。②

共享单车前几年出现了爆发式增长，也是私募股权基金背后推动的结果。据不完全统计，共享单车这一领域吸引了30多家投资机构，从2015年开始在不到两年的时间里，该领域融资规模已超过60亿元，业内则称融资规模达到百亿元。一时间，人们发现城市的地铁口或者市中心繁华路段，到处放着不同颜色与款式的共享单车。一些大城市的局部地区出现了共享单车过剩，给城市管理带来了新的问题。如果私募股权基金不断地跟进这个行业的投资，在总的需求一定的情况下，投资风险早已显现。交通部数据显示，截至2017年7月，全国共有共享单车运营企业近70家，共享单车累计投放量超过1600万辆，北上广深等12座城市相继叫停共享单车新增投放。2018年2月，全国77家共享单车企业中有20余家倒闭或者停止运营。

---

① 方桂荣：《中国投资基金监管法律制度研究》，中国政法大学出版社2012年版，第32页。
② 《国内机器人行业目前存在投资过剩的趋势》，新浪网：http：//www.sohu.com/a/84106229_119737。

第二节 金融危机之后的金融监管体制与制度改革

由于 2008 年金融危机产生的后果严重,波及面广,损失巨大,引起了各方提出治理应对之策。本节包括国际金融组织与发达国家的金融监管体制与制度的改革内容。

一 国际金融组织金融监管改革

金融危机发生之后,2008 年 11 月 15 日,二十国集团(G20)在华盛顿召开领导人峰会,开创了国际社会共同治理金融危机的先河。2009 年 4 月 2 日在伦敦举行的 G20 金融峰会决定,将原来由七个发达国家(G7)为促进金融体系稳定而成立的合作组织——金融稳定论坛(FSF),其成员扩展至包括中国在内的所有 G20 成员国,并更名为金融稳定理事会(Financial Stability Board,FSB)。

国际社会在反思金融危机发生的原因时形成了以下共识:一是过去奉行的微观审慎监管不足以防范系统性金融风险的发生。"传统微观审慎监管主要关注单个金融机构的稳健性、盈利能力和清偿能力,但未能对金融体系的相互关联性和顺周期性、宏观经济变量对金融体系稳健性的影响以及由此不断增加的系统性风险给予足够关注。"这种制度缺陷极易引发"合成谬误","即某些从微观层面看对单个机构是审慎合理的行为,如果成为金融机构的一致行动,从宏观层面看则可能影响整个金融体系的稳定。"金融专家指出,金融危机的发生,"说明微观审慎监管失效了"。[①] 二是对创新活动缺乏有效监管。此次金融危机的发生,问题不是出在传统的金融机构上,传统的金融机构在不断的金融危机的洗礼之后受到了严格的监管。这些年出现的金融创新,在传统的金融体系银行之外生长出了一个庞大的影子银行,包括结构性金融产品和投资银行、对

---

① 中国社会科学院原副院长、经济学家李扬于 2011 年 5 月 20 日在上海陆家嘴论坛上的发言,腾讯网:http://finance.qq.com/a/20110520/004145.htm。

冲基金、货币市场基金、特殊目的实体以及其他私人资金池等，它们都不在现有的监管范围之内，任其发展，规模已经达到了与银行系统同等的地步。这些新的金融工具是人们在自利驱动下不断地变换着花样创造出来的，它们抬高杠杆率，放大了经营风险。三是金融稳定也应是中央银行的职责，中央银行不应只关注本国货币的稳定。但一国的中央银行却缺乏全球金融监管权，应付危机时力不从心。

经过多方协商与讨论，G20达成了以下改革措施：

1. 构建宏观审慎管理制度

具体内容包括：

（1）进一步加强银行监管。2010年巴塞尔银行监管委员会（BCBS）发布资本和流动性改革方案《巴塞尔协议Ⅲ》，严格资本定义，提高资本充足率监管要求，建立超额资本和动态拨备，引入流动性覆盖率和净稳定融资比率，建立流动性风险量化监管标准。

（2）监管系统性重要金融机构。为了应对"大而不能倒"的道德风险，2011年11月，巴塞尔银行监管委员会明确从全球活跃性、规模、关联性、可替代性、复杂性五方面对全球系统重要性银行进行评估，并按照系统重要性程度实施从1%—2.5%的额外资本要求，相应的政策框架也正在向全球系统重要性保险公司等非银行机构扩展。2011年11月，金融稳定理事会发布《金融机构有效处置的核心要素》，要求对系统重要性金融机构制订恢复和处置计划，并建立全球跨境处置合作机制。2012年11月，巴塞尔银行监管委员会提出国内系统重要性银行评估的12项指导性原则。2013年7月，金融稳定理事会发布《系统重要性金融机构恢复和处置计划：有效处置策略制定指引》，明确规定了处置策略制定和成功实施的一些关键考虑和前提条件，提出金融集团的单点和多点处置原则。

2. 加强影子银行体系监管

金融稳定理事会一方面建立影子银行的监测框架，提升监管机构跟踪演变、识别风险、早期介入的能力，2011年以来已开展三轮测算，覆盖全球20个国家（地区）和所有欧盟区成员国，覆盖全球83%的国内生产总值和90%的金融资产；另一方面提出强化监管的政策建议，包括加强并监管大额风险敞口管理，减少货币市场基金被大规模赎回的风险，加强对资产证券化业务和短期回购市场的管理等。

3. 修订《金融集团监管原则》

2008年金融危机爆发后,巴塞尔银行监管委员会、国际证监会组织(IOSCO)、国际保险监督官协会(IAIS)共同成立的联合论坛(Joint Forum)指出,分业监管存在差异和漏洞,难以对金融集团进行整体风险评估和有效管理,① 2012年9月发布修订后的《金融集团监管原则》,包括监管授权、监管职责、公司治理、资本充足和流动性、风险管理五方面,共29条原则。新原则突出强调了金融集团监管的整体视角,格外关注集团内未受监管的机构,包括中间层次的控股公司、未受监管的母公司和子公司、特殊目的实体等。② 同时,扩大了适用范围,除适用于基于同一控制权或实质影响力,在银行、证券、保险等至少两个受监管行业开展金融服务的金融集团外,也可适用于仅在上述一个受监管行业开展金融业务,但同时涉足其他未受监管金融行业的金融集团。③

4. 实施场外衍生品监管和会计体系改革

要求所有场外衍生品交易合约都必须纳入交易数据库;所有标准化合约都在外汇或电子交易平台上交易,通过中央对手方(CCP)交割;不集中交割的交易必须接受更高的资本和保证金要求,目前超过一半的金融稳定理事会成员国正着手进行相关改革。同时,国际会计准则理事会(IASB)和美国财务会计准则委员会(FASB)致力于构建高标准、统一的全球会计体系,在金融资产、负债的划分和确认基础上通力合作,消除标准和模型差异。金融稳定理事会于2011年建立了监督执行合作框架(CFIM),并通过开展同行评估督促各国尽快落实新标准。④

二 美国金融监管改革

金融危机发生前,美国的金融监管体制被称为"伞形监管体制"。

---

① 陶玲:《稳步推进金融业综合经营》,《中国金融》2014年第2期。
② 陶玲:《稳步推进金融业综合经营》,《中国金融》2014年第2期。
③ 刘婕:《金融集团整体监管的新进展》,《中国金融》2012年第7期。
④ 参见曲双石《全球金融安全网及其有效性分析》,博士学位论文,中国人民大学,2016年。

这一体制是由 1999 年《美国金融服务现代化法》确立的，该法使美国重新建立了混业经营体制，取消了银行、保险、证券之间的界限，同时，确立了这种监管体制。这种体制可以用以下六个字概括：双轨、多头、分业。双轨是指美国存在联邦与州两级监管体制，都设有监管机构；分业是指美国的银行业、证券业、保险业实行分业监管；多头是指一个金融行业由多家监管机构负责监管，如美联储、货币监理署、FDIC 以及州政府的相关部门共同负责对银行业的监管；美国证券交易委员会负责对证券业的监管；美国全国保险监督官协会以及各州设立的保险局负责对保险业的监管；美国商品交易委员会负责对期货业的监管。①

那么，这一所谓的"伞形监管体制"通过 2008 年金融危机的检验，证明存在一些监管漏洞：一是多头监管产生了监管重叠，由于多头监管，混业经营，一些金融机构同时从事多种金融业务，谁管谁不管，有时也不清楚。也会出现铁路警察各管一段的问题，有的地方没有人监管，如对冲基金与投资银行，出现了监管真空。二是对信用评级机构没有监管。三是监管制度与监管工具跟不上金融创新的速度，严重滞后，在某种意义上说，此次金融危机都是金融创新惹的祸。

金融危机发生不久，2008 年年初，布什政府时期的美国财政部就公布了《现代金融监管框架改革蓝图》，意在建立以目标为导向的监管体制。2009 年，奥巴马政府的财政部公布了《金融监管改革框架》，2009年 6 月 17 日公布了《金融监管改革新基础：重建金融监管》，2010 年 6月 29 日，美国国会通过了《金融监管改革法案》，即《多德—弗兰克华尔街改革与消费者保护法案》，该法案为美国历史自 1933 年颁布的《格拉斯—斯蒂尔法》以来最重要的法律之一。②

2010 年 3 月 31 日，美国财政部正式公布了名为《现代化金融监管架构蓝皮书》的改革计划。蓝皮书指出有四种改革模式：一是维系 1999 年

---

① 李文茂、黄蓓：《美国金融监管体制改革对我国的启示》，《华北金融》2011 年第 6 期。
② 安辉：《金融监管、金融创新与金融危机的动态演化机制研究》，中国人民大学出版社 2016 年版，第 223 页。

以来确定的基于功能性监管（functional regulation）的现行模式，即按照历史惯例把金融市场划分为银行、保险、证券和期货四大产业部门（industry segment）进行分别监管；二是建立更强调功能性监管的系统监管模式，按照金融服务企业的业务性质而不是机构分类进行监管；三是模仿英国建立金融市场的统一监管机构；四是学习澳大利亚和荷兰，建立基于目标（objectives-based）的监管模式，依据主要的监管目标来建立监管架构。在评估了上述模式后，蓝皮书指出，目标性监管模式是未来的最优选择，基于目标的监管模式的最大优势是，可以整合监管责任以发挥自然合力。据此，美国金融监管体制确定了面向目标性监管架构的演进路径。[1]

监管机构改革方面，主要有以下内容：一是设立金融稳定监管委员会（FSOC）。该委员会由15名委员组成，其中有投票权的9个联邦监管机构的首脑和1名有保险专业背景的独立专员成员，5名独立的无投票权成员，由财政部长担任委员会主席。委员会"主要负责监测和处理威胁国家金融稳定的系统性风险，以便及时有效地监测和控制系统性风险。"[2] 二是在联邦财政部下设金融研究办公室，由经济学家、会计师、律师、前监管官员和其他专家组成，负责收集金融数据进行经济分析，办公室主任由总统直接任命，并不能同时担任其他任何金融监管部门的领导职务，具有高度的独立性。金融研究办公室下设的数据中心与研究分析中心，对金融市场发展、金融稳定等进行评估并将评估结果单独向国会汇报。[3] 三是在美联储内部成立相对独立的消费者金融保护局（CFPB），统一行使原分散在七家金融监管机构的消费者权益保护职责，具体包括：负责制定反不公平、欺诈和不法行为的规则；对向消费者提供信用卡、按揭贷款等金融产品和服务的银行或者非银行金融机构实施行为监管，

---

[1] 张波：《次贷危机驱动的监管改革：美国〈现代化金融监管架构蓝皮书〉评析及其启示》，中国金融服务法治网：http://www.financialservicelaw.com.cn/article/default.asp? id = 124。

[2] 安辉：《金融监管、金融创新与金融危机的动态演化机制研究》，中国人民大学出版社2016年版，第225页。

[3] 安辉：《金融监管、金融创新与金融危机的动态演化机制研究》，中国人民大学出版社2016年版，第225页。

并有权对存款类机构、投资顾问、大型金融服务提供者等实施检查;增加相应的编制和预算,预算资源由美联储提供;加强消费者金融教育,规范销售和放贷行为;提高投资门槛,确保对冲基金和私募基金只销售给对此类基金的投资风险具有识别和承受能力的投资者;设立住房抵押贷款全国性最低标准,要求银行审核借款人收入水平、信用历史和就业状况,确保借款人有能力偿还借款。① 四是加强投资者保护,在证监会内部设立投资者顾问委员会和投资者保护办公室。五是建立联邦保险办公室(FIO),负责汇集信息、识别美国保险业或金融体系可能存在的保险监管问题和漏洞、向金融稳定委员会提供建议等。撤销了储贷监理署,将其大部分职能并入货币监理署,以负责对所有联邦注册的存款机构进行审批和监管。

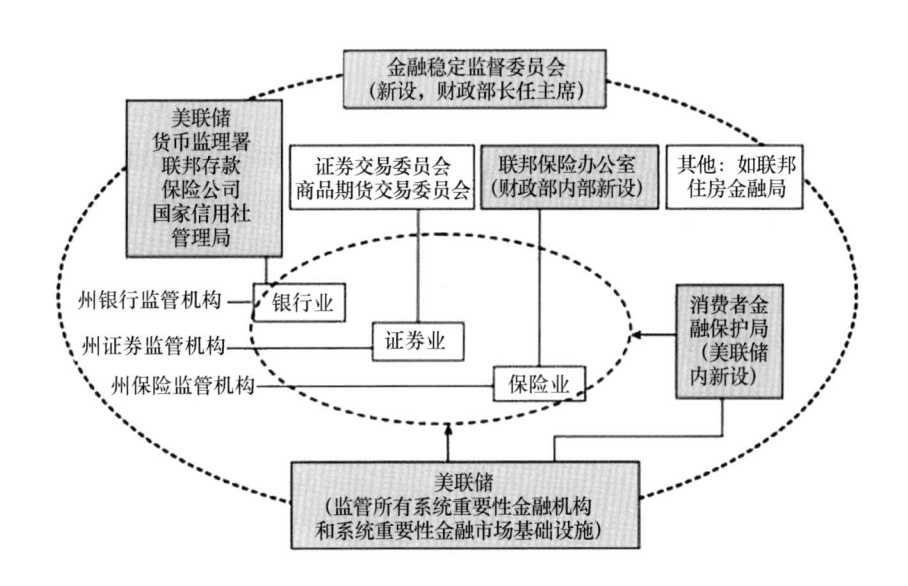

图5—1 美国现行金融监管框架

资料来源:参见陶玲、刘婕《国际金融监管体制改革的基本脉络与发展方向》,载吴敬琏主编《比较》2015年第3期。

---

① 参见陶玲、刘婕《国际金融监管体制改革的基本脉络与发展方向》,载吴敬琏主编《比较》第78辑,中信出版社2015年版。

各个金融监管机构的功能与职责划分在此不赘述。在监管的对象方面，此次金融监管制度改革的一个重大成果就是填补了原来对对冲基金、私募股权基金等影子银行系统的监管空白。

三 英国金融监管改革

金融危机发生之前，英国的金融监管体制是根据2000年《金融服务法》（FSMA）建立起来的，由财政部负责制定金融监管的法律框架。英格兰银行拥有独立的货币政策制定权，通过货币政策的执行、对系统重要性支付体系的监管、向银行提供流动性支持，以及在特殊情况下最后贷款人职责的发挥来维护金融稳定。① 金融服务局（FSA）负责监管各类金融机构的金融活动，维护市场信心，保护金融消费者。金融服务局实行董事会制，14名董事全部由财政大臣任命，包括英格兰银行负责金融稳定的副行长。经费主要来自向受监管机构收取的监管费，没有任何公共资金投入。

2008年国际金融危机令英国金融业遭受重创，特别是2007年9月，英国第五大贷款机构——北岩银行因过度依赖批发性融资爆发流动性危机，酿成了英国自1866年以来的首次银行挤兑事件，引发社会各界对监管体制缺陷的反思：一是过度强调中央银行货币政策的独立性，忽略货币政策和金融稳定的相互影响和综合作用。二是监管权分离不利于维护金融稳定。三是单一监管机构存在治理缺陷。英国金融服务局作为唯一的金融监管机构，既承担对机构风险的审慎监管，又负责对机构行为的合规监管，由于缺乏来自其他机构的制衡和监督，降低了监管的有效性，容易造成监管宽容。四是监管协调不力。

2008年国际金融危机后，英国对原有的金融体制进行了改革，2009年2月颁布了《银行法》，2009年7月英国财政部公布了《改革金融市场》白皮书，2010年4月英国颁布了《2010年金融服务法》，2010年6月16日，英国财政大臣乔治·奥本斯宣布对英国金融监管体系进行了13年以来最重要的改革。

---

① 王亚宏：《英国能否胜任"监管老师"》，《中国证券报》2015年12月12日。

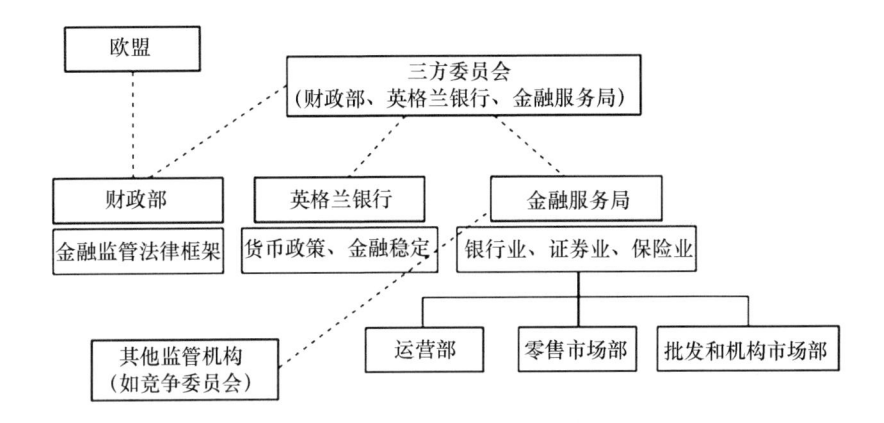

图 5—2　英国现行金融监管框架

资料来源：陶玲、刘婕：《国际金融监管体制改革的基本脉络与发展方向》，载吴敬琏主编《比较》2015 年第 3 期。

机构改革方面，主要有以下内容：一是在英格兰银行成立一个独立的金融政策委员会（FPC），由英格兰银行行长任主席，成员包括货币政策委员会主席、审慎监管局主席和金融行为局主席。职责是维护金融系统的稳定性，掌握宏观政策工具。二是英格兰银行下设一个审慎监管局（PRA），作为英格兰银行的子机构，负责对吸收存款机构（包括银行、建筑互助协会、信用合作社）、保险公司以及系统重要性投资机构进行审慎监管。三是成立一个新的金融行为局（FCA），职能是维护金融服务市场的信心。四是成立消费者保护和市场管理局（CPMA），承担原来由公平贸易局、金融服务督察局等机构承担的职能。

英国"脱欧"之后，在金融监管方面如何与欧盟进行协调，人们拭目以待。

四　欧盟金融监管改革

1998 年 6 月 1 日欧洲中央银行（ECB）成立，各成员国汇率政策和货币政策由欧洲中央银行统一制定，但金融监管权依然在各成员国手中，形成了货币政策与金融监管的分离。1985 年欧共体首脑会议通过《建立共同市场白皮书》，确认在金融监管领域运用"相互承认"和"最低限度协调"两项原则。1989年，欧共体理事会颁布《第二号银行指令》，在银行监管领域推行单一银行执照原则和母国控制原则。1999年，欧盟委员会颁布《金融服务行动计划》，全面覆盖银行、保险、证券、混业经营、支付清算、会计准则、消费者保护等金融机构准入和市场监管的诸多方面，为建立统一的金融市场和监管体系奠定了基础。2001年欧盟委员会采纳欧洲央行行长莱姆法路西的建议，提出包含四个层次的"莱姆法路西立法程序框架"（Lamfalussy Process），以促进欧盟成员国金融监管政策的趋同以及政策执行的一致性。

2008年美国金融危机发生之后，危机重创欧洲金融市场，继而引发欧洲主权债务危机，欧洲各国财政压力普遍加大。不仅希腊、葡萄牙、爱尔兰等小国财政赤字和政府债务占GDP的比重超过欧盟规定的上限，西班牙、意大利、德国、法国等经济大国也都在超标之列。据欧盟统计局统计，2009年欧元区整体财政赤字占GDP的比重达6.3%，政府债务占GDP的比重达78.7%，均超过3%和60%的欧盟上限。"欧盟财政纪律缺失、金融监管政策不统一所造成的监管套利、监管漏洞暴露无遗。"[1]

2010年，欧盟通过《泛欧金融监管改革法》，全面改革欧盟的金融监管体系。在机构改革方面，新成立欧洲银行管理局（EBA）、欧洲证券市场监管局（ESMA）、欧洲保险和职业养老保险监管局（EIOPA）分别负责欧洲的银行业、证券业和保险业的监管。这些机构都拥有比各国监管机构更权威的最终决定权，有权驳回或否决各国监管机构的决定。在欧洲中央银行下设系统性风险委员会（ESRB）。该委员会通过收集和分析相关数据信息，识别和评估风险，向欧盟三家新设的微观审慎监管机构——银行业监管局（EBA）、证券和市场监管局（ESMA）、保险和职业养老金监管局（EIOPA）以及各成员国、各国监管机构提出警告或建议，并成立专门的检查小组，评估这些机构采纳建议的情况。

---

[1] 陶玲、刘婕：《国际金融监管体制改革的基本脉络与发展方向》，载吴敬琏主编《比较》第78辑，中信出版社2015年版。

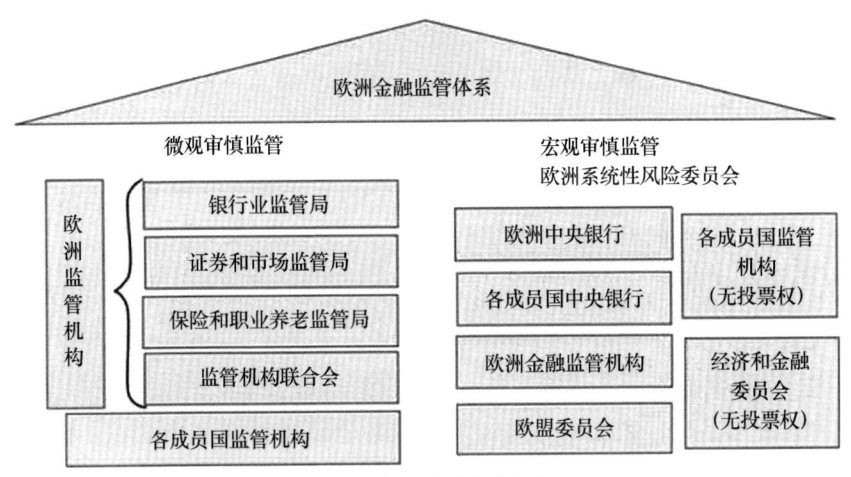

第五章 金融监管改革背景下的私募股权基金监管改革　　137

```
                    欧洲金融监管体系
         微观审慎监管              宏观审慎监管
                                 欧洲系统性风险委员会
  欧    ┌ 银行业监管局 ┐      ┌─────────┐  ┌─────────┐
  洲    │              │      │ 欧洲中央银行 │  │ 各成员国监管 │
  监    │ 证券和市场监管局│      └─────────┘  │    机构    │
  管    │              │      ┌─────────┐  │ (无投票权) │
  机    │保险和职业养老监管局│  │各成员国中央银行│  └─────────┘
  构    │              │      └─────────┘  ┌─────────┐
        │ 监管机构联合会 │      ┌─────────┐  │  经济和金融 │
        └─────────────┘      │ 欧洲金融监管机构│  │   委员会   │
     ┌──────────────────┐    └─────────┘  │ (无投票权) │
     │   各成员国监管机构   │    ┌─────────┐  └─────────┘
     └──────────────────┘    │  欧盟委员会  │
                              └─────────┘
```

图 5—3　欧盟金融监管框架①

2013 年 9 月，欧洲议会通过欧洲银行业单一监管机制，欧洲央行于 2014 年 11 月 4 日起，直接监管资产总额在 300 亿欧元以上或占所属国 GDP 20% 以上的系统重要性银行以及请求或接受欧洲稳定基金（EFSF）或欧洲稳定机制（ESM）救助的银行，必要时可接管中小银行并采取早期干预措施。

2014 年 4 月，欧洲议会通过单一处置机制，提出将在未来八年内成立一个金额为 550 亿欧元的处置基金，批准欧洲央行、欧盟委员会和各国处置机构共同成立单一处置委员会，负责欧元区内银行的关闭与重组，以及分析和决定救助工具的类型以及欧洲处置基金的运用方式。若各国处置机构不遵从单一处置委员会的处置决定，处置委员会有权直接对问题银行进行处置。

第三节　与私募股权基金有关的监管改革

此次全球范围内的金融监管体制与制度改革，涉及的内容覆盖了金融业的所有领域，私募股权基金自然也不例外。改革前后一个重要的变

---

① 陶玲、刘婕：《国际金融监管体制改革的基本脉络与发展方向》，载吴敬琏主编《比较》第 78 辑，中信出版社 2015 年版。

化是，私募股权基金一般游离在监管体制与制度之外，基本上受行业自律与合同约束，改革之后的一个显著变化是，由自律监管过渡到自律监管与政府监管并存的监管格局。

一 美国私募股权基金监管改革

（一）由豁免到注册

金融危机发生前，私募股权基金为了获得1933年《证券法》修订版D规则506规定的豁免资格，其拥有的投资者数量很有限。这一法案的豁免条款免除了与登记注册相关的大量成本、公开披露信息义务，以及合规义务，因此，很受市场的青睐。

《2010年华尔街改革和消费者保护法》，又以参议院银行委员会主席克里斯托弗·多德和众议院金融委员会主席巴尼·弗兰克命名，简称为《多德—弗兰克法案》。该法案构成美国最大规模的金融监管改革，法案将此前缺乏监管的场外衍生品市场、对冲基金、私募基金等均纳入了监管范畴。法案中的第四部分专门针对对冲基金和私募基金建立了若干监管规则，该部分又称为《2010年私募基金投资顾问注册法案》（以下简称《注册法案》）。[1]

在《注册法案》出台前，美国法律中没有对"私募基金"进行定义。《注册法案》首次对"私募基金"进行了定义：私募基金指通过发行基金成立的投资公司。[2]

新法案建立了私募基金管理人的注册制度。按照原法律，如果某个投资顾问（即私募基金的管理人）：（1）在任何12个月的期间内，客户少于15名；（2）不得担任"注册投资公司"或"企业发展公司"的投资顾问；（3）不以"投资顾问"的名义出现在公众面前，该投资顾问可被豁免按照《投资顾问法》注册。《注册法案》取消了豁免条款，从而使大多数投资顾问必须进行注册。[3]

---

[1] 柏高原、李东光：《美国私募基金监管立法可以借鉴》，《产权导刊》2011年第1期。
[2] 柏高原、李东光：《美国私募基金监管立法可以借鉴》，《产权导刊》2011年第1期。
[3] 柏高原、李东光：《美国私募基金监管立法可以借鉴》，《产权导刊》2011年第1期。

第五章 金融监管改革背景下的私募股权基金监管改革

根据 D 规则的豁免条款，证券或基金股权只提供给合格投资者或最多 35 个非合格投资者。《多德—弗兰克法案》改变了"合格投资者"的定义。《多德—弗兰克法案》之前，一个人如果达成以下条件便是合格投资者：（1）此人在最近两年每年的个人收入超过 20 万美元或与配偶的共同收入超过 30 万美元，并且有希望在当年达到同样的收入水平；（2）此人连同其配偶的净资产在交易时超过 100 万美元。为了确定净资产的数量，个人净资产可以包括其主要居所的价值。根据《多德—弗兰克法案》，合格投资者的个人净资产不再包括其主要居所的价值了。合格投资者定义的其他规定保持不变。501（c）（3）条款规定的不以购买证券为特定目的而形成的大型组织、公司、商业信托以及合伙企业，如果有超过 500 万美元的资产，即为合格投资者。

D 规则对基金可能用来筹集资金的推介宣传施加了非常明确的限制。具体地说，即禁止大量邮件、广告、新闻发布或信息研讨会。然而，基金可以对与其有既存业务关系的投资者以及被认为是合格的投资者进行推介宣传。此外，基金管理人不可以以筹资为目的向几乎任何类型的出版物提供信息；鉴于可能会被 SEC 看作对基金的推广，也要避免发表即使是关于一个基金及其基金管理人的普通文章。而在基金停止筹资后，墓碑广告（tombstone ads，在报纸等新闻媒介上刊登的募集证券的广告）和讨论该基金的新闻采访才被允许。普通合伙人很少接受正式的新闻采访，因为他们不希望其行为被误解为在推广自己的下一只基金。

《多德—弗兰克法案》明显增加了对私募股权基金公司的监管，尤其是对那些管理一个或多个私募基金的公司。按照《多德—弗兰克法案》，私募基金是这样一种基金，它不同于《1940 年投资公司法》（IC Act）定义的投资公司。而私募基金（一般包含 VC 基金和 PE 基金）与投资公司的不同在于 IC Act 的条款 3（c）（1）和 3（c）（7）的相关规定。

在通过《多德—弗兰克法案》之前，当投资顾问提供咨询的客户少于 15 人时，该私募股权基金投资顾问通常豁免注册。根据 IC Act 的条款 203（b）（3），这项豁免是被允许的。2011 年 7 月 21 日之后，这项豁免被取消了，这意味着基金管理人必须在 SEC 进行注册，除非他们可以依靠另一个豁免注册规定。

《多德—弗兰克法案》还缩小了《1940年投资顾问法》（IA Act）的另一项豁免。根据这项豁免，如果一个 VC 或 PE 基金过去没有对列入国内交易所的证券提供过建议，并且它所有的客户都是来自该基金的主要办公地点及营业场所所在国家的居民，那么该风险投资基金或私募股权基金豁免按照 IA Act 注册。但是，《多德—弗兰克法案》的确包含几项豁免按照投资顾问法在 SEC 注册的新条款。这些包括对以下类型基金管理人的豁免：（1）一个或多个的风险投资基金的投资顾问；（2）只管理一个或管理多个私募基金，并且管理的总资产低于 1.5 亿美元的投资顾问。

（二）私募基金管理人的信息披露义务

根据 1940 年《投资顾问法》第 204 条规定，投资顾问无须注册，只需将自己所从事的投资业务有关的信息保留一定期限即可。《注册法案》删除了《投资顾问法》中有关私募基金管理人豁免注册的规定，因此私募基金管理人今后都必须依照《投资顾问法》进行注册，遵循信息保存和报告的规定，并按照 SEC 的要求向其报告。[1]

私募基金管理人应记录并报告的信息内容为：管理资产的规模、杠杆的使用及表外杠杆的使用；交易对手的信用风险敞口；交易和投资持仓情况；估值政策和基金采取的实际做法；持有资产的类型；基金中部分投资人是否拥有较其他投资人更为优惠的权利或授权的单边安排或单边函、交易；以及经由 SEC 和金融稳定监管理事会协商后，认为出于公共利益和投资人保护或基于系统风险评估需要而要求私募基金管理人保存和报告的信息。[2]

在 SEC 注册，私募股权基金公司必须提供的信息不仅仅是用于注册目的，还要被 SEC 在监管程序中用来保护投资者。这些信息包括：关于 PE 公司管理的每一只基金的组织和运营信息，比如私募基金的类型〔如对冲基金、私募股权基金或流动性基金（liquidity fund）〕、有关基金规模及所有权的一般信息、一般基金数据以及顾问对基金提供的相关服务；对顾问及其所管理的私募基金意义重大的五种"看门人"（如审计师、主

---

[1] 柏高原、李东光：《美国私募基金监管立法可以借鉴》，《产权导刊》2011年第1期。
[2] 柏高原、李东光：《美国私募基金监管立法可以借鉴》，《产权导刊》2011年第1期。

要经纪人、托管人、管理人员及营销人员）的辨识；此外，SEC会对顾问注册表做一些修改。所有已经注册的顾问将必须提供更多关于其咨询业务的信息，包括客户、客户雇员及咨询活动的类型；他们可能会造成重大利益冲突的业务行为［如使用附属代理商，软美元安排（soft dollar arrangements）及客户推荐报酬等］。

虽然包括黑石集团和KKR在内的一些较大型的私募股权基金公司都已经在SEC注册，但是除了那些归为预先确定豁免的公司，《多德—弗兰克法案》仍将对很多私募股权基金产生重大影响。

这些信息披露要求自然增加了公司经营的合规成本。公司还被要求任命一名首席合规官（chief compliance officer），并且所有的改革要在2011年7月21日，也就是《多德—弗兰克法案》通过一周年之日之前全部到位。

此外，法案还对私募基金管理人信息保存和记录归档做出了专门规定。法案还要求SEC对私募基金管理人保存的记录进行定期或不定期的检查，并授权SEC可出于公众利益、投资者保护或出于评估系统性风险的需要随时组织对记录的额外或专项的检查。

《注册法案》豁免了风险投资基金管理人的报告义务。法案规定风险投资基金管理人不必遵循法案关于注册的要求。为了法案的实施，SEC应在法案颁布一年之内出台规定以明确界定"风险投资基金"。法案还同时规定，如果出于公共利益或保护投资者的目的，SEC可要求风险投资基金管理人保存记录，并且每年向SEC提交报告。①

私募股权基金行业过去一直不受政府信息披露的监管，是基于该行业本身的特殊性，认为已有的行业自律规则已经足够满足市场交易方的信息需求。第一个特点，是交易双方的自愿信息披露。如每家公司都需要建立完善的财务报表，因为公司融资时，外部债权人需要财务报表。公司为了获得新的贷款，公司需要确保它们有偿还贷款的财务能力。大多数债权人同意借款之前，都需要借款人提供由注册会计师（CPA）审核通过的财务报表。而注册会计师会给贷款人提供证明，证明借款人提

---

① 柏高原、李东光：《美国私募基金监管立法可以借鉴》，《产权导刊》2011年第1期。

供的财务报表符合一般的公认会计准则（GAAP）。即使私募股权基金企业不直接依赖于公开市场的融资，但该企业也需要使其未来潜在的合格投资者相信，该公司的财务状况良好且资金充实。第二个特点，如果私募股权基金企业希望在未来的时间里上市，但它们必须拥有至少过去几年且符合美国公认会计准则的财务报表。由于大量私募股权基金投资都需要通过 IPO 方式退出，投资组合公司必须要提供健全的财务报表。因此，实际上有相当数量的美国私人公司都提供了符合美国公认会计准则的财务报表。在融资市场交易中，作为资金提供方，私募股权基金作为投资者往往具有强势地位，私募股权基金公司肯定会要求甚至是强迫其投资组合公司提供完整的财务报表，以便向私募股权基金的普通合伙人提供有价值的财务信息。

从社会公众的层面来看，私募股权基金企业一般只向富裕的有投资经验的投资者募集资金，从事他们愿意的具有高回报的投资项目，即使投资受到了损失，也与其他普通民众无关。这也是美国之前相关法律不做强制性披露规定的原因之一。即使私募股权基金出售给有限合伙人的份额仍被称为"证券"，但 1933 年《证券法》没有规定对这些私募股权基金的行为进行约束。同样，私募股权基金符合 1940 年《投资公司法》中投资公司的定义以及 1940 年《投资顾问法》中投资顾问的定义，但他们都没有对私募股权基金的行为进行强制性规定。自然会有不法之徒利用投资者与私募股权基金企业之间存在的信息不对称来进行欺诈行为，而这种信息不对称又没有法律强制性的披露制度。美国著名的麦道夫"庞氏骗局"就是在这样的情景下发生的。伯纳德·麦道夫，1938 年 4 月 29 日出生于纽约，是美国纳斯达克前任主席，他通过控制的资产管理公司制造了美国历史上最大的诈骗案，其操作的"庞氏骗局"诈骗金额高达 650 亿美元。2009 年 6 月 29 日，麦道夫因诈骗案在纽约被判处 150 年监禁。麦道夫对公司财务状况一直秘而不宣，他担任投资顾问业务的所有账目、文件锁在他的保险箱里。他也从不向外界披露投资业务的基本信息。在该案的诉讼中，主审法官倾向于对私募股权基金强制披露投资信息。

实际上，一些机构投资者，如公共投资机构养老基金等，基于对公众的宪法责任和资产使用的透明度义务，有权利在一定程度上知道其所投资的资产的使用与收益情况。但没有法律明确规定的情况下，这些公共投资机构也只能提出有限的要求，不能从根本上解决私募股权基金行业信息披露的问题。当这些公共投资机构提出这些要求时，私募股权基金管理人会强势拒绝，这是由投资关系中的不平等地位带来的结果。如2005年美国一些公共机构的投资者提出要通过《信息自由法》要求私募股权基金披露投资信息时，一些声誉显著的私募股权基金为了不履行该义务甚至提出他们的基金要禁止这些公共机构投资。

根据私募股权基金行业的经营现状与竞争情况来看，信息披露也对该行业产生了一些负面影响。首先，私募股权基金投资的目标公司，如果投资公司的信息被披露，会影响私募股权基金的投资机会和竞争力。其次，有限合伙企业通过合伙协议来运作，如果对协议内容进行披露，会影响合伙企业的商业利益，泄露合伙企业的商业秘密。最后，信息披露对投资者的收益也会有影响。

在私募股权基金行业的信息披露要求中，存在一个技术性的问题，就是披露哪些信息、信息披露到什么程度是合适的。具体而言，是按照公共投资基金的要求进行全面的强制性披露，是按内部收益率标准有限度地进行披露，还是根据私募股权基金的特点专门为其设计一套信息披露的规则？寻找信息披露的合适的平衡点，是监管的重点和难点所在。既尊重私募股权基金的运作特点和传统优势，又通过适当的监管保护投资者利益，是一项充满技巧性、应变性和挑战性的工作。

（三）私募股权基金公司公开上市

1. 私募股权基金公司上市的原因

随着美国次贷危机引爆金融危机之后，私募股权基金的传统渠道募资变得日益困难，不得不寻找其他募资渠道。在2007年的前九个月内，两家美国私募股权基金公司在美国上市，引发理论界与实务界的热烈讨论。

按照传统，公司上市并在股票市场上出售其股份的原因主要有三个。首先，上市可以使公司更容易地募集资金以扩展业务或者使创始人将其资产变现。其次，上市的公司可以在员工的薪酬计划（compensation schedule）中加入股票期权，从而有助于公司留住员工并激励他们努力工作。最后，公开上市可以充当一种广告工具并为公司带来声望；公开上市代表着外界对公司的正式认可（apparent seal of approval），而这个认可将使客户、供应商和潜在员工放心（并对他们产生吸引力）。

起初，这些理由似乎并不适用于私募股权基金公司。通常这些公司（至少其中最大的几家）创收的现金都足以支付员工薪酬，而且他们都足够有名因而不需要上市公司那样的额外宣传。更重要的是，私募股权基金的核心业务基于这样一种认识，即被人报价是一种不利条件。股票发行违背了公司在私人手里比在公众手里运转得更好的行业理念。由于通常封闭型公司（closed corporations）的股东数量较少、了解公司运营并且参与管理，管理者和投资者的利益才可以更紧密一致。对管理者来说，他们做决策时不用担心公众监督、激进投资者和卖空者的威胁以及股市对他们所做的每个决策的反应。

私募股权基金公司上市似乎有两个主要原因。首先，私募股权基金公司不想完全依赖于传统的融资渠道并且渴望使它们的募资来源多样化。利率低、流动资金充裕且资产价格上涨时，私募股权基金企业融资环境近乎理想。但债券收益率一直在上升时，那么，用债务换取股权的收购价格则更高。其次，许多现有股东想出售股份。投资者在这些有限合伙企业里的股份不能流动，首次公开募股是私募股权基金公司的创始人变现的唯一途径。

2. 私募股权基金公司上市后的业绩

（1）黑石集团

尽管最先进行 IPO 的是堡垒（Fortress）投资集团，但黑石集团在 2007 年的首次公开募股（IPO）仍引起了公众的广泛关注，并且这次事件似乎被大家视为 PE 的巅峰。尽管很多美国国内投资者（home investors）根本无缘黑石的 IPO，但这次事件仍被视为私募股权基金史上一个重要的里程碑：它为有意愿投资私募股权基金的普通投资者进一步敞开了大门。在这次 IPO 发行中，黑石以每股约 30 美元的价格售出了这家有限合伙制企业 1.333 亿股股票，占公司股票的 10%，筹集了近 40 亿美元，成为一家上市基金公司。这家公司同时以 80 亿美元的价格把另外

10%的股份出售给了中国投资有限责任公司。黑石的联合创始人兼 CEO 史提芬·施瓦茨曼（Stephen Schwarzman）除了获得 6.77 亿美元的现金收益外，还获得了 23%的公司股票（价值 75 亿美元）。黑石 IPO 之后不久，另一家美国私募股权基金巨头，科尔伯格·克莱维斯·罗伯特公司（Kohlberg Kravis Roberts, KKR）向美国证券交易委员会（SEC）提交了 S-1 文件，提出要筹集一个公开认购基金。然而，由于 2008 年公开市场开始衰退，KKR 推迟了 IPO，直到 2010 年 7 月，KKR 才最终上市。

从事后获利来看，人们或许会说黑石 IPO 标志着 PE 领域的一个重大转折点，它或许还表明投资者对这类资产的投资过盛。尽管黑石为其 IPO 召集了 17 个承销商，但是很难想象这些承销商要在路演上费多大的劲才能卖掉这个 PE 巨头的股票；事实上，投资者们早在施瓦茨曼先生出发仅仅几天后就开始争相要买这些股票了。私募股权基金公司的上市，让行业内的巨头们赚得盆满钵满，像《华尔街日报》所说："没有任何一家大型私募股权公司的创始人可以像施瓦茨曼先生一样保留公司如此之多的股权。"

尽管这次发行被投资者超额认购，但黑石如今的股票交易价格远不及当初的发行价。2011 年 10 月，黑石的股价从 2007 年 6 月的 IPO 定价 31 美元，已经下降超过了 50%，而与 IPO 之后不久达到的历史最高股价相比，则已经下跌了将近 60%。黑石受挫的股价表现与其他上市私募股权基金公司的表现如出一辙，包括 KKR 和阿波罗全球管理公司（Apollo Global Management），而这两家公司的股票在 2011 年下半年都经历了下跌。

（2）堡垒集团

堡垒集团（Fortress）位于纽约，管理的资产近 300 亿美元，主要涉及三大业务：私募股权基金、对冲基金及由 Fortress 管理的两家主要投资于房地产和房地产债务工具的上市公司。2002—2007 年，Fortress 总共为 PE 基金募集了 86 亿美元。根据 Fortress 提交的财务申报文件，它在上市前几年的业绩就已经很骄人了。Fortress 声称，它的 PE 投资自 1999 年以来已经产生平均 39%的年收益率，并且自 2002 年成立对冲基金以来，对冲基金已经产生约 14%的年收益率。一般而言，PE 公司的账务报告不向公众公开，如果不是因为上市需要公开其财务信息，外人不知道该公司的盈利是多少。

2007年2月9日，Fortress集团成为在美国上市的首家对冲基金和PE公司，并在当日售出了大约39%的股份，募集了6.34亿美元的资金。这次股票发行（offering）的承销商是高盛（Goldman Sachs）、雷曼兄弟（Lehman Brothers）、美国证券银行（Bank of American Securities）、花旗银行（Citigroup）和德意志银行（Deutsche Bank），其中高盛和雷曼为牵头承销商（lead underwriters）。Fortress股票的首日表现非常好，并且在首个交易日结束以后，其股价同发行价18.50美元相比上涨了68%。

尽管有一个好的开头，但是后来其股票行情发生了变化，Fortress集团的股价开始暴跌，其1个月的持有期收益率（holding period return，HPR）竟为 -8.2%。通过比较Fortress集团和标准普尔500指数1个月、3个月、6个月和1年的持有期收益率。很明显，Fortress在上述所有期限内的持有期表现都大不如市场指数。

在没有上市之前，一些私募股权基金企业巨头都是神秘而又盈利颇丰的投资公司。如黑石集团的旗舰企业有私募股权基金投资组合和房地产投资组合，其中前者自1987年以来的年收益率是30.8%，而后者自1991年以来的年收益率是38.2%。

但是这些企业上市之后表现却差强人意，投资其股票的收益率跑不过标准普尔500指数，意思是达不到股票市场的平均收益率。不知道是这些企业上市之后企业效益下降了呢，还是原来的收益本身有不少的水分？

（四）私募股权基金企业上市后的税收监管

黑石集团进行IPO的时候，美国一些国会议员认为，该公司当时的股权结构可以让它大部分规避美国当时的税法，尽管当时的税法让资本市场的一些收购大亨十分赞赏，因为税收对他们所得的优惠让"收购大亨交比'清洁女工'还少的税金"。因此，黑石集团的上市在美国立法机构引发了一场关于私募股权基金公司上市后适用何种税法问题的争论。

2007年3月，黑石集团宣布上市并表示上市后将沿用有限合伙人的公司制度，公司收入将继续适用15%的资本利得税而非35%的公司所得税。[①] 黑石集团对外宣称了这一做法后，引起了美国立法机构的强烈回应。6月14日，美国参议院金融委员会主席、民主党参议员马克斯·包克斯（Max Baucus）、资深共和党参议员查尔斯·格斯利（Charles Grassley）向参议院金融委员会提交了针对1987年国内税收法案的修正案（黑石法案），并提出可以给予像黑石集团这样已注册上市的企业五年的宽限期。两位参议员在写给时任美国财政部长亨利·保尔森的信中表示："我们相信这些IPO引发了对于税收问题的争论，如果不去理会，那么将可能损伤税收法律的公正性并且长期损害公司税体系的基础。"来自佛蒙特州的民主党众议员彼德·维尔奇（Peter Welch）的意见是不应该给此类公司税收政策任何过渡期。

2007年6月22日，黑石集团IPO挂牌当日，由来自美国密歇根州的民主党众议员桑德·莱文（Sander Levin）牵头，拟订了旨在对私募股权基金管理人的附带权益（carried interests）增加税收的提案，并得到了包括众议院筹款委员会（Ways and Means Committee）主席查尔斯·兰格（Charles B. Rangel）、金融服务委员会主席巴尼·弗兰克（Barney Frank）在内的14位众议员的支持。

代表私募股权基金公司利益的私募股权投资公司理事会（Private Equity Council）主席道格拉斯·卢恩斯坦（Douglas Lowenstein）则发表公开声明，反对国会修改税法，强调私募股权基金给美国经济所作出的贡献。卢恩斯坦表示，就基金管理人承受的风险而言，他们享受的税率是适宜的。该理事会花重金雇用了游说集团"国会税收伙伴"（The Capitol Tax Partners）向国会进行游说。黑石集团则在其招股说明书中称，无法量化税率变化可能带给投资者的潜在风险。"黑石税案"争议的关键表面看是私募股权基金和对冲基金（Hedge Fund）这类有限合伙制公司的适用税率和相应的税负，实质上在于合伙制企业"被动型收入"（passive-type income）的界定。为了鼓励投资，特别是长期投资，多数国家都制定了低于一般公司收入（常规收入）适用税率的被动型收入（资本利得）

---

① 特朗普总统税改政策出台之后，美国企业所得税从累进的35%下降到25%。

税率。根据美国1987年税收法案，一家合伙制公司，如果其收入的90%以上属于"被动型收入"，那么，它只需缴纳15%的资本利得税，而不是35%的公司税。附带权益收入被看作被动型收入，在黑石公司的私募股权基金业务收入构成中，管理费（Management）和附带权益大体各占一半。黑石税案引发的争议，也涉及收入公平问题。黑石的创始人史蒂芬·施瓦茨曼不仅是美国有名的富翁，通过上市又大赚了一笔，但其负担的税率比消防队员或清洁女工还低，相当不公平，引起了民众的愤愤不平。①

（五）附带权益税

2007年因黑石法案引发的附带权益税争议在美国掀起了不小的全国性舆论风波，以致奥巴马政府在其当年的预算草案中专门提及这一事件。尽管这一事件后来发展的势头已经放缓，迄今美国国会也没有什么修改税法的动作，但是包括私募股权理事会主席道格拉斯·劳恩斯坦在内的业内人士都认为，当经济恢复且要求削减政府债务的公众压力增加时，这一事件将风波再起。

附带权益是指由私募股权基金公司保留下来作为管理公司的普通合伙人的薪酬的那部分资本利得。私募股权基金一般收取投资收益20%的附带权益，另外还收取年度管理费——承诺资本的2%——和其他费用。管理费被征收普通所得税，附带权益则要求征收资本利得税。对持有超过一年的资本利得的最高税率是15%，不及最高普通所得税率35%的一半。另外，附带权益不受《联邦社会保险捐款法》（Federal Insurance Contributions Act，FICA）或"医疗税"的约束。针对附带权益的问题，许多国家都有相应的税收优惠，如欧盟、英国、澳大利亚，我国的香港地区也有类似的税收规定。

目前美国的附带权益税收框架大部分已经保持不变超过50年了。行业专业人员普遍表示支持现行的税收制度，他们不同意进行税收改革。一些人认为，如果对附带权益的税收（方式）进行改革，可能迫使一些

---

① 特朗普总统于2017年4月将企业所得税降为15%。参见王燕辉《PE税收的四个重要问题》，《融资中国》2010年11月16日。

总部在美国的基金转战海外或者鼓励基金以有更多税收优惠的方式改变薪酬模式。

虽然有国会议员提出要进行税法的修改，但美国国会最终放弃了修改法律的动议，总统巴拉克·奥巴马也曾推动税制的变革，未成功。有人对附带权益的性质提出了不同看法，认为附带权益不是一种投资所得，而是企业通过付给合伙人薪酬以换取他们的服务。正因为如此，他们主张附带权益应该在普通所得水平上被征税——而且美国税务法庭可能会赞成这种观点。

在"戴格瑞斯诉理事"（Dagres V. Commissioner）案中的裁定虽没有将舆论导向专门对这个问题发表意见，但不管怎样法官重点提出了这个问题。风险投资基金管理人托德·戴格瑞斯（Todd Dagres）表明："因为扣除360万美元来贷款给一个出了问题的生意伙伴而在法庭上紧张不安……这个案子在某种程度上取决于戴格瑞斯先生所得的利润份额是否意味着他参与了一笔交易，或充当着一个投资者的角色。"税务法庭站在了戴格瑞斯这边，并且允许了他扣除，因为他的附带权益"是交易所得报酬"。法庭甚至将戴格瑞斯的薪酬同"股票经纪人、理财规划师、投资银行家、商业推广员及交易商的薪酬"联系起来，而当实现投资收益时所有这些人都以普通所得税率纳税。

不论附带权益税改的形式如何，增加的附带权益税收将会影响私募股权基金投资者和普通合伙人，而且可能还会对私募股权基金企业的薪酬结构产生重大影响。然而，业内人士认为，通过设计一些创新机制使其影响降到最低，任何税改带来的问题都可以迎刃而解，包括让附带权益负担一些抵消费用（offsetting expenses），比如员工工资等，但针对附带权益税改的争论或许会继续下去。

（六）沃克尔规则

2010年1月21日，美国总统奥巴马宣布将对美国银行业进行重大改革的决定，采纳了美联储前主席保罗·沃尔克的建议，因此其方案被称为"沃尔克规则"（Volcker Rule）。沃克尔规则是2010年通过的《多德—弗兰克金融改革法案》的一部分，其核心是禁止银行的自营交易。沃克尔提出的最初改革方案为：一是禁止商业银行从事高风险的自营交易，将商业银行业务和其他业务分隔开来；二是反对商业银行拥有对冲基金和私募股权基金，限制衍生品交易；三是对金融机构的规模施以严格限制。

沃尔克规则提出之后，引发了美国朝野大讨论，经过几年讨论与博弈，2013年12月10日，包括美国证券交易委员会、美联储和联邦存款保险公司等在内的五大金融监管机构批准了"沃尔克规则"。批准版本由美国商品期货委员会（CFTC）主席加里·金斯勒（Gary Gensler）和新任证券交易委员会（SEC）委员卡拉·斯坦（Kara Stein）在原来的版本上修改提出，比2011年的原始版本更加严苛。

修订后的沃克尔规则中还包括如下豁免条款：

第一，在最终版方案中，沃尔克规则的合规期从2014年7月延长至2015年7月。也就是说，大型银行需要在2015年7月前对业务作出相应调整，其他银行的时限可以延长至2016年。

第二，沃尔克规则允许某些特殊对冲交易行为的发生。

第三，沃尔克规则认为大多数社区银行很少或根本不涉及自营交易，因此不需要进行合规。

第四，沃尔克规则允许银行在更多限制条件下进行其他国家或其政治细分区域主权债券的自营交易。

所谓银行的自营交易，是指银行利用自有资金和融入资金直接参与证券市场交易并承担风险的一项业务。银行通过自营交易可以赚取高额回报；但一旦投资失败，影响将会波及整个市场，造成巨大的潜在经济下行风险，包括破坏银行经营常规业务的能力（如向非金融部门放贷等）。

沃克尔规则背后的逻辑是，通过禁止银行及其子公司进行大规模自营交易来降低系统性风险，并限制联邦存款保险公司（FDIC）拥有或投资任何对冲基金或私募基金。其基本操作方式是，在禁止银行进行自营交易的同时，允许其进行"合乎法规"的交易，具体包括：当银行在为个人和投行客户提供必要服务时可以持有证券；银行可以持有美国国债；当需要对冲其他合法持有头寸时可以持有证券。也就是说，沃克尔规则将银行的交易行为限定在满足客户需求的层面上，其任何对冲策略都要直接与抵御某一具体的、明确的风险有关。沃克尔规则的出台意味着银行希望有更多的对冲空间与监管者的妥协。

二 英国私募股权基金监管改革

2008年美国金融危机之后,为了加强金融监管尤其是对私募股权投资这样的另类投资进行监管,经过两年的多边协调后,欧盟于2011年6月8日正式发布了《欧盟另类投资基金管理人指令》(AIFMD)。该指令于2013年7月在英国生效,对英国的影响主要有以下六个方面:"一是英国另类投资相关法律法规予以相应调整和修改;二是某些已经被授权管理基金的英国管理人需要根据指令的要求获得'二次授权';三是某些类型的基金管理人将首次纳入监管对象范畴;四是对基金托管提出了新的要求;五是指令的'护照'(passport)制度,影响基金销售和运作管理(特别是在欧盟设立的基金);六是对非在欧盟设立的基金的'护照'制度对基金本国的私募基金监管体系产生了影响。"①

虽然英国已经"脱欧",但在私募股权基金监管问题上,这么多年来英国深受欧盟监管规则的影响,一方面,欧盟的《另类投资基金管理人指令》(AIFMD)在英国仍然有效;另一方面,英国与欧盟合作期间,在金融监管的体制与制度方面深受欧盟的影响,英国即使最终脱离了欧盟,但也不可能在短期内对其所有的金融监管制度与体制进行彻底改革,有学者指出:"英国'脱欧'对另类投资基金行业带来的最大挑战,是英国另类投资基金管理人能否像现在一样通过'护照'在欧盟市场进行基金产品的管理和销售。"②

英国对私募股权基金行业的监管制度构架,主要有以下内容:

一是法定监管机构。目前有两家:一是金融行为监管局(FCA),主要负责对私募股权基金管理人及其行为进行监管并制定监管原则。二是审慎监管局(PRA),它主要负责对银行、保险公司进行审慎监管,不负责对私募股权基金相关行业这类另类金融行业的日常监管,但它会从系统性风险视角对这类行业给予关注。

---

① 于宏巍、杨光:《英国私募基金监管体系、政策支持及借鉴意义》,《清华金融评论》2017年第4期。

② 于宏巍、杨光:《他山之石:英国私募基金监管借鉴意义》,《第一财经日报》2017年5月22日。

二是行业协会自律组织。英国私募股权行业的行业协会组织是英国私募股权与创业投资协会（BVCA）。该机构1983年成立，它目前会员有750家有影响力的投资公司，包括超过325家私募股权和风险投资公司，以及机构投资者、专业顾问、服务提供商和国际协会。该协会会员囊括了与私募股权和风险投资公司有关的利益关联方：投资者、基金管理人、企业家和公司、投资顾问和投资服务提供商，并代表它们的利益与政府、国会、政府官员和监管者、媒体、商业共同体的其他部门打交道。该机构成立以来，如同其所代表的行业发展势头一样，私募股权与风险投资早已脱离了早期投资家族手工业而现在成了英国主流经济的一部分。英国已经成了世界私募股权投资与风险投资的中心之一。该协会在金融行业的影响力日益增强，政府监管部门与政策制定者在有关私募股权基金方面的监管政策、财政政策、监管技术与立法，都要聆听协会的意见。它背后代表的是一支不可忽视的经济力量。为了保证行业的健康发展，协会制定了许多行业自律规则，供私募股权投资与风险投资者们遵循。如协会在2007年成立私募股权报告集团，作为一家独立机构，负责监督私募股权行业是否遵守了沃克尔关于私募股权的信息披露与透明度指南。这一机构的成立，也是协会对之前媒体、政界人士、工会对该行业越来越多的审查与负面报道的回应。自此，该行业已经接受并采纳了这些指南所提供的方法，目前有超过70家投资组合公司自愿提供额外的信息披露。

三是国际性行业协会。主要是对冲基金标准委员会（HFSB）以及另类投资管理协会（AIMA）。委员会的对冲基金管理人会员已超过120家，其中英国会员占34%、北美会员占43%、其他欧洲国家会员占15%、亚太会员占8%，其所管理的资产总额超过10亿美元并代表具有不同的投资策略。投资者会员超过60家且种类多样，其中英国会员占23%，北美会员占44%，其他欧洲国家会员占16%，亚太会员占17%，其向对冲基金的投资额超过6亿美元。[①] 该委员会制定在国际上通用的对冲基金管理

---

① 于宏巍、杨光：《他山之石：英国私募基金监管借鉴意义》，《第一财经日报》2017年5月22日。

人行业标准，英国作为发达的老牌资本主义国家，不断地将自己的实践形成的标准转化为国际通行的标准。其中，AIMA 已成为国际证监会组织（IOSCO）的附属委员会，其成员遍布欧洲、北美和亚太地区，具有广泛的影响力。

在监管职能的分工方面，FCA 制定私募股权基金监管的基本原则；各行业协会根据基本原则分别对对冲基金、私人股权与创业投资基金等管理人制定行业标准；财政部制定促进另类投资基金行业发展的税收优惠政策；税务海关总署下设的小微企业中心则负责具体审批。各部门之间还通过定期或不定期会面、备忘录等方式交换意见，共同研究解决监管过程中遇到的实际问题。①

英国监管私募股权基金的法律规则，除了欧盟指令之外，国内法主要是 2000 年《金融服务与市场法》（FSMA），还有金融行为监管局颁布的各项规则及指导意见，比如 2013 年关于实施另类投资基金管理人指令的指导意见、2014 年关于另类投资基金管理人报酬的指导意见；财政部颁布的关于税收方面的法律法规，比如英国相关的税收法律以及对中小企业实施的各项税收激励计划。此外，还有关于劳动保护、反洗钱、预防和惩治贿赂等方面的法律法规。

英国对私募股权基金这类另类投资既采取基于原则监管基础的监管政策，同时又采取激励政策鼓励行业的发展。② 税收政策既是一种监管政策；同时，也是一种激励政策。

三 欧盟私募股权基金监管改革

（一）另类投资基金经理人的监管

1. 界定另类投资基金

欧盟金融市场上的另类投资基金，主要指对冲基金、不动产基金、私募股权和风险投资基金、商品基金、基础设施基金以及投资于这些基

---

① 于宏巍、杨光：《他山之石：英国私募基金监管借鉴意义》，《第一财经日报》2017 年 5 月 22 日。

② 参见于宏巍、杨光《英国私募基金监管体系、政策支持及借鉴意义》，《清华金融评论》2017 年第 4 期。

金的基金等各类投资基金的总称。对另类投资基金的监管，在2008年美国金融危机之前，由各成员国各自按照国内法律监管，欧盟层面没有制定统一的监管规则。自2008年美国金融危机发生之后，欧盟认识到虽然另类基金管理人的活动不是这次的原因，但另类基金管理人的活动涉及各种金融工具的使用，如金融杠杆、动态交易、卖空等，以及在之前的金融活动中，另类基金管理人也在信息披露、风险内控、激励机制等方面存在一些不足，存在给投资者造成风险以及危及金融市场稳定的可能性。[①] 2009年4月欧盟提出了另类投资基金监管草案，征求成员国意见，2010年11月11日欧洲议会通过了《另类投资基金经理人指令》（以下简称《指令》）。《指令》共计七章71条。欧盟要求成员国必须在2013年7月23日前完成国内法律的转换。

《指令》界定了另类投资基金的概念，泛指从事下列投资行为的"集合投资计划"：从投资者处募集资金，并为了这些投资者的利益，根据已确定的投资策略进行投资；且该集合投资计划不属于需要按照欧盟《可转让证券集合投资计划》（UCITS）获得审批的基金（UCITS在欧盟广泛用于可以面向公众投资者募集的公募型基金，不但基金管理人本身需要获得牌照，UCITS基金本身也需要由监管机关进行实质审查和登记），这一概念界定区别了私募基金和公募基金的边界。

作为一家"另类投资基金"（AIF），该基金还需满足以下条件：（1）不具有一般的商业或实业之目的；（2）该实体从投资者那里筹集的用于投资的资金，以期为这些投资者产生一笔汇集的回报；（3）该实体的基金份额持有人或股东（作为一个集体）不拥有对投资实体日常管理的处置权或控制权。这些前提条件表明另类投资基金不同于为了实业运营目的而成立的合资公司，另类基金具有基金管理人受投资人之托、为投资人管理资产的特性。

《指令》还规定了一些"除外"和豁免的情况。在欧盟立法的概念中，"除外"的事项一般指不具备受监管事项的有关特性，而豁免往往指

---

① 朱炎生：《欧盟〈另类投资基金管理人指令〉介评》，《证券市场导报》2003年1月号。

具备了有关特性但是出于监管的目的不包含在监管范围内①。"除外"的情况包括员工期权计划、控股公司、超越国际的金融机构（例如世界银行）、央行等。豁免的情况包括合资公司、理财专户。

在欧盟法律框架下，另类投资基金是一个宽泛的概念，既包括开放式基金，如对冲基金，也包括封闭式基金，如私募股权基金，《指令》规划的是统一监管模式。《指令》针对小规模另类投资基金管理人（Small AIFMs）的相关规定里，对开放式基金和封闭式基金规定了有差别的监管规则。

2. 监管原则

根据另类基金的规模大小，《指令》对大型另类投资基金管理人进行严格的监管，而对小规模另类投资基金管理人则采取较为宽松的监管方式。体现了《欧洲联盟条约》（Treaty on European Union）中规定的立法适当性原则。

《指令》允许欧盟成员国为一定资产规模以下的小规模另类投资基金管理人建立监管程度较低的规则，《指令》第3条第2款规定，小规模另类投资基金管理人可在一定程度上豁免适用《指令》的监管要求。小规模另类投资基金管理人需要满足以下条件：（1）该基金管理人的管理资产规模总计在5亿欧元以内，其中基金管理人管理的每一只基金均不运用杠杆，且在五年内投资人没有赎回基金份额的权利（不运用杠杆以及具备较长的锁定期是风险投资基金以及较早期私募股权基金的显著特征）；（2）其他所有资产规模总计在1亿欧元以下的基金管理人。

上述所说资产规模是指由该基金管理人管理的所有另类投资基金的资产规模而不是单只基金。

相较于全范围基金管理人（full‑scope AIFM），小规模另类投资基金管理人承担较少的合规性和申报义务。例如，《指令》转化为本国法之后小规模另类投资基金管理人不需要申请相关的牌照只需要进行注册；小规模管理人无须对其管理的基金委任存托机构（depositary）；如

---

① 杨帆、David Williams、唐振伦：《欧盟如何监管私募基金》，《中国证券报》2017年11月29日。

果管理人将有关管理或风控转委托给其他第三方,第三方也同样受到有关的豁免。不过尽管存在上述的豁免情形,欧盟成员国仍需确保小规模另类投资基金管理人进行注册或满足相应监管部门的基本的信息披露要求。

比之全范围基金管理人,小规模另类投资基金管理人无法享受单一护照制度,即小规模另类投资基金管理人管理的基金无法按照《指令》规定的便利政策在每一个欧盟成员国进行募集推介。但是小规模另类投资基金管理人可以自愿选择符合《指令》全面监管要求,以享受推介募集的单一护照制度的便利。在实践中,小规模另类投资基金管理人往往根据目标投资人所在地来判断是否自愿接受《指令》全面监管要求。①

全范围基金管理人与小规模另类投资基金管理人在审批/注册、资本充足性要求、额外要求、营销、报告义务、存托机构、运营义务、透明度要求等方面存在监管差异。

3. 另类投资基金管理人的营业核准

《指令》要求成员国对另类投资基金管理人实行营业核准制度。只有符合《指令》条件才可获得营业核准。这些条件包括:足够的初始资本和自我资金,内部另类投资基金管理的初始资本至少30万欧元,外部另类投资基金管理人的初始资本为12.5万欧元;至少两名声誉良好且有足够经验的实际业务执行人;适格持股股东或成员能胜任其职责;总部和注册地在同一成员国。另类投资基金管理人向其母国成员提出申请时要向主管部门提供相关信息,尤其要提供与投资策略相关的信息,包括所管理或销售的另类投资基金类型、另类投资基金管理人使用的杠杆政策、所管理或公募管理的另类投资基金的其他特点等。

4. 另类投资基金管理人的业务监管

《指令》要求另类投资基金管理人开展业务时要坚持诚实、专业、审慎、勤勉、公平原则,为投资者最佳利益服务,维护市场完整性,拥有并切实运用为恰当开展业务活动所必需的资源和程序,采取一切合理措

---

① 杨帆、David Williams、唐振伦:《欧盟如何监管私募基金》,《中国证券报》2017年11月29日。

施避免利益冲突或者在利益冲突避免时采取一切合理措施识别、管理、监控和披露利益冲突，公平对待所有投资者，遵守所有适用于其业务活动的监管要求。

5. 对资金托管机构的监管

《指令》要求另类投资基金管理人应以合同方式为其每只另类投资基金指定一家单个的托管机构。托管机构的职责包括保管和监控现金流、保管资产以及相关的行政管理和事项。现金账户和金融工具账户要具有独立性与明晰性。托管机构要按照所适用的国内法和投资基金的规则或章程的规定，进行另类投资基金单位或份额的销售、发行、回购和撤销。为了避免利益冲突，《指令》还规定了托管机构的禁止性行为。

6. 另类投资基金管理人的透明度监管

《指令》要求，另类投资基金管理人每年要投资年度报告，并规定了年度报告的内容。向投资者披露的信息内容包括：投资策略和投资目标、基金的设立地、基金目标资产类型、相关投资风险、所运用的杠杆及其额度限制、投资限制、改变投资策略的程序、与投资相关的合同；另类投资基金管理人、托管机构、审计机构以及相关服务商的身份；相关主体之间利益冲突的说明；相关估值程序、方法以及基金流动性风险的说明；投资者承担的费用、是否享有优惠待遇；最新年度报告；基金发售的程序和条件；最新资产净值或者单位最新市场价值、基金的历史业绩以及主要经纪人身份等信息。《指令》要求另类投资基金管理人还需向母国监管部门报关相关信息。

（二）风险投资基金和社会企业基金的监管

《指令》对经充分审批且符合《指令》规定的管理人授予"单一护照制度"，另类投资基金管理人便可以在欧盟 28 个成员国管理和向专业投资人推介募集基金。多数风险投资基金都符合这些条件。但那些受欧盟以外的法规监管，或尽管在欧盟境内经营，但由于规模过小而未纳入《指令》全面监管范围的小规模另类投资基金管理人，达不到《指令》的规定要求，因而基金管理人通常不享有单一护照制度的募集便利。

基于中小企业对于欧盟解决就业和促进经济增长的重要性，需要鼓励和促进中小企业的投资。为了解决这一部分另类投资基金管理人的监管问题，欧盟理事会与欧洲议会于 2012 年 12 月 7 日，就欧洲风险投资基金监管达成协议。欧盟委员会于 2013 年正式出台了两部重要的条例：《欧盟风险投资基金条例》（European Venture Capital Funds Regulation）和《欧洲社会企业基金条例》（European Social Entrepreneurship Regulation）。这两部条例主要针对投资于风险投资基金和社会企业的小规模另类投资基金管理人。

这两部条例所提供的优惠政策在于，虽然很多风险投资基金或者社会企业基金的管理人属于小规模另类投资基金管理人，但是一旦管理人和基金本身符合了这两部条例规定的有关条件之后，他们管理的基金就成了欧盟风险投资基金或欧盟社会企业基金，仍可以享受单一护照制度，取得在欧盟境内销售基金的权利。

一般而言，另类投资基金管理的资产不超过以下限额的管理人，可以申请豁免授权，并可以获得符合《指令》的多项规定：一是管理的资产（包括通过杠杆收购的资产）不足 1 亿欧元，二是资产管理规模不到 5 亿欧元的另类投资基金，不使用杠杆，且从每家另类投资基金的初始投资之日起，至少有五年的赎回锁定期。

基金经理所管理的日常业务必须至少是一家"合格的"欧洲基金法人的基金，该基金在欧洲设立，根据《指令》注册。根据《欧洲风险投资基金条例》注册的经理将拥有在整个欧洲向合格基金募集资金的护照权利。风险投资基金不能使用杠杆，只能向专业类型的投资者募集，所有基金必须遵守统一的规则和质量标准（包括向投资者的披露标准和操作要求）。尽管该条例要求是自愿遵守，但最终成为整个欧洲风险资本行业的标准。

第 六 章

中国私募股权基金监管制度（上）

本章与下一章研究中国的私募股权基金的具体监管制度。因我国的具体监管制度涉及的内容较多，所以分两章进行论述。本章的内容包括以下几个方面：基金的登记备案监管，在发改委监管时期与证监会监管时期有一些变化；基金募集监管，这是中国私募股权基金的重点监管内容，因为现实中许多打着私募股权基金募集之名，实则行非法集资的行为，在一定程度上造成私募股权基金污名化；基金的服务业务监管，这是新的监管机构在原来的基础上增加的一项监管内容，涉及服务私募股权基金的专业机构提供的服务；基金投资公司上市之后的退出监管，直接涉及基金投资的利益获取，监管机构近期出台了一系列的监管措施，给私募股权基金的退出带来了新的问题。

第一节 私募股权基金的登记备案

一 外商投资创业投资企业的备案

我国对创业投资企业最早建立登记备案制度是在2003年。原外经贸部、科技部、工商总局、税务总局、外汇局于2003年1月30日发布《外商投资创业投资企业管理规定》（2003年第2号）。该规定要求，获得批准设立的创投企业应自收到审批机构颁发的《外商投资企业批准证书》之日起一个月内，持此证书向国家工商行政管理部门或所在地具有外商投资企业登记管理权的省级工商行政管理部门申请办理注册登记手续。

二 创业投资企业的备案

2005年9月7日国务院批准、11月15日国家发展改革委等十部门联合发布《创业投资企业管理暂行办法》(以下简称《暂行办法》)第三条规定:"国家对创业投资企业实行备案管理。凡是备案接受监管的创业投资企业,投资运作符合有关规定的可享受政策扶持。没有备案且不接受监管的企业,不享受政策扶持。"政府通过政府扶持的激励政策,鼓励创业投资企业主动备案,接受监管。备案管理部门分为国家层面与省级部门,国家层面管理部门为国家发改委,省级部门由省政府指定。

随后,对创业投资企业进行年度检查成为主管部门的一项常规性工作。国家发展改革委于2008年3月26日发布《关于做好备案创业投资企业年度检查工作的通知》,年度检查的目的是为了促进备案创业投资企业规范运作,对创业投资企业及其管理顾问机构在上年度是否遵守《创业投资企业管理暂行办法》的相关条款规定,进行年度检查。同时,为确保各合格创业投资企业能够及时享受应纳税所得额抵扣优惠政策,各级备案管理部门应当在5月末过后的5个工作日内,为年度检查合格的创业投资企业出具证明文件。

国家发展改革委于2009年7月10日发布《关于加强创业投资企业备案管理严格规范创业投资企业募资行为的通知》,要求严把备案条件,规范代理业务,建立取消备案创业投资企业信息披露制度,加强不定期抽查,建立季度报告制度。

在2011年国家发展改革委办公厅发布的《关于促进股权投资企业规范发展的通知》(发改办财金〔2011〕2864号,以下简称《通知》)中,就对私募股权基金管理人的登记备案进行了详细的规定。

备案管理范围。股权投资企业除下列情形外,均应当按照通知要求,在完成工商登记后的一个月内,到相应管理部门备案:(1)已经按照《创业投资企业管理暂行办法》备案为创业投资企业;(2)由单个机构或单个自然人全额出资设立,或者由同一机构与其全资子机构共同出资设立以及同一机构的若干全资子机构出资设立。股权投资企业采取委托管理方式将资产委托其他股权投资企业或者股权投资管理企业管理的,其受托管理机构应当申请附带备案并接受备案管理。

备案管理部门。《通知》将备案管理部门分为两级,一级是国家备案管理部门,主要是国家发改委,要求资本规模(含投资者已实际出资及虽未实际出资但已承诺出资的资本规模)达到5亿元人民币或者等值外币的股权投资企业,在国家发改委备案;另一级是省级备案管理部门,资本规模不足5亿元人民币或者等值外币的股权投资企业,在省级人民政府确定的备案管理部门备案。这个管理部门由省级人民政府确定。

《通知》还就申请股权投资企业备案应当提交的文件和材料、对需要的备案的高级管理人员的界定与要求、申请注销备案、监督管理、对规避备案监管的处罚、对运作不规范的处罚等作出了相应的规定。

三 备案制的改革

(一) 变更登记备案机构

2012年6月6日,中国证券投资基金业协会成立,2015年8月21日经民政部核准生效的《中国证券投资基金业协会章程》第六条"本团体的职责范围包括:……(七)依法办理私募基金管理人登记、私募基金产品备案。"《章程》第四条规定,协会接受业务主管单位中国证券监督管理委员会的业务指导和监督管理。章程明确规定原来由国家发改委负责的私募股权基金管理人的登记备案工作由协会负责。

证券投资基金业的监管权由国家发改委移至中国证监会之后,中国证监会于2014年8月21日发布了《私募投资基金监督管理暂行办法》(以下简称《暂行办法》,证监会令105号),该暂行办法第二章规定的"登记备案"制度,已经将规定改为"各类私募基金管理人应当根据基金业协会的规定,向基金业协会申请登记"。

协会于2014年1月颁布《私募投资基金管理人登记和基金备案办法(试行)》(以下简称《备案办法》),对于登记与备案作出了更为细化的规定。下面结合行政规章与行业协会的自律规定,对现行的登记备案制度作一简单的梳理。

(二) 分类备案

《暂行办法》改革了之前的分级备案规定,改为分类备案,将登记备案分为两类：一类是基金管理人的登记备案，另一类是基金产品的登记备案。

1. 基金管理人备案

关于基金管理人的登记备案，简化了以前登记备案流程与要求，要求登记备案时报送的基本信息为：工商登记和营业执照正副本复印件；公司章程或者合伙协议；主要股东或者合伙人名单；高级管理人员的基本信息；基金业协会规定的其他信息。

基金业协会应当在私募基金管理人登记材料齐备后的 20 个工作日内，通过网站公告私募基金管理人名单及其基本情况的方式，为私募基金管理人办结登记手续。

2. 基金产品备案

各类私募基金募集完毕，私募基金管理人应当根据基金业协会的规定，办理基金备案手续，报送以下基本信息：主要投资方向及根据主要投资方向注明的基金类别；基金合同、公司章程或者合伙协议。资金募集过程中向投资者提供基金招募说明书的，应当报送基金招募说明书。以公司、合伙等企业形式设立的私募基金，还应当报送工商登记和营业执照正副本复印件；采取委托管理方式的，应当报送委托管理协议。委托托管机构托管基金财产的，还应当报送托管协议；基金业协会规定的其他信息。

基金业协会应当在私募基金备案材料齐备后的 20 个工作日内，通过网站公告私募基金名单及其基本情况的方式，为私募基金办结备案手续。

3. 备案的效力

基金业协会为私募基金管理人和私募基金办理登记备案不构成对私募基金管理人投资能力、持续合规情况的认可；不作为对基金财产安全的保证。

登记机构对有关登记备案信息，只进行形式审查，不进行实质审查，因此，私募基金管理人应当保证所提供文件和信息的真实性、准确性、完整性。

公示信息不构成对私募基金管理人投资管理能力、持续合规情况的认可，不作为基金资产安全的保证。

《备案办法》规定"经备案的私募基金可以申请开立证券相关账户"。

4. 撤销备案

私募基金管理人依法解散、被依法撤销或者被依法宣告破产的，其法定代表人或者普通合伙人应当在 20 个工作日内向基金业协会报告，基金业协会应当及时注销基金管理人登记，并通过网站公告。

5. 法律责任

《暂行办法》与以前的规定不同之处，制定了基金管理人与基金不备案时的处罚规则，罚则分为两类：一类是罚金处罚，私募基金管理人、私募基金托管人违反了该办法规定的备案制度，责令改正，给予警告并处三万元以下罚款；对直接负责的主管人员和其他直接责任人员，给予警告并处三万元以下罚款。另一类是从业禁止处罚，私募基金管理人、私募基金托管人从业人员违反法律法规和该办法规定，情节严重的，中国证监会可以依法对有关责任人员采取市场禁入措施。

中国证监会《证券市场禁入规定》第五条规定，"违反法律、行政法规或者中国证监会有关规定，情节严重的，可以对有关责任人员采取三至五年的证券市场禁入措施；行为恶劣、严重扰乱证券市场秩序、严重损害投资者利益或者在重大违法活动中起主要作用等情节较为严重的，可以对有关责任人员采取五至十年的证券市场禁入措施；有下列情形之一的，可以对有关责任人员采取终身的证券市场禁入措施：从事保荐、承销、资产管理、融资融券等证券业务及其他证券服务业务，负有法定职责的人员，故意不履行法律、行政法规或者中国证监会规定的义务，并造成特别严重后果的。"

四 登记备案的性质、问题及完善

1. 登记备案的法律性质

登记备案的法律性质是什么？"私募基金管理人在协会登记，私募基金产品在协会备案其实就是注册制。"[①] 证券投资基金协会负责人的肯定性表态，意味着登记备案制就是美国法意义上的注册制。在过去相当长

[①] 中国证券投资基金协会会长洪磊在"中国私募基金年会 2016"上的讲话。

的时间里，由于监管职能不明确，私募股权基金的发展一直处于自我发展阶段，没有专门的监管机构监管这个行业。2011年国家发改委发布《关于促进股权投资企业规划发展的通知》（发改办财金〔2011〕2864号）文，确定了发改委作为基金行业的监管机构，正式制定了登记备案制度。但该项制度确定之后，发改委所属财政金融司作为政府的监管机构，在人手、工作流程、后续管理等方面，都没有作出相应的调整，因此，这项制度执行的效果不是很理想，主动登记备案的私募股权基金公司不多，即使基金公司不登记备案，监管部门也没有制裁措施与手段，同时也没有得到相关机构的执法授权。

基金行业的政府监管职能调整之后，中国证监会加大了对该行业的监管力度，尤其是依托中国证券投资基金协会的行业监管职能，对不遵守登记备案规则的企业采取了罚金处罚与从业禁止处罚等行政处罚手段，提高了基金公司的登记备案率。同时，不断完善登记备案制度。

关于登记备案制的重要性，中国证券基金业协会负责人认为："私募基金自律监管就是要以注册制为出发点，将市场与监管部门的博弈转为市场主体之间的博弈，通过透明的注册标准、明确的行业行为准则和有效的事中事后监测处罚，保障市场主体之间的博弈秩序和博弈环境，让市场主体行为真正回归市场，让私募基金管理人关注的焦点从监管部门回到自身信用声誉、客户利益和实体经济。"①

2. 登记备案过程中出现的问题

登记备案制度实施以来，取得了不错的成绩，据协会公布的信息，自2014年2月7日起正式开展私募基金管理人登记、私募基金备案和自律管理工作。私募基金登记备案和自律管理制度得到行业和社会各界的广泛认同，私募基金行业发展迅速。截至2016年1月底，已登记私募基金管理人25841家，已备案私募基金25461只，认缴规模5.34万亿元，实缴规模4.29万亿元，私募基金行业的从业人员38.99万人。

作为一个新兴的产业与新设立的制度，在实施过程中也确实出现了

---

① 中国证券投资基金协会会长洪磊在"中国私募基金年会2016"上的讲话，参见洪磊《社会诚信与私募基金自律管理》，《当代金融家》2016年第5期。

一些问题。①

一是登记备案企业滥用中国证券基金业协会的登记备案信息，进行非法自我增信，甚至从事违法违规行为。登记备案不是政府的行政许可，"登记备案不构成对私募基金管理人投资能力、持续合规情况的认可；不作为对基金财产安全的保证。"虽然有这样的明文规定，但有些机构利用私募基金管理人登记身份、纸质证书或电子证明，故意夸大歪曲宣传，误导投资者以达到非法自我增信目的。有的基金公司从事非私募基金管理业务，有的借私募基金之名从事非法集资等违法犯罪活动。还有的倒卖私募基金管理人登记身份，非法代办私募基金管理人登记。这些行为严重损害投资者利益和行业整体利益，严重背离了私募基金登记备案统计监测、行业自律管理的制度设计初衷。

二是以私募基金公司之名登记，但未行基金业务之实。据协会介绍，至 2016 年 1 月，已登记但尚未备案基金的机构数量占已登记私募基金管理人的 69%，机构成立，有的可能没有能力筹集到基金，自然就无法开始投资业务；有的可能开始就没有打算开展实质性的业务，仅仅注册登记一家公司而已。

三是有些机构法律意识淡薄、合规意识缺乏，没有按规定持续履行私募基金信息报告义务。尽管机构在申请时已书面承诺其登记备案信息真实、准确、完整，并将按要求持续向中国基金业协会报送季度、年度和重大事项信息，但为数不少的机构存在不如实填报信息，不如实登记多地注册的多个关联机构或分支机构，未按要求更新报送信息的情况，甚至长期"失联"。

四是违法违规经营运作。有些机构公开推介私募基金，承诺保本保收益，向非合格投资者募集资金；有些机构不能勤勉尽责，因投资失败而"跑路"；更有甚者，借私募基金名义搞非法集资，从事利益输送、内幕交易、操纵市场等违法犯罪行为。

---

① 参见中国基金业协会负责人就发布《关于进一步规划私募基金管理人登记若干事项的公告》答记者问，中国证券投资基金协会官方网站。

3. 完善登记备案监管措施

根据两年来的登记备案经验，协会于 2016 年 2 月 5 日发布《关于进一步规范私募基金管理人登记若干事项的公告》（以下简称《公告》），针对前期登记备案工作中出现的问题，提出了一些完善措施。具体包括：

取消私募基金管理人登记证明。《公告》发布之日起，协会不再出具私募基金管理人登记电子证明。协会此前发放的纸质私募基金管理人登记证书、私募基金管理人登记电子证明不再作为办理相关业务的证明文件。以此防止私募基金管理人凭这些证明文件私自增信，欺骗投资者。协会以通过协会官方网站公示私募基金管理人基本情况的方式，为私募基金管理人办结登记手续。

建立私募基金管理人登记注销制度。自《公告》发布之日起，新登记的私募基金管理人在办结登记手续之日起 6 个月内仍未备案首只私募基金产品的，协会将注销该私募基金管理人登记。

建立第三方审核制度。自《公告》发布之日起，新申请私募基金管理人登记、已登记的私募基金管理人发生部分重大事项变更，需通过私募基金登记备案系统提交律师事务所出具的法律意见书。法律意见书对申请机构的登记申请材料、工商登记情况、专业化经营情况、股权结构、实际控制人、关联方及分支机构情况、运营基本设施和条件、风险管理制度和内部控制制度、外包情况、合法合规情况、高管人员资质情况等逐项发表结论性意见。协会发布《公告》的同时，发布了《私募基金管理人登记法律意见书指引》。

建立从业资格制度。《公告》要求，从事私募证券投资基金业务的各类私募基金管理人，其高管人员［包括法定代表人/执行事务合伙人（委派代表）、总经理、副总经理、合规/风控负责人等］均应当取得基金从业资格。从事非私募证券投资基金业务的各类私募基金管理人，至少两名高管人员应当取得基金从业资格，其法定代表人/执行事务合伙人（委派代表）、合规/风控负责人应当取得基金从业资格。各类私募基金管理人的合规/风控负责人不得从事投资业务。

第二节　私募股权基金的募集监管

一　必备投资者

必备投资者的概念由 2003 年的《外商投资创业投资企业管理规定》提出,但该规定并没有给这个概念下一个定义,而是采用列举方式界定这个概念。该规定第七条规定,必备投资者应当具备下列条件:"以创业投资为主营业务;在申请前三年其管理的资本累计不低于 1 亿美元,且其中至少 5000 万美元已经用于进行创业投资。在必备投资者为中国投资者的情形下,本款业绩要求为:在申请前三年其管理的资本累计不低于 1 亿元人民币,且其中至少 5000 万元人民币已经用于进行创业投资;拥有 3 名以上具有 3 年以上创业投资从业经验的专业管理人员;如果某一投资者的关联实体满足上述条件,则该投资者可以申请成为必备投资者。"

《创业投资企业暂行管理办法》没有出现必备投资者的概念,但该办法第 9 条规定,"创业投资基金的投资者不得超过 200 人,其中,以有限责任公司形式设立创业投资企业的,投资者人数不得超过 50 人;单个投资者对创业投资企业的投资不得低于 100 万元人民币,所有投资者应当以货币形式出资。这里既限定了投资者人数,又限定了单个投资者的最低出资额和出资形式,只有符合上述条件的投资者才可向创业投资基金投资。"第 9 条还规定,"创业投资企业应当有至少 3 名具备 2 年以上创业投资或相关业务经验的高级管理人员承担投资管理责任;委托其他创业投资企业、创业投资管理顾问企业作为管理顾问机构负责其投资管理业务的,管理顾问机构必须有至少 3 名具备 2 年以上创业投资或相关业务经验的高级管理人员对其承担投资管理责任。"

二　合格投资者

国家发改委办公厅《关于促进股权投资企业规范发展的通知》首提"合格投资者",该通知要求,"股权投资企业的资本只能以私募方式,向特定的具有风险识别能力和风险承受能力的合格投资者募集",虽然文件没有解释什么是风险识别能力和风险承受能力,但人们从字面上大致可以了解合格投资者的意思。并且禁止"直接或间接向不特定或非合格投资者进行推介"。[①]

直到中国证监会《私募投资基金监督管理暂行办法》的颁布才完整地界定了合格投资者的概念。该办法第十二条规定,"私募基金的合格投资者是指具备相应风险识别能力和风险承担能力,投资于单只私募基金的金额不低于100万元且符合下列相关标准的单位和个人:净资产不低于1000万元的单位;金融资产不低于300万元或者最近三年个人年均收入不低于50万元的个人。前款所称金融资产包括银行存款、股票、债券、基金份额、资产管理计划、银行理财产品、信托计划、保险产品、期货权益等。"第十三条以列举方式规定了机构与个人投资者为合格投资者:"社会保障基金、企业年金等养老基金,慈善基金等社会公益基金;依法设立并在基金业协会备案的投资计划;投资于所管理私募基金的私募基金管理人及其从业人员;中国证监会规定的其他投资者。"

以合伙企业、契约等非法人形式,通过汇集多数投资者的资金直接或者间接投资于私募基金的,私募基金管理人或者私募基金销售机构应当穿透核查最终投资者是否为合格投资者,并合并计算投资者人数。这一规定主要适用于投资于所管理私募基金的私募基金管理人及其从业人员。

关于穿透的规定,《关于促进股权投资企业规范发展的通知》中也有规定,要求"投资者为集合资金信托、合伙企业等非法人机构的,应打通核查最终的自然人和法人机构是否为合格投资者,并打通计算投资者总数,但投资者为股权投资母基金的除外"。[②]

合格投资者的严格质量与数量限制,有可能使那些零星的投资者,名义上达不到合格投资者的标准,但又想参与投资,或者私募基金在募集资金时,为了达到更多的募集目标,也有可能将那些不合格的投资者引入。为了在名义上符合相关规定,一般他们都通过代持的方法解决此类问题。如果投资者的数量超过了法律规定的限制,如超过200名投资

---

① 《关于促进股权投资企业规范发展的通知》第一条第(二)款。
② 《关于促进股权投资企业规范发展的通知》第一条第(四)款。

者，就有可能出现名义上为非公众公司实为公众公司的问题。

三　基金募集程序

根据中国基金业协会于 2016 年发布的《私募投资基金募集行为管理办法》，私募基金募集对象为个人投资者时，一般应当履行下列程序：特定对象确定；投资者适当性匹配；基金风险揭示；合格投资者确认；投资冷静期；回访确认。

（一）特定对象的确定

私募股权基金虽然已经通过协会网站公示了有关信息，但是一般投资者很少通过协会网站来了解基金公司，因此，募集机构还是要通过合法途径公开宣传私募基金管理人的品牌、发展战略、投资策略、管理团队、高管信息等。

私募股权基金募集资金时，应当向特定对象宣传推介私募基金。未经特定对象确定程序，不得向任何人宣传推介私募基金。

目前通行的合规行为是，在向投资者推介私募基金之前，募集机构应当采取问卷调查等方式履行特定对象确定程序，对投资者风险识别能力和风险承担能力进行评估。投资者应当以书面形式承诺其符合合格投资者标准。

因为投资者的年龄会发生变化，自身的资产状况也会发生变化，因此，投资者的评估结果需要确定一个有效期，目前规定的有效期最长不得超过 3 年。逾期之后募集机构再次向投资者推介私募基金时，需重新进行投资者风险评估。

针对投资者的调查问卷内容主要包括但不限于以下方面：

1. 投资者基本信息，其中个人投资者基本信息包括身份信息、年龄、学历、职业、联系方式等信息；机构投资者基本信息包括工商登记中的必备信息、联系方式等信息。

2. 财务状况，其中个人投资者财务状况包括金融资产状况、最近三年个人年均收入、收入中可用于金融投资的比例等信息；机构投资者财务状况包括净资产状况等信息。

3. 投资知识，包括金融法律法规、投资市场和产品情况、对私募基金风险的了解程度、参加专业培训情况等信息。

4. 投资经验，包括投资期限、实际投资产品类型、投资金融产品的数量、参与投资的金融市场情况等。

5. 风险偏好，包括投资目的、风险厌恶程度、计划投资期限、投资出现波动时的焦虑状态等。

募集机构如果通过互联网媒介在线向投资者推介私募基金，应当设置在线特定对象确定程序，投资者应承诺其符合合格投资者标准。

（二）投资者的适当性匹配

募集机构通过自行或者委托第三方机构对私募基金进行风险评级，建立科学有效的私募基金风险评级标准和方法。募集机构根据私募基金的风险类型和评级结果，向投资者推介与其风险识别能力和风险承担能力相匹配的私募基金。

（三）基金风险揭示

募集机构应当采取合理方式向投资者披露私募基金信息，揭示投资风险，确保推介材料中的相关内容清晰、醒目。私募基金推介材料内容应与基金合同主要内容一致，不得有任何虚假记载、误导性陈述或者重大遗漏。如有不一致的，应当向投资者特别说明。

在投资者签署基金合同之前，募集机构应当向投资者说明有关法律法规，说明投资冷静期、回访确认等程序性安排以及投资者的相关权利，重点揭示私募基金风险，并与投资者签署风险揭示书。

风险揭示书的内容包括但不限于：

1. 私募基金的特殊风险，包括基金合同与中国基金业协会合同指引不一致所涉风险、基金未托管所涉风险、基金委托募集所涉风险、外包事项所涉风险、聘请投资顾问所涉风险、未在中国基金业协会登记备案的风险等。

2. 私募基金的一般风险，包括资金损失风险、基金运营风险、流动性风险、募集失败风险、投资标的的风险、税收风险等。

3. 投资者对基金合同中投资者权益相关重要条款的逐项确认，包括当事人权利义务、费用及税收、纠纷解决方式等。

(四) 基金推介过程的禁止性做法

基金在推介过程中，禁止以下做法："公开推介或者变相公开推介；推介材料虚假记载、误导性陈述或者重大遗漏；以任何方式承诺投资者资金不受损失，或者以任何方式承诺投资者最低收益，包括宣传'预期收益''预计收益''预测投资业绩'等相关内容；夸大或者片面推介基金，违规使用'安全''保证''承诺''保险''避险''有保障''高收益''无风险'等可能误导投资人进行风险判断的措辞；使用'欲购从速''申购良机'等片面强调集中营销时间限制的措辞；推介或片面节选少于6个月的过往整体业绩或过往基金产品业绩；登载个人、法人或者其他组织的祝贺性、恭维性或推荐性的文字；采用不具有可比性、公平性、准确性、权威性的数据来源和方法进行业绩比较，任意使用'业绩最佳''规模最大'等相关措辞；恶意贬低同行；允许非本机构雇佣的人员进行私募基金推介；推介非本机构设立或负责募集的私募基金；法律、行政法规、中国证监会和中国基金业协会禁止的其他行为。"[①]

募集机构不得通过下列媒介渠道推介私募基金：公开出版资料；面向社会公众的宣传单、布告、手册、信函、传真；海报、户外广告；电视、电影、电台及其他音像等公共传播媒体；公共、门户网站链接广告、博客等；未设置特定对象确定程序的募集机构官方网站、微信朋友圈等互联网媒介；未设置特定对象确定程序的讲座、报告会、分析会；未设置特定对象确定程序的电话、短信和电子邮件等通信媒介；法律、行政法规、中国证监会规定和中国基金业协会自律规则禁止的其他行为。

(五) 合格投资者确认

在完成私募基金风险揭示后，募集机构应当要求投资者提供必要的资产证明文件或收入证明。

中国证券投资基金业协会要求的"募集机构应当合理审慎地审查投资者是否符合私募基金合格投资者标准，依法履行反洗钱义务，并确保单只私募基金的投资者人数累计不得超过《证券投资基金法》《公司法》

[①] 中国基金业协会：《私募投资基金募集行为管理办法》第二十四条。

《合伙企业法》等法律规定的特定数量"。这里需要讨论的是，作为一家私募股权基金机构，除了履行自己所能够履行的法定义务或者尽到了审慎义务之外，其他的义务是否要其承担？比如依法履行反洗钱义务？基金机构不是执法机构，估计难有能力鉴定投资者的行为是否合法。笔者认为，私募股权基金机构对投资者的合格性认定，只能从形式审查的角度来规范，不能要求对其进行实质审查。否则，赋予基金机构能力与责任之外的义务，也达不到预期的效果。

（六）冷静期

募集机构确认了合格投资者之后，在正式签订基金合同之前，募集机构应该给予投资设置不少于24小时的投资冷静期。在冷静期内，募集机构不得主动联系投资者。冷静期设置在基金合同签署前还是在合同中约定冷静期？笔者觉得这个不必强制性规定，根据协议双方约定即可，只要投资方认可了冷静期，双方即可以签订合同。

（七）回访

募集机构应当在投资者的冷静期满后，指令本机构从事基金销售推介业务以外的人员以录音电话、电邮、信函等适当方式进行投资回访。回访过程不得出现诱导性陈述。募集机构在投资冷静期内进行的回访确认无效。

根据《私募投资基金募集行为管理办法》第二十四条的规定，"回访应当包括但不限于以下内容：确认受访人是否为投资者本人或机构；确认投资者是否为自己购买了该基金产品以及投资者是否按照要求亲笔签名或盖章；确认投资者是否已经阅读并理解基金合同和风险揭示的内容；确认投资者的风险识别能力及风险承担能力是否与所投资的私募基金产品相匹配；确认投资者是否知悉投资者承担的主要费用及费率，投资者的重要权利、私募基金信息披露的内容、方式及频率；确认投资者是否知悉未来可能承担投资损失；确认投资者是否知悉投资冷静期的起算时间、期间以及享有的权利；确认投资者是否知悉纠纷解决安排。"

四 机构投资者的监管

我国私募股权基金的潜在机构投资者主要包括商业银行、证券公司、保险公司、信托公司及社保基金等。下面将分别介绍我国对上述机构参与私募股权基金投资的监管规定。

(一) 商业银行

目前，我国对金融业采取分业经营与分业监管体制，一般情况下禁止商业银行从事私募股权投资和管理业务。《商业银行法》第四十三条规定："商业银行在中华人民共和国境内不得从事信托投资和证券经营业务，不得向非自用不动产投资或者向非银行金融机构和企业投资，但国家另有规定的除外。"与我国不同，为确保经营的高效率和高收益，国外许多商业银行都采取债权投资和股权投资相结合的策略。例如：新加坡的五大商业银行、美国的花旗银行、欧洲的瑞士银行等都在旗下设立了私募股权投资机构，专门从事私募股权投资业务。我国台湾地区更是制定了"银行业投资创业投资事业之限制条文"，以规范商业银行开展创业投资业务的行为。[1]

商业银行提供并购贷款业务，成为商业银行进入私募股权基金业务的一个口子。2008年12月6日，中国银监会发布《商业银行并购贷款风险管理指引》，允许符合条件的商业银行开办并购贷款业务，业内人士认为这使商业银行资金进入股权并购投资领域成为可能。[2] 尽管缺少系统的许可规定，利用前述《商业银行法》第四十三条，我国已经有了商业银行参与私募股权基金的先例，在2006年渤海产业投资基金的募集中，邮政储蓄银行出资10亿元人民币，成为该基金的主要发起人之一。

商业银行可以投资保险公司，间接地可以进入私募股权基金市场。2009年颁布的《商业银行投资保险公司股权试点管理办法》，规定商业银行可以投资入股保险公司，其中试点方案须由监管部门报请国务院批准确定，且每家商业银行只能投资一家保险公司。

总的来说，目前我国的商业银行并不具有直接投资私募股权基金的主体资格，但在市场需求及商业银行盈利需求的推动下，我国商业银行可以通过各种获得许可的途径，绕开金融法规的监管限制，参与私募股

---

[1] 赵玉：《我国私募股权投资基金法律制度研究》，博士学位论文，吉林大学，2010年。
[2] 赵玉：《私募股权投资基金合格投资者规则》，《上海财经大学学报》2012年第8期。

权基金业务。目前，我国商业银行投资私募股权基金业务的途径有以下几种：

1. 设立境外子公司直接参与投资。目前，我国几大商业几乎都在境外设立了自己的子公司，如建设银行在香港设立了建银国际（控股）有限公司；工商银行在境外设立的机构有：设立在香港的工银国际、泰国的工银亚洲、马来西亚的工银印尼等；交通银行在香港设立交银国际等。这些境外子公司可以开展私募股权投资。2007年，工银亚洲成为阿里巴巴的基础投资者。这些境外子公司还可以在境内设立私募股权投资基金管理公司，以基金管理公司的名义与境内其他投资公司合作成立私募股权投资基金公司等。如2008年，工银国际出资在境内设立了工银国际投资管理（江西）有限公司，再由该公司与江西省投资集团公司共同出资设立了江西鄱阳湖产业投资管理有限公司。

2. 收购信托公司间接参与投资。如上所述，我国商业银行可以收购信托公司，而信托公司具有投资私募股权基金业务的资格，商业银行通过收购信托公司，可以间接开展私募股权投资业务。如交银国际信托有限公司是交通银行控股的非银行金融机构，可以进行私募股权投资。建设银行收购合肥兴泰信托有限责任公司67%的股份。

3. 与信托公司合作共同发行信托基金。如中信银行与中信信托合作发行的"中信锦绣一号"是中国首个私募股权基金信托计划。后又发行"中信锦绣二号"。建设银行与招商银行都发行过类似的产品。但在这种模式中，商业银行受到一定的限制，在2008年银监会印发《银行与信托公司合作指引》中规定"银行不得干预信托公司的管理行为"。2009年发布的《中国银监会关于进一步规范商业银行个人理财业务投资管理有关问题的通知》，规定理财资金不得投资于未上市企业股权和上市公司非公开发行或交易的股份。

4. 私人银行业务模式下与私募股权基金管理公司合作。《中国银监会关于进一步规范商业银行个人理财业务投资管理有关问题的通知》第20条规定："对于具有相关投资经验，风险承受力较强的高资产净值客户，商业银行可以通过私人银行服务满足其投资需求，不受本通知第18条和第19条限制"，为商业银行通过私人银行业务模式参与私募股权基金业务提供了可能。

此外，商业银行还可以承接私募股权投资基金的托管业务，利用自身的业务优势为私募股权投资基金管理机构提供咨询、推荐、评估等中介业务。

我国的银行监管机构一直警惕着商业银行业参与股权基金的投资，采取一系列禁止性规定，尽可能在商业银行业与私募股权基金业之间筑起一道防火墙。2008年银监会印发的《银行与信托公司业务合作指引》第七条规定"银行不得干预信托公司管理行为"，这一规定成为以后银行业通过信托方式进军私募股权基金业务的主要障碍。2009年，银监会发布的《中国银监会关于进一步规范商业银行个人理财业务投资管理有关问题的通知》规定"理财资金不得投资于未上市企业股权和上市公司非公开发行或交易的股份"，这一条文的发布也使银行通过发行理财产品进入私募股权基金业务的途径被封锁。此前，银行业曾通过收购信托公司曲线进军私募股权基金业务，并获得丰厚的回报。

银监会在2013年1月的全国银行业监管工作会议上，明令银行业"严禁销售私募股权基金产品"。此禁售令正是针对之前不断爆发的理财产品风波，尤其是2012年12月华夏银行支行理财经理私自代销私募股权基金产品，到期无法兑付进而引发纠纷，在业界掀起了较大波澜。[①]

影子银行的监管措施在很大程度上影响了银行对理财产品的销售。2014年1月，国务院发布《关于加强影子银行业务若干问题的通知》，开始对金融市场加强监管。之后，证券业协会发布《关于进一步规范证券公司资产管理业务有关事项的补充通知》，该《通知》旨在确定集合资管业务的各类监管指标。

虽然商业银行参与私募股权基金业务受到了诸多的限制，但对于利润丰厚的金融业务，银行怎么可能就这么轻易放过？实际上，我国商业银行参与私募股权基金业务的部门主要有三个，分别是私人银行部、资产托管部和投资银行部。私人银行部是私募股权基金的基金募资主渠道，银行代销私募股权基金产品的渠道有两种，一是柜台的理财产品，二是

---

① 《华夏银行陷PE产品无法兑付风险》，和讯网：http://bank.hexun.com/2012/bankhx/。

私人银行业务。资产托管部托管私募股权基金的资金。目前国内大中型商业银行、股份制银行已全部具备托管私募股权资金的资格。商业银行的投资银行部则可以直接参与私募股权基金的投资业务。

商业银行一直都想试水私募股权基金业务，为其巨额的理财产品资金寻找出口。2015年6月11日以来，平安银行、北京银行和徽商银行等17家银行先后获得中国证券投资基金业协会审核批准私募基金管理人资质，成为第一批拿到开设私募基金准行证的商业银行。一直以来，受政策规定影响，银行理财资金不能投资于境内二级市场、未上市企业股权和上市公司非公开发行或交易的股份。而一旦获得私募基金牌照，这一投资短板有望被补齐。虽然市场上尚未有商业银行开展此类业务，但银监会撤回牌照的传言使私募基金圈再度被搅动。2015年12月23日，多家商业银行收到银监会窗口通知，监管部门将依法撤回在中国证券投资基金业协会的私募备案资格。① 现行法律对商业银行业务范围的限制，以及我国目前的分业监管体制，商业银行直接参与私募股权基金业务还有很长的一段路要走。

（二）证券公司

证券公司与私募股权投资业务的联系非常紧密。随着上市承销和经纪、自营业务的竞争日趋激烈，证券公司必将越来越多地涉足私募股权投资中的直接投资、战略投资、过桥投资等领域。2007年9月，中国证监会允许中信证券股份有限公司、中国国际金融有限公司开展直接投资业务试点。根据试点方案，中信证券、中金公司以不超过净资本15%的自有资金设立了专门从事直接投资的子公司，实现母、子公司的人格隔离，专业子公司以自有资金进行直接投资。2008年3月27日，中国证监会宣布：开展直接投资业务试点的证券公司净资本原则上不低于20亿元，最近三个会计年度担任股票、可转债主承销的项目在10个以上，或者主承销金额在150亿元人民币以上。

此后，中国证监会又批准了华泰证券、国信证券、海通证券、平安

---

① 《监管收紧：私募股权基金挂牌新三板叫停 银行私募牌照撤回》，《北京商报》2015年12月24日。

证券、国泰君安证券及光大证券等券商开展直投业务试点。随着中国证监会直投业务试点范围的逐步扩大，我国必将有越来越多的证券公司可以从事私募股权投资业务。

关于证券公司直接投资业务的规定，2009年证监会发布的《证券公司直接投资业务试点指引》规定，"证券公司开展直接投资业务试点应当获得证监会同意，取得允许试点开展直接投资业务的无异议函。未经证监会同意，证券公司不得以任何形式开展直接投资业务，证券公司开展直接投资业务试点，应当设立从事直接投资业务的子公司，由子公司进行直接投资"。

证监会自然要对证券公司开展的直接业务进行监管。2011年证监会发布的《证券公司直接投资业务监管指引》规定，"证券公司开展直接投资业务，应当设立子公司，由直投子公司开展业务"。直投子公司限于从事下列业务："使用自有资金对境内企业进行股权投资；为客户提供股权投资的财务顾问服务；设立直投基金，筹集并管理客户资金进行股权投资；有效控制风险、保持流动性的前提下，以现金管理为目的，将闲置资金投资于依法公开发行的国债、投资级公司债、货币市场基金、央行票据等风险较低、流动性较强的证券，以及证券投资基金、集合资产管理计划或者专项资产管理计划；证监会同意的其他业务。"

从上面的政策变化可以看到，面对证券业要求开放直投业务的呼声，证监会在试点先行、循序渐进、稳步推进的原则指导下，对证券业的业务开放不断进行摸索和试验，而证券公司进军私募股权基金市场，也是在不断的试点试验中逐步推进的。

中国证券业协会第五届理事会第十九次会议审议通过，2016年12月30日发布《证券公司私募投资基金子公司管理规范》，要求证券公司"审慎设立私募基金子公司"，即使设立，"每家证券公司设立的私募基金子公司原则上不超过一家"，证券公司设立私募基金子公司后，要清晰划分证券公司与私募基金子公司及私募基金子公司与其他子公司之间的业务范围，避免利益冲突和同业竞争。关于私募基金子公司的监管规范，还包括以下内容：证券公司应当以自有资金全资设立私募基金子公司，不得采用股份代持等其他方式变相与其他投资者共同出资设立私募基金子公司；私募子公司下设基金管理机构等特殊目的机构的，应当持有该机构35%以上的股权或出资，且拥有管理控制权；私募基金子公司及其下设基金管理机构将自有资金投资于本机构设立的私募基金的，对单只基金的投资金额不得超过该只基金总额的20%；私募基金子公司及其下设基金管理机构实行负面清单制；证券公司应当承担对私募基金子公司风险处置的责任，督促私募基金子公司建立舆论监测及市场质疑快速反应机制；私募基金子公司统一由中证协实行自律管理。

（三）保险公司

我国保险公司面临的一个重要困境是：资金往哪里投资可以实现保值增值。保险资金的支出与收益不平衡已经成为我国保险公司发展的瓶颈甚至隐患，而私募股权基金业务则是我国保险资金投资未来改革的主要方向之一。2006年10月16日，中国保监会发布《关于保险机构投资商业银行股权的通知》，率先放开国有保险公司对未上市商业银行股权的投资"闸门"。

保险资金通过间接投资基础设施项目而进入私募股权基金市场。2006年，保监会发布了《保险资金间接投资基础设施项目试点管理办法》，规定"具有投资资格的保险机构，可以间接投资主要包括交通、通讯、能源、市政、环境保护等国家级重点基础设施项目。"同年，保监会发布《关于保险机构投资商业银行股权的通知》，允许"保险机构投资境内国有商业银行、股份制商业银行和城市商业银行等未上市银行的股权。"国务院发布了《关于保险业改革发展的若干意见》，保险资金被允许以股权投资方式介入基础设施以及商业银行投资，随后各大保险机构纷纷试水。中国人寿于2006年入股广发银行，并斥资350亿元持有南方电网32%的股份，而平安也于2006年、2007年相继入股深圳商业银行、民生银行，之后人保、太保也陆续出现在未上市商业银行的股东名单里。

保险公司被允许投资股权，首先放开的是境外市场。2007年，保监会、人民银行和国家外汇局发布的《保险资金境外投资管理暂行办法》，保险资金境外可投资："商业票据、大额可转让存单、回购与逆回购协议、货币市场基金等货币市场产品；银行存款、结构性存款、债券、可转债、债券型基金、证券化产品、信托型产品等固定收益产品；股票、股票型基金、股权、股权型产品等权益类产品等。"同年，中国人民银行制定了《同业拆借管理办法》，保险公司首次纳入同业拆借市场申请人范围。

2010年颁布的《保险资金运用管理暂行办法》，明确了保险资金投资于股票和股票型基金的上限为20%，股票直接投资的总量扩大了一倍。此外还允许保险资金投资于境内依法设立和注册登记，且未在证券交易所公开上市的股份有限公司和有限责任公司的股权。随后，保监会发布《关于调整保险资金投资政策有关问题的通知》，根据《保险资金管理暂行办法》，从投资市场、品种和比例等方面，对现行保险资金运用政策进行了系统性调整。为规范保险资金投资股权行为而颁发的《保险资金投资股权暂行办法》规定，保险资金可以直接投资企业股权或者间接投资企业股权，这被视为保险公司参与私募股权基金投资正式"开闸"。2012年保监会再度印发《关于保险资金投资股权和不动产有关问题的通知》，此举意味着大量的保险资金由此解禁，进入投资市场。

政策不断地向宽松方向发展。2014年12月12日，保监会发布《关于保险资金投资创业投资基金有关事项的通知》，允许保险资金可以投资创业投资基金。该通知规定了保险资金投资创业投资基金的基金管理机构应当符合的条件。

2015年9月10日，保监会发布《关于设立保险私募基金有关事项的通知》，该通知允许"保险资金可以设立私募基金，范围包括成长基金、并购基金、新兴战略产业基金、夹层基金、不动产基金、创业投资基金和以上述基金为主要投资对象的母基金。"

总体而言，我国的保险资金进入私募股权基金市场，主要的形式有以下几种：一是以普通合伙人的身份设立私募股权投资机构。二是以有限合伙人的身份投资私募股权基金。根据规定，保险资金可以通过投资其他股权投资基金间接投资创业企业，或者通过投资股权投资母基金间接投资创业投资基金。也就是说，保险资金可以投资PE/VC/FOF，成为有限合伙人LP。作为有限合伙人，其投资对象需要满足以下条件：（1）被投资的创投机构具有5年以上创业投资管理经验，历史业绩优秀，累计管理创业投资资产规模不低于10亿元；（2）为创业投资基金配备专属且稳定的管理团队，拥有不少于 5 名专业投资人员，成功退出的创业投资项目合计不少于 10 个，至少 3 名专业投资人员共同工作满 5 年；投资决策人员具备 5 年以上创业投资管理经验，其中至少 2 人具有 3 年以上企业管理运营经验；（3）保险资金投资的创业投资基金，应当不是基金管理机构管理的首只创业投资基金，且单只基金募集规模不超过 5 亿元；（4）保险公司应当强化分散投资原则，投资创业投资基金的余额纳入权益类资产比例管理，合计不超过保险公司上季度末总资产的 2%，投资单只创业投资基金的余额不超过基金募集规模的 20%。三是股权收购。

（四）信托公司

相比其他金融机构，信托公司参与私募股权基金一直得到行业规则的支持。2007 年银监会发布的《信托公司管理办法》规定信托公司可以申请经营"作为投资基金或者基金管理公司的发起人从事投资基金业务"，"经营企业资产的重组、购并及项目融资、公司理财、财务顾问等业务"。在实践中，信托公司进行私募股权基金运作主要通过集合资金信托计划进行，受《信托公司集合资金信托计划管理办法》和《信托公司私人股权投资信托业务操作指引》的约束。

2008 年银监会发布的《信托公司私人股权投资信托业务操作指引》规定，"信托公司以信托资金投资于境外未上市企业股权的，应经中国银监会及相关监管部门批准；私人股权投资于金融机构和拟上市公司股权的，应遵守相关金融监管部门的规定"；"信托公司在管理私人股权投资计划时，可以通过股权上市、协议转让、被投资回购、股权分配等方式，实现投资退出"，"信托公司以固有资金参与设立私人股权投资的，所占份额不得超过该信托计划财产的 20%；用于设立私人股权投资的固有资金不得超过信托公司净资产的 20%"。可见，信托公司参与投资私募股权基金已不存在法律上的障碍。现在有越来越多的信托公司担当成为"私募基金管理人"的角色。[①]

[①]《信托公司扎堆变身私募基金管理人发力主动管理路径浮现》，《中国证券报》2015 年 7 月 31 日。

（五）社保基金

根据国务院 2001 年发布的《全国社会保障基金投资管理暂行办法》，全国性的社会保障基金（以下简称社保基金）是指"全国社会保障基金理事会（以下简称理事会）负责管理的由国有股减持划入资金及股权资产、中央财政拨入资金、经国务院批准以其他方式筹集的资金及其投资收益形成的由中央政府集中的社会保障基金。"

社保基金投资运作的基本原则是，在保证基金资产安全性、流动性的前提下，实现基金资产的增值。根据这一投资原则，《全国社会保障基金投资管理暂行办法》规定社保基金投资的范围"限于银行存款、买卖国债和其他具有良好流动性的金融工具，包括上市流通的证券投资基金、股票、信用等级在投资级以上的企业债、金融债等有价证券。""理事会直接运作的社保基金的投资范围限于银行存款、在一级市场购买国债，其他投资需委托社保基金投资管理人管理和运作并委托社保基金托管人托管。"对于投资风险较大的私募股权基金来说，社保基金开始谨慎对待。2006 年全国社保基金理事会发布的《全国社会保障基金境外投资管理暂行规定》列出全国社保基金境外投资限于下列投资品种或者工具中，列有基金项目。

全国社保基金受政府的监管，其投资决策自然受到政府主管部门的限制。2008 年，财政部、人力资源和社会保障部同意全国社保基金投资经发改委批准的产业基金和在发改委备案的市场化股权投资基金，总体投资比例不超过全国社保基金总资产（按成本计）的 10%。尽管有投资目标和投资比例的限制，社保基金作为私募股权投资机构投资者的身份得到了确认。而且作为一个资金巨人，10% 的投资比例是一个相当大的数额，对于投资市场无疑是一个极大的利好消息。

随着国有股份公司在境内证券市场首次公开发行股票并上市后，均须按首次公开发行时实际发行股份数量的 10%，将股份有限公司部分国有股转由社保基金会持有，国有股东持股数量少于应转持股数量的，按实际持股数量转持。自此之后，全国社保基金有了源源不断的资金注入。

中央财政部门加强了对地方财政部门的监管力度，主要是监管社保基金的投资。2012 年，财政部发布《关于加强和规范社会保障基金财政专户管理有关问题的通知》，强调"除可转存定期存款或购买国家债券外，地方财政部门不得动用基金结余进行任何其他形式的直接或间接投资，地方财政部门要建立健全基金保值增值制度及运作机制，在确保基金支付安全的前提下实现保值增值。由此可见，社保基金投资的开放只是针对全国性的社保基金，地方各级政府管理的养老金并没有获得投资私募股权的合格的机构投资者身份。"

第三节　私募投资基金服务业务监管

私募股权基金一手牵着金融，一手牵着实体经济，不仅横跨两大领域，而且涉及的产业链条很长，囊括了许多从事金融服务业的机构。如果服务业务的某个环节或者某个机构出了问题，那么，整个产业链就会出问题。因此，建立私募股权基金服务业务的监管制度十分必要。

由此，中国证券投资基金业协会分别于 2014 年 11 月 24 日发布了《基金业务外包服务指引（试行）》和 2017 年 3 月 1 日发布了《私募投资基金服务业务管理办法（试行）》，构建了私募股权基金服务业务的监管体系。这些规定的发布，将激活国内基金服务业数百亿元人民币的市场。[①]

按照中国证券投资基金业协会的要求，私募股权基金机构只能与已经在协会完成登记并已成为协会会员的服务机构提供私募基金服务。监管机构要对基金服务业务进行监管，首先要明确私募基金服务机构与私募基金管理人的法律关系，即它们之间的权利义务关系。私募股权基金机构与服务机构之间是一种委托代理关系，通过委托代理合同约定双方之间的关系。同时，服务机构应当遵循有关法律法规和行业规范，依照服务协议、操作备忘录或各方认可的其他法律文本的约定从事服务业务，不得将已承诺的私募基金服务业务转包或者变相转包。

---

① 曹乘瑜：《服务外包市场将达数百亿元》，《中国证券报》2015 年 4 月 27 日。

一 一般要求

私募基金服务机构是指为基金管理人提供销售、销售支付、份额登记、估值核算、信息技术系统等业务的服务。按照中国证券投资基金业协会的要求，服务业机构要到基金业协会备案，并加入基金业协会成为会员。但是基金业协会为外包机构办理备案不构成对外包机构营运资质、持续合规情况的认可，不作为对基金财产安全的保证。基金业协会的登记备案不能成为基金业协会担保服务机构的资质。因此，基金管理人委托服务业机构开展服务活动前，应对服务业机构开展尽职调查，了解其人员储备、业务隔离措施、软硬件设施、专业能力、诚信状况、过往业绩等情况；申请信息技术系统服务的机构，其信息技术系统应当符合法律法规、中国证监会及协会的规定及相关标准，建立网络隔离、安全防护与应急处理等风险管理制度和灾难备份系统，应当具有国家有关部门规定的资质条件或者取得相关资质认证，拥有同类应用服务经验，具有开展业务所需要的人员、设备、技术、知识产权以及良好的安全运营记录等条件。

服务协议的要式要求与协议内容。私募基金管理人与服务机构应当依据基金合同签订书面服务协议。协议应当至少包括以下内容：服务范围、服务内容、双方的权利和义务、收费方式和业务费率、保密义务等。除基金合同约定外，服务费用应当由私募基金管理人自行支付。未经基金管理人同意，服务机构不得将已承诺的基金业务服务转包或变相转包。

签署备忘录。私募基金管理人、私募基金托管人、服务机构、经纪商等相关方，应当就账户信息、交易数据、估值对账数据、电子划款指令、投资者名册等信息的交互时间及交互方式、对接人员、对接方式、业务实施方案、应急预案等内容签订操作备忘录或各方认可的其他法律文本，对私募基金服务事项进行单独约定。其中，数据交互应当遵守协会的相关标准。

为了避免利益冲突，私募基金托管人不得被委托担任同一私募基金的服务机构，除该托管人能够将其托管职能和基金服务职能进行分离外，恰当地识别、管理、监控潜在的利益冲突，并将有关信息披露给投资者。

服务机构应当定期向基金业协会报备。服务机构应当在每个季度结束之日起向协会报送服务业务情况表和运营情况报告，在每个年度结束之日起向协会报送审计报告。服务机构的重大信息发生变更的，应当自变更发生之日起 10 个工作日内向协会更新登记信息。

独立第三方服务机构持有的私募股权基金机构的持股情况以及持股的变动情况，也要按规定向协会报备。发生重大事件时，私募基金管理人、私募基金托管人、服务机构应当及时向协会报告。

服务机构要加强档案资料的管理，建立健全档案管理制度，妥善保管服务所涉及的资料。如果服务机构提供份额登记服务的，登记数据保存期限自基金账户销户之日起不得少于 20 年。

二 基金份额登记服务

（一）基金募集结算资金

基金募集结算资金是指由基金募集机构归集的，基金份额登记机构进行资金清算，在合格投资者资金账户与基金财产资金账户或托管资金账户之间划转的往来资金。基金募集结算资金专用账户包括募集机构开立的募集结算资金归集账户和基金份额登记机构开立的注册登记账户。基金募集结算资金专用账户应当由监督机构负责实施有效监督，监督协议中应当明确监督机构保障投资者资金安全的连带责任条款。其中，监督机构指中国证券登记结算有限责任公司、取得基金销售业务资格的商业银行、证券公司、公募基金管理公司以及协会规定的其他机构。监督机构和服务机构为同一机构的，应当做好内部风险防范。

私募基金管理人应当向协会报送私募基金募集结算资金专用账户及其监督机构信息。

（二）基金份额登记机构

基金份额登记机构，是指依法开展公开募集证券投资基金份额登记的机构或其绝对控股子公司、获得公开募集证券投资基金销售业务资格的证券公司（或其绝对控股子公司）及商业银行。其基本职责包括：建立并管理投资者的基金账户、负责基金份额的登记及资金结算、基金交易确认、代理发放红利、保管投资者名册、法律法规或服务协议规定的其他职责。基金份额登记机构登记的数据,是投资者权利归属的根据。

登记机构要建立健全内容控制机制。基金份额登记机构和监督机构建立的内部控制机制要将划款指令的生成与复核相分离,对系统重要参数的设置和修改建立多层审核机制,切实保障募集结算资金安全。

(三) 基金份额登记

基金份额登记机构应当根据募集机构提供的认购、申购、认缴、实缴、赎回、转托管等数据和自身资金结算结果,办理投资者名册的初始登记或者变更登记。基金份额登记机构应当向私募基金托管人提供投资者名册。

基金份额登记机构在进行份额登记时,最好登记与交付同时进行。如果登记与资金交收存在时间差,登记机构应当充分评估资金交收的风险与各自承担的责任。在担保交收方式下,应当动态评估交收风险,提取足额备付金;在非担保交收方式下,应当与管理人或管理人授权的募集机构书面约定资金交收过程中不得截留、挪用交易资金或者将资金做内部非法轧差处理,以及在发生损失情况下的责任承担。

基金份额登记机构应当严格按照服务协议约定的资金交收路径进行募集结算资金划付。募集结算资金监督机构未按照约定进行汇款或提交正确的汇款指令,基金份额登记机构应当拒绝操作执行。

基金份额以协议继承、捐赠、强制执行、转让等方式发生变更的,基金份额登记机构应当在募集机构履行合格投资者审查、反洗钱等义务的基础上,根据相关法律证明文件及资金清算结果,结合自身业务规则变更基金账户余额,相应地办理投资者名册的变更登记。

基金份额登记机构应当妥善保存登记数据,并根据协会的规定将投资者名称、身份信息及基金份额明细等数据在发生变更的 T+1 日内备份至协会指定数据备份平台。

三 基金估值核算服务

私募基金估值核算,是指对私募基金权益发生变化及私募股权基金投资企业提供估值服务。相比份额登记机构与技术服务机构注册资金5000元的门槛,估值核算机构没有设置注册资本的要求。私募基金估核算服务机构的基本职责包括：开展基金会计核算、估值、报表编制，相关业务资料的保存管理，配合私募基金管理人聘请的会计师事务所进行审计以及法律法规及服务协议规定的其他职责。

基金估值核算机构开展估值核算服务，应当遵守《企业会计准则》《证券投资基金会计核算业务指引》以及协会的估值规则等相关法律法规的规定。基金估值核算机构应当按照基金合同和服务协议规定的估值方法、估值频率、估值流程对基金财产进行估值核算。

基金估值核算机构应当按照服务协议、操作备忘录或各方认可的其他法律文本的约定与私募基金托管人核对账务，由私募基金托管人对估值结果进行复核。

第四节　私募股权基金投资公司公开上市后的退出监管

私募股权基金投资目标公司之后，会以公开上市、兼并收购、股份回购、清算等方式退出，收回投资，获取投资收益。公开上市是国内多数私募股权基金退出的首选，相应地，有关监管规则也最丰富。本节从持股锁定监管与持股减持监管两个方面进行探讨。

一　持股锁定监管

（一）股东

1. 全体股东

所有股东，上市之后所持股份均应锁定 12 个月。12 个月的期限自上市之日起计算。此依据为《公司法》第一百四十二条的规定："发起人持有的本公司股份，自公司成立之日起一年内不得转让。公司公开发行股份前已经发行的股份，自公司股票在证券交易所上市交易之日起一年内不得转让。"

2. 控股股东、实际控制人及其关联方

此类股东在上市之后应锁定 36 个月。该 36 个月期限自上市之日起计算。《上海证券交易所股票上市规则》第 5.1.5 条款规定："发行人向本所申请其首次公开发行股票上市时，控股股东和实际控制人应当承诺：自发行人股票上市之日起三十六个月内，不转让或者委托他人管理其直接和间接持有的发行人首次公开发行股票前已发行股份，也不由发行人回购该部分股份。但转让双方存在控制关系，或者均受同一实际控制人控制的，自发行人股票上市之日起一年后，经控股股东和实际控制人申请并经本所同意，可豁免遵守前款承诺。发行人应当在上市公告书中披露上述承诺。"①

如果上市后 6 个月内股票连续 20 个交易日的收盘价均低于发行价或者上市后 6 个月期末收盘价低于发行价，持有公司股票的锁定期自动延长至少 6 个月。②

3. 不存在实际控制人的公司股东

不存在实际控制人的公司股东，将发行前所有股东按持股比例从高到低依次排列，合计持股比例不低于发行前股份总数 51% 的股东所持股份，自上市之日起锁定 36 个月。

4. 重要股东

对发行人业务有一定影响的股东，或作为战略投资者的股东，虽然其成为股东的期限已超过首发前 12 个月，也可能要延长上市锁定期，锁定 36 个月。

5. 上市前以增资扩股方式进入公司的股东

（1）创业板。申报材料前 6 个月内增资扩股进入的股东，股份的锁定期为 36 个月。36 个月期限自完成增资工商变更登记之日（并非上市之日）起计算。申报材料前 6 个月之前增资扩股进入的股东，不受前述 36 个月锁定期的限制。

（2）主板、中小板。刊登招股意向书之日前 12 个月内增资扩股进入的股东，该股份的锁定期为 36 个月。该 36 个月期限自完成增资工商变更登记之日（并非上市之日）起计算。刊登招股意向书之日前 12 个月之前

---

① 《上海证券交易所股票上市规则》第 5.1.5 条。参见《深圳证券交易所股票上市规则》第 5.1.6 条，《深圳证券交易所创业板股票上市规则》第 5.1.6 条。

② 参见中国证监会《关于进一步推进新股发行体制改革的意见》，2013 年。

增资扩股进入的股东，不受前述 36 个月锁定期的限制。

6. 转增、送红股

IPO 前十二个月内进行过转增、送红股，视同增资扩股，锁定 36 个月（从新增股份办理完成工商登记手续起算）。

7. 上市前以受让老股方式进入的股东

（1）创业板。申报材料前 6 个月内受让老股进入的股东，若该股份受让来自控股股东、实际控制人及其关联方，则该等股份应锁定 36 个月。该 36 个月期限自上市之日起计算。申报材料前 6 个月之前受让老股进入的股东，不受前述 36 个月锁定期的限制，但不排除被监管机构要求自愿承诺增加锁定期。

（2）主板、中小板。刊登招股意向书之日前 12 个月内受让老股进入的股东，若该老股受让来自控股股东、实际控制人及其关联方，则该等股份应锁定 36 个月。该 36 个月期限自上市之日起计算。刊登招股意向书之日前 12 个月之前受让老股进入的股东，不受前述 36 个月锁定期的限制。

8. 自愿延长承诺

此外，公司股东可以自愿作出超过法定要求的承诺。股东还可以追加承诺内容，如"锁定期+减持比例"的双重承诺。

（二）董事、监事、高级管理人员股东

对于非董监高范围的管理人员，需要遵守创业板股票上市后一年内不得转让的股份锁定要求；对于董监高范围内的管理人员，需要遵守以下锁定要求：自股票上市之日起 1 年内不得转让，且在任职期间内每年至多转让 25%；离职后半年内不得转让，但是上市后短期内离职的需要增加锁定时间，其中：上市后 6 个月内申请离职的，自申请离职之日起 18 个月内不得转让；上市后第 7 至第 12 个月之间申请离职的，自申请离职之日起 12 个月内不得转让。

中小板规定，上市公司董高监在申报离任 6 个月后的 12 个月内锁定股份的 50%。

上市后 6 个月内股票连续 20 个交易日的收盘价均低于发行价或者上市后 6 个月期末收盘价低于发行价，持有公司股票的锁定期自动延长至少6个月。

二 持股减持监管

私募股权基金投资的公司上市之后,基金所持股份需要有序退出,以支付基金投资者的本金与投资利润。因此,上市公司的股份退出的监管规则,不仅涉及基金管理人的收益,也直接关系到基金投资者的利益。从我国近几年出台的一系列股份减持监管措施,大的背景是股票市场的非理性波动,进而不断强化对股东及董监高等所持股份的减持。因此,上市公司股份退出监管私募股权基金市场的影响巨大。

(一)监管规则的演变

中国证监会关于上市公司股东、董监高股份减持问题,监管措施经历了几次大的变化。首先,证监会于2007年4月5日发布《上市公司董事、监事和高级管理人员所持本公司股份及其变动管理规则》,规范对象是上市公司的董监高人员,没有涉及股东减持问题。其次,为维护证券市场稳定,证监会于2015年7月发布了公告〔2015〕18号(以下简称《18号文》),公告主要内容有三条:一是从即日起6个月内,上市公司控股股东和持股5%以上股东(以下并称大股东)及董事、监事、高级管理人员不得通过二级市场减持本公司股份。二是上市公司大股东及董事、监事、高级管理人员违反上述规定减持本公司股份的,中国证监会将给予严肃处理。三是上市公司大股东及董事、监事、高级管理人员在6个月后减持本公司股份的具体办法,另行规定。这一公告的有效期是6个月。主要针对的是上市公司大股东、董监高通过二级市场减持股份的行为予以限制。在《18号文》到期后,为实现监管政策有效衔接,证监会于2016年1月7日发布了《上市公司大股东、董监高减持股份的若干规定》(证监会公告〔2016〕1号),要求上市公司控股股东、持股5%以上股东(以下并称大股东)及董事、监事、高级管理人员(以下简称董监高)规范、理性、有序减持。

证监会于2017年5月27日发布《上市公司股东、董监高减持股份的若干规定》(证监会公告〔2017〕9号),从文件题目上看,2017年的文件比2016年的文件少一个"大"字,即2017年的文件覆盖面包括所有股东。随后，上海、深圳证券交易所也出台了完善减持制度的细则。

在一年多的时间里，中国证监会连续出台两份减持规定，我们需要从2016年《减持规定》发布后的实践情况来看，减持出现了一些引起监管部门重视的新情况、新问题。

第一，出现了以"过桥减持"的方式规避集中竞价交易的减持数量限制。2016年《减持规定》之前监管部门的规定是，一个月内超过总股本1%的减持必须通过大宗交易系统，过桥减持就是因为在一个月内超过总股本1%的大规模的限制流通股由于无法再在连续交易系统中卖出，只好在大宗交易系统把股票转给自己关联的公司，关联公司再把买到的股票在连续交易系统中卖给散户，这样一个月内超过总股本1%的减持就完成了，大宗交易系统就相当于一个桥。关于集中竞价交易的规定，《减持规定》规定了两条：一是"上市公司大股东计划通过证券交易所集中竞价交易减持股份，应当在首次卖出的十五个交易日前预先披露减持计划。上市公司大股东减持计划的内容应当包括但不限于：拟减持股份的数量、来源、减持时间、方式、价格区间、减持原因"。二是"上市公司大股东在三个月内通过证券交易所集中竞价交易减持股份的总数，不得超过公司股份总数的百分之一。"一些大股东通过非集中竞价交易方式进行集中竞价交易，如以大宗交易方式转让股份，再由受让方通过集中竞价交易方式卖出。

第二，2016年《减持规定》没有对上市公司非公开发行股份解禁后的减持数量进行限制，导致短期内股东大量减持股份，引起股票市场价格的大幅波动。

第三，2016年《减持规定》针对的是大股东的减持问题，没有对其他股东的减持进行规范，出现了规范上的漏洞，那些虽然不是大股东但持有首次公开发行前的股份和上市公司非公开发行的股份的股东，在锁定期届满后就会发生大幅减持的现象，针对这一问题，《减持规定》缺乏有针对性的制度规范。

第四，2016年《减持规定》对有关股东减持的信息披露要求不够完备，一些大股东、董监高利用信息优势"精准减持"。精准减持一是选择减持的时间，在股价较高时减持，减持之后股价开始下跌；二是以流通上限顶格减持；三是拥有流通权的高管全部选择减持等。如发生在2017年的山东墨龙大股东精准减持事件就引起了人们的极大质疑，主要的原因是大股东减持之后，公司出现了业绩大变脸。2017年2月3日该公司公告称，将2016年度业绩预告进行修正，预计2016年1—12月实现净利润亏损为4.8亿—6.3亿元。而该公司在2016年第三季度财报时，公司对2016年净利润做出的预估则是同比扭亏为盈，预计净利润金额为600万—1200万元。虽然上市公司业绩修正是正常现象，但2015年该公司归属于上市公司股东的净利润就已经亏损2.6亿元，如果2016年的业绩不能扭转，继续亏损就要"披星戴帽"，扭亏为盈就是利好。因此，在公司2016年第三季度的业绩预告出炉后，公司股价大涨。2016年11月，在公司2016年三季报披露后，公司副董事长、总经理张云三于11月23日通过大宗交易减持公司股份750万股，套现逾8000万元。2016年12月23日、2017年1月13日，公司控股股东、实际控制人张恩荣以大宗交易方式减持公司无限售条件的流通股3750万股，套现近3.6亿元。张恩荣与张云三为父子关系，两人减持日的股价均在业绩修正公告发布之后的股价之上很多。① 公司的股价在业绩修正之后连续大跌。

第五，市场上还存在董监高通过辞职方式，人为规避减持规则等"恶意减持"行为。

因此，为了解决上述问题，在保持现行持股锁定期、减持数量比例规范等相关制度规则不变的基础上，对现行规则作一些调整与细化，同时也借鉴了境外证券市场减持制度经验，结合我国实际，进一步完善与规范我国的股东减持股份行为。

总体思路是，遵循"问题导向、突出重点、合理规制、有序引导"的原则，"通盘考虑、平衡兼顾，既要维护二级市场稳定，也要关注市场的流动性，关注资本退出渠道是否正常，保障资本形成的基本功能作用的发挥；既要保护中小投资者的合法权益，也要保障股东转让股份的应有权利；既要考虑事关长远的顶层制度设计，也要及时防范和堵塞漏洞，

---

① 《山东墨龙恶劣至极！罚不?》，《金融投资报》2017年2月7日。

避免集中、大幅、无序减持扰乱二级市场秩序、冲击投资者信心。"①

(二) 新旧减持规则的比较

我们先来看一下，对 2016 年减持规则（旧规）与 2017 年减持规则（新规）进行比较，减持方式有哪些调整变化。

1. 适用范围的调整

新规除了旧规确定的调整范围之外，将股东减持其持有的公司首次公开发行前发行的股份、上市公司非公开发行的股份纳入了调整范围。同时，新规增加了适用范围，即新规第四条规定："因司法强制执行、执行股权质押协议、赠予、可交换债换股、股票权益互换等减持股份的，应当按照本规定办理。"不能减持的情况没有变化，上市公司大股东有下列情形的不得减持股份："（1）上市公司或者大股东因涉嫌证券期货违法犯罪，在被中国证监会立案调查或者被司法机关立案侦查期间，以及在行政处罚决定、刑事判决作出之后未满 6 个月的。（2）大股东因违反证券交易所规则，被证券交易所公开谴责未满 3 个月的。（3）中国证监会规定的其他情形。"董监高不得减持股份的情形："（1）董监高因涉嫌证券期货违法犯罪，在被中国证监会立案调查或者被司法机关立案侦查期间，以及在行政处罚决定、刑事判决作出之后未满 6 个月的。（2）董监高因违反证券交易所规则，被证券交易所公开谴责未满 3 个月的。（3）中国证监会规定的其他情形。"

2. 协议转让

新规则在旧规则的基础上，增加了转让方向证券交易所备案的规定。

3. 大宗交易

大宗交易旧规则没有相关规定。新规第十一条规定："上市公司大股东通过大宗交易方式减持股份，或者股东通过大宗交易方式减持其持有的公司首次公开发行前发行的股份、上市公司非公开发行的股份，股份出让方、受让方应当遵守证券交易所关于减持数量、持有时间等规定。适用此规定时，上市公司大股东与其一致行动人所持有的股份应当合并

---

① 《证监会 10 条减持新规：防大股东利用信息优势精准减持》，中国证监会网站，2017 年 5 月 27 日。

计算。"

4. 集中竞价减持

通过集中竞价减持规则，新规与旧规相比，作了较大的调整，主要内容为："上市公司大股东在 3 个月内通过证券交易所集中竞价交易减持股份的总数，不得超过公司股份总数的 1%。股东通过证券交易所集中竞价交易减持其持有的公司首次公开发行前发行的股份、上市公司非公开发行的股份，应当符合前款规定的比例限制。股东持有上市公司非公开发行的股份，在股份限售期届满后 12 个月内通过集中竞价交易减持的数量，还应当符合证券交易所规定的比例限制。"①

中国证监会发布了新的减持规定之后，上海证券交易所与深圳证券交易所随后发布了各自的实施细则，这些实施细则成为具体指导两家证券交易机构进行减持操作的规则。

交易所的新规则在原规则的基础上做了以下四个方面的制度调整：一是扩大了适用范围。在规范大股东（即控股股东或持股 5% 以上股东）减持行为的基础上，将其他股东减持公司首次公开发行前股份、上市公司非公开发行股份（以下统称特定股份）的行为纳入监管。二是细化了减持限制。新增规定包括：减持上市公司非公开发行股份的，在解禁后 12 个月内不得超过其持股量的 50%；通过大宗交易方式减持股份，在连续 90 个自然日内不得超过公司股份总数的 2%，且受让方在受让后 6 个月内不得转让；通过协议转让方式减持股份导致丧失大股东身份的，出让方、受让方应当在 6 个月内继续遵守减持比例和信息披露的要求；董监高辞职的，仍须按原定任期遵守股份转让的限制性规定等。三是强化了减持的信息披露。即大股东、董监高应当通过向交易所报告并公告的方式，事前披露减持计划，事中披露减持进展，事后披露减持完成情况。四是严格了减持罚则。即对违反《实施细则》、规避减持限制或者构成异常交易的减持行为，交易所可以采取书面警示、通报批评、公开谴责、

---

① 《证监会 10 条减持新规：防大股东利用信息优势精准减持》，中国证监会网站，2017 年 5 月 27 日。

限制交易等监管措施或者纪律处分。①

　　针对存在违法违规行为的股东,《实施细则》对其股份减持有何限制?交易所的实施细则禁止存在特定违法违规情形的大股东和董监高减持股份。主要禁止情形包括四种:"一是上市公司或大股东因涉嫌证券期货违法犯罪被立案调查或侦查期间,行政处罚、刑事判决做出后6个月内,大股东不得减持股份。二是董监高因涉及证券期货违法犯罪处于上述期间的,不得减持股份。三是大股东、董监高被本所公开谴责后3个月内不得减持股份。四是上市公司因重大违法触及退市风险警示标准的,在相关行政处罚或移送公安机关决定作出后、公司股票终止上市或恢复上市前,其控股股东、实际控制人和董监高,及其上述主体的一致行动人,不得减持股份。"②

　　(三) 新规对股权退出的影响

　　2017年的减持新规,在一定程度上会打击"过桥减持"与"清仓式减持"等证券市场上被人诟病的行为,但也延缓了股东减持的时间,根据新规,股东完全套现手里的股票至少需要两年时间。

　　证监会的减持新规对创业板上市公司投资者的退出有较大的影响。按照新规,大股东在任意连续90日内,通过竞价交易减持股份的数量不得超过总股本的1%,大宗交易减持不得超过2%。也就是说,大宗交易或集中竞价减持,3个月内合计不得超过3%、半年不得超过6%、1年不得超过12%。同时,大宗交易的受让方在受让后6个月内不得转让。而且,通过协议转让方式减持股份导致丧失大股东身份的,出让方、受让方应当在6个月内继续遵守减持比例和信息披露的要求。从过去的情况来看,中小创上市公司为减持的主要力量,从2016年以来的减持结构看,中小创个股约占总规模的60%。

　　证监会的减持新规没有涉及限售股、重要股东减持等问题,有专家提出:"有必要对重要股东的持股比例加以控制,规定控股股东的持股不

---

① 参见《上海证券交易所上市公司股东及董事、监事、高级管理人员减持股份实施细则》《深圳证券交易所上市公司股东及董事、监事、高级管理人员减持股份实施细则》。

② 参见《上海证券交易所上市公司股东及董事、监事、高级管理人员减持股份实施细则》《深圳证券交易所上市公司股东及董事、监事、高级管理人员减持股份实施细则》。

得超过公司股本的33%，规定首发流通股的规模不得低于总股本的50%，其中大盘股（可将标准提高到总股本50亿股）的首发流通股规模不得低于40%，超级大盘股（总股本达到100亿股）的首发流通股规模不得低于30%。"① 大股东减持后上市公司没有实控人的问题，专家建议："管理层可以规定，当控股股东持有上市公司的股份降至公司股本的20%时，只能通过协议转让的方式一次性转让给有意接手企业经营与发展的企业法人或机构投资者，避免上市公司沦为'无主公司'。"②

（四）创投基金的特别减持规则

减持新规出来后，私募股权基金行业反应很强烈，由于上述减持新规、细则将IPO前股份所有者视为特定股东也纳入约束适用范围，拟IPO的股权投资退出面临新的考验。新规对私募股权基金机构的IPO项目退出预期带来影响。一方面，各类减持限制增加将延长产品的退出回报周期，并对存量私募股权基金产品的流动性产生影响；另一方面，部分私募股权基金机构也在筹谋应对策略，一些私募股权基金机构正在萌生提前退出的意愿，而另有部分机构在投资比例上进行着更为精巧的计算。新规要求解禁后用集中竞价一年才能退出4%，以大宗交易退出2%，一年能退出的投资比例相当于8%，20%的股份退出就要将近3年，而且受让对象也要被限制。退出周期的延长，其影响会传导到资金募集端，使本来募集不易的行业增加了新的困难。私募股权基金投资项目的回报周期直接受到影响，必然使私募股权基金的投资逻辑发生改变。③

为了解决私募股权投资基金在IPO后顺利减持退出的问题，在2017年证监会出台新的减持规则之后，证监会于2018年发布第4号公告《上市公司创业投资基金股东减持股份的特别规定》。证监会发布这一特别规定的目的，出于"对专注于长期投资和价值投资的创业投资基金减持其持有的上市公司首次公开发行前的股份给予政策支持。"但该特别规定不是适用于所有的私募股权投资基金，只适用于在中国证券投资基金业协

---

① 皮海洲：《解限售之困，限了速度莫忘比例》，《新京报》2017年6月1日。
② 皮海洲：《解限售之困，限了速度莫忘比例》，《新京报》2017年6月1日。
③ 李维、徐慧瑶：《减持新政冲击PE退出预期调查：部分产品期限压力渐升投资逻辑或将重构》，《21世纪经济报道》2017年6月4日。

会备案的"创业投资基金"。此外，还要符合下列条件："（1）投资范围限于未上市企业，但是所投资企业上市后所持股份的未转让部分及通过上市公司分派或者配售新股取得的部分除外；（2）投资方式限于股权投资或者依法可转换为股权的权益投资；（3）对外投资金额中，对早期中小企业和高新技术企业的合计投资金额占比50%以上；（4）中国证监会规定的其他情形。"但该规定发布前有些创业投资基金的对外投资可能不符合该规则所定条件，那么，该规定又作了一些特别规定的适用条件：备案创业投资基金如果符合下列条件的，也适用该规定："（1）本规定发布前的对外投资金额中，对未上市企业进行股权或者可转换为股权的投资金额占比50%以上；（2）本规定发布后的对外投资金额中，对早期中小企业和高新技术企业的合计投资金额占比50%以上，且投资范围和投资方式符合前款第（1）项和第（2）项的规定。"

此规定针对的是"创业投资基金"，为了准确适用该规定的条件，证监会要求之前中国证券基金业协会备案的"私募证券投资基金""私募股权投资基金"或者其他投资基金符合该规定条件的，可以在变更备案为"创业投资基金"后适用本规定。意思是，之前不是以"创业投资基金"名称备案的，但如果基金所投资的方向是"创业投资"，即可享受本规定的适用条件。

该规定只制定了"集中竞价交易方式"减持其持有的上市公司首次公开发行前发行的股份，通过"大宗交易方式"减持的规则由证券交易所制定。集中竞价交易方式减持适用以下规则："截至发行申请材料受理日，投资期限不满36个月的，在3个月内减持股份的总数不得超过公司股份总数的1%；投资期限在36个月以上但不满48个月的，在2个月内减持股份的总数不得超过公司股份总数的1%；投资期限在48个月以上的，在1个月内减持股份的总数不得超过公司股份总数的1%。"

关于投资期限的起始日期的计算，"投资期限自创业投资基金投资该首次公开发行企业金额累计达到300万元之日或者投资金额累计达到投资该首次公开发行企业总投资额50%之日开始计算。"

符合条件的创业投资基金通过大宗交易方式减持其持有的公司首次公开发行前发行的股份，证监会授权交易所制定具体的细则。随后上海证券交易所于 2018 年 3 月 2 日发布了《上海证券交易所上市公司创业投资基金股东减持股份实施细则》，对大宗交易方式减持股份作了如下规定："截至发行申请材料受理日，投资期限不满 36 个月的，创投基金在任意连续 90 日内，减持股份的总数不得超过公司股份总数的 2%；投资期限在 36 个月以上但不满 48 个月的，创投基金在任意连续 60 日内，减持股份的总数不得超过公司股份总数的 2%；投资期限在 48 个月以上的，创投基金在任意连续 30 日内，减持股份的总数不得超过公司股份总数的 2%。"

证监会的规定界定了规则中的"早期中小企业"，是指创业投资基金首次投资该企业时，该企业符合下列条件："（1）成立不满 60 个月；（2）经企业所在地县级以上劳动和社会保障部门或社会保险基金管理单位核定，职工人数不超过 500 人；（3）根据会计师事务所审计的年度合并会计报表，年销售额不超过 2 亿元、资产总额不超过 2 亿元。"[①] 而规定中所称"高新技术企业"，是指截至发行申请材料受理日，该企业依据《高新技术企业认定管理办法》（国科发火〔2016〕32 号）已取得高新技术企业证书。

不符合创业投资基金减持规定的其他私募股权投资基金的减持规则，适用证监会 2017 年发布的新规。

---

① 中国证监会：《上市公司创业投资基金股东减持股份的特别规定》，2018 年。

第七章

中国私募股权基金监管制度（下）

本章延续上一章的监管内容，包括私募股权基金的税收监管、挂牌上市私募股权机构的监管、私募股权基金的信息披露监管、外资私募股权基金的监管等。

第一节 私募股权基金的税收监管

一国的税收政策与私募股权基金的发展之间存在很密切的关系。我国针对私募股权基金行业的税收政策是根据行业的发展而不断进行调整的，下面就我国与私募股权基金相关的税收政策作一梳理。

一 税收规则

（一）《个人所得税法》

1980年9月10日第五届全国人民代表大会第三次会议通过了《个人所得税法》，后经过了1993年、1999年、2005年、2007年、2011年的六次修改（2007年两次修改）。私募股权投资基金的个人所得，应按照《个人所得税法》的规定缴纳。

（二）《企业所得税法》

2007年3月16日第十届全国人民代表大会第五次会议通过了《企业所得税法》。《企业所得税法》中与私募股权基金投资有关的条款，大概有以下几条："符合条件的小型微利企业，减按20%的税率征收企业所得税。国家需要重点扶持的高新技术企业，减按 15% 的税率征收企业所得税。"① "民族自治地方的自治机关对本民族自治地方的企业应缴纳的企业所得税中属于地方分享的部分，可以决定减征或者免征。自治州、自治县决定减征或者免征的，须报省、自治区、直辖市人民政府批准。"② "企业的下列支出，可以在计算应纳税所得额时加计扣除：（1）开发新技术、新产品、新工艺发生的研究开发费用；（2）安置残疾人员及国家鼓励安置的其他就业人员所支付的工资。"③ "创业投资企业从事国家需要重点扶持和鼓励的创业投资，可以按投资额的一定比例抵扣应纳税所得额。"④

（三）《关于个人独资企业和合伙企业征收所得税问题的通知》

国务院于 2000 年 6 月 20 日发布《关于个人独资企业和合伙企业征收所得税问题的通知》（国发〔2000〕16 号），该《通知》要求自 2000 年 1 月 1 日起，对个人独资企业和合伙企业停止征收企业所得税，其投资者的生产经营所得，比照个体工商户的生产、经营所得征收个人所得税。具体税收政策的征收办法由国家财税主管部门另行制定。调整税收政策的目的是"为公平税负，支持和鼓励个人投资兴办企业，促进国民经济持续、快速、健康发展。"

（四）《关于个人独资企业和合伙企业投资者征收个人所得税的规定》

国务院上述通知发布之后，财政部与国家税务总局随后于 2000 年 9 月 19 日发布了《关于个人独资企业和合伙企业投资者征收个人所得税的规定》（财税〔2000〕91 号）的通知，正式发布了个人独资企业与合伙企业个人所得税政策的调整方案。该通知要求各级税务机关："掌握这项政策调整给征管和收入带来变化的有关情况，及时研究解决其中产生的有关问题，确保政策到位，征管到位。"

（五）《关于调整个体工商户、个人独资企业和合伙企业个人所得税税前扣除标准有关问题》

2008 年 6 月 3 日，财政部与国家税务总局发布《关于调整个体工商

---

① 《企业所得税法》第二十八条。
② 《企业所得税法》第二十九条。
③ 《企业所得税法》第三十条。
④ 《企业所得税法》第三十一条。

户、个人独资企业和合伙企业个人所得税税前扣除标准有关问题》（财税〔2008〕65号）的通知，要求根据现行个人所得税法及其实施条例和相关政策规定，将个体工商户、个人独资企业和合伙企业个人所得税税前扣除标准进行调整。

（六）《关于合伙企业合伙人所得税问题的通知》

财政部、国家税务总局于2008年12月23日颁布了《关于合伙企业合伙人所得税问题的通知》（财税〔2008〕159号）通知要求："合伙企业以每一个合伙人为纳税义务人。合伙企业合伙人是自然人的，缴纳个人所得税；合伙人是法人和其他组织的，缴纳企业所得税。""合伙企业生产经营所得和其他所得采取'先分后税'的原则。具体应纳税所得额的计算按照《关于个人独资企业和合伙企业投资者征收个人所得税的规定》（财税〔2000〕91号）及财政部、国家税务总局《关于调整个体工商户个人独资企业和合伙企业个人所得税税前扣除标准有关问题的通知》（财税〔2008〕65号）的有关规定执行。""合伙企业的合伙人按照下列原则确定应纳税所得额：（1）合伙企业的合伙人以合伙企业的生产经营所得和其他所得，按照合伙协议约定的分配比例确定应纳税所得额。（2）合伙协议未约定或者约定不明确的，以全部生产经营所得和其他所得，按照合伙人协商决定的分配比例确定应纳税所得额。（3）协商不成的，以全部生产经营所得和其他所得，按照合伙人实缴出资比例确定应纳税所得额。（4）无法确定出资比例的，以全部生产经营所得和其他所得，按照合伙人数量平均计算每个合伙人的应纳税所得额。合伙协议不得约定将全部利润分配给部分合伙人。""合伙企业的合伙人是法人和其他组织的，合伙人在计算其缴纳企业所得税时，不得用合伙企业的亏损抵减其盈利。"

（七）《关于创业投资企业和天使投资个人有关税收试点政策的通知》

财政部、国家税务总局于2017年4月28日发布《关于创业投资企业和天使投资个人有关税收试点政策的通知》（财税〔2017〕38号），该试点政策出台的背景是，为进一步鼓励和支持创业投资沿着健康的轨道蓬勃发展，4月19日，国务院常务会议作出决定，在京津冀、上海、广东、安徽、四川、武汉、西安、沈阳八个全面创新改革试验地区和苏州工业园区开展创业投资企业和天使投资个人税收政策试点。因此，该通知要求："本通知所称试点地区包括京津冀、上海、广东、安徽、四川、武汉、西安、沈阳8个全面创新改革试验区域和苏州工业园区。""本通知规定的企业所得税政策自2017年1月1日起试点执行，个人所得税政策自2017年7月1日起试点执行。执行日期前2年内发生的投资，在执行日期后投资满2年，且符合本通知规定的其他条件的，可以适用本通知规定的税收试点政策。"

（八）《关于创业投资企业和天使投资个人税收试点政策有关问题的公告》

财税〔2017〕38号文发出后，国家税务总局于2017年6月1日发布《关于创业投资企业和天使投资个人税收试点政策有关问题的公告》，该公告的目的是为提高政策的可操作性和确定性，《公告》在《关于创业投资企业和天使投资个人有关税收试点政策的通知》的基础上进一步明确了部分执行口径。

（九）《关于创业投资企业和天使投资个人有关税收政策的通知》

财政部和税务总局于2018年5月14日发布《关于创业投资企业和天使投资个人有关税收政策的通知》（财税〔2018〕55号），该文取代（财税〔2017〕38号）文，正式确定了创业投资企业和天使投资个人的有关税务政策。基本内容与试点政策相同。在此不再赘述。

（十）《关于将国家自主创新示范区有关税收试点政策推广到全国范围实施的通知》

财政部、国家税务总局于2015年10月23日发布《关于将国家自主创新示范区有关税收试点政策推广到全国范围实施的通知》（财税〔2015〕116号），通知出台的背景是，2015年10月21日，国务院第109次常务会议做出决定，将国家自主创新示范区有限合伙制创业投资企业法人合伙人企业所得税试点政策推广至全国。这四项所得税政策包括：有限合伙制创业投资企业法人合伙人企业所得税政策、技术转让所得企业所得税政策、企业转增股本个人所得税政策、股权奖励个人所得税政策。其中一项是关于有限合伙制创业投资企业法人合伙人企业所得税政策。通知涉及所得税政策有两条："一是自2015年10月1日起，全国范围内的有限合伙制创业投资企业采取股权投资方式投资于未上市的中小高新技术企业满2年（24个月）的，该有限合伙制创业投资企业的法人合伙人可按照其对未上市中小高新技术企业投资额的70%抵扣该法人合伙人从该有限合伙制创业投资企业分得的应纳税所得额，当年不足抵扣的，可以在以后纳税年度结转抵扣。二是有限合伙制创业投资企业的法人合伙人对未上市中小高新技术企业的投资额，按照有限合伙制创业投资企业对中小高新技术企业的投资额和合伙协议约定的法人合伙人占有限合伙制创业投资企业的出资比例计算确定。"

（十一）《关于有限合伙制创业投资企业法人合伙人企业所得税有关问题的公告》

根据国务院决定，2015年10月28日，财政部和国家税务总局制定下发了《财政部国家税务总局关于将国家自主创新示范区有关税收试点政策推广到全国范围实施的通知》（财税〔2015〕116号），对有限合伙制创业投资企业法人合伙人企业所得税优惠政策问题进行了规定。为进一步明确政策执行口径，保证优惠政策的贯彻实施，根据现行企业所得税法及财税〔2015〕116号文件的规定，制定了公告。国家税务总局于2015年11月16日发布《关于有限合伙制创业投资企业法人合伙人企业所得税有关问题的公告》（国家税务总局公告2015年第81号），要求："有限合伙制创业投资企业采取股权投资方式投资于未上市的中小高新技术企业满2年（24个月，下同）的，其法人合伙人可按照对未上市中小高新技术企业投资额的70%抵扣该法人合伙人从该有限合伙制创业投资企业分得的应纳税所得额，当年不足抵扣的，可以在以后纳税年度结转抵扣。"

二 纳税人与纳税额

（一）私募股权投资基金机构

对于私募股权投资基金而言，其从基金层面获得的股息红利、股权转让所得，可能发生流转税及所得税的应税行为。

公司型私募股权投资基金：投资所获得的股息红利不缴增值税，根据《企业所得税法》第二十六条的规定，无企业所得税；股权转让所得，如果是非上市公司，不缴纳增值税，如果是上市公司，缴纳6%的增值税，小规模纳税人为3%。两种情况都要缴纳25%的企业所得税。

合伙型私募股权投资基金：根据财税〔2008〕159号第2.3条：合伙企业以每一个合伙人为纳税义务人，合伙企业经营所得和其他所得采取"先分后税"的原则。因此，在基金层面合伙型私募股权投资基金不缴纳所得税。合伙型私募股权投资基金增值税的缴纳方式与公司型相同。

契约型股权基金本身因不存在实体，基金层面不存在缴税的问题。

(二) 私募股权基金投资者

私募基金的投资者，可分为自然人与法人两种类型。基金将从被投资企业分得的股息红利、股权转让所得等收入再分配给投资者时，投资者应缴纳个人所得税或企业所得税，具体说明如下：

公司型私募股权投资基金：个人投资者所得，股息红利与股权转让所得，均需要缴纳20%所得税。法人投资者股息红利与股权转让所得均免税。

合伙型私募股权投资基金：个人投资者所得，股息红利缴纳20%所得税，股权转让所得缴纳5%—35%所得税；法人投资者，股息红利与股权转让所得均须缴纳25%所得税。

契约型私募股权投资基金：根据《证券投资基金法》第八条规定，基金财产投资的相关税收，由基金份额持有人承担，基金管理人或者其他扣缴义务人按照国家有关税收征收的规定代扣代缴。

流转税方面，公司型私募股权投资基金的投资人无增值税应税行为，合伙型私募股权投资基金的个人或法人投资者，仅涉及上市公司的股权转让收入缴纳增值税。契约型私募股权基金的所得税与增值税缴纳，以基金份额持有人自行申报为原则，但在具体征收比例、方法上，法律法规规定不明确。

合伙型私募股权基金的法人合伙人从基金分得的股权转让所得，可以按照《企业所得税法》第二十六条规定的企业免税条款第三款："在中国境内设立机构、场所的非居民企业从居民企业取得与该机构、场所有实际联系的股息、红利等权益性投资收益",[①] 根据《企业所得税法实施条例》第八十三条之规定:"企业所得税法第二十六条第（二）项所称符合条件的居民企业之间的股息、红利等权益性投资收益,是指居民企业直接投资于其他居民企业取得的投资收益。企业所得税法第二十六条第（二）项和第（三）项所称股息、红利等权益性投资收益,不包括连续持有居民企业公开发行并上市流通的股票不足十二个月取得的投资收益。"因此,根据对相关法律条款的理解,免税的股息、红利等权益性投资收益,仅限于居民企业直接投资于其他居民企业取得的投资收益。基金法人合伙人在法律上是法人不是自然人,不能称为"居民",从基金分得的该等收入,显然不是居民直接投资于"其他居民企业"而取得,因此需按25%的税率缴纳企业所得税。

（三）基金管理人层面

根据《证券投资基金法》第十二条规定,基金管理人包括公司及合伙企业两类。基金管理人的收入通常包括管理费、咨询费及超额投资收益等,所涉税负为增值税与所得税。

公司型私募股权投资基金:基金管理人的管理费和咨询费均按照6%缴纳增值税,超额收益归类为投资收益,不缴纳增值税,归类为服务或劳务,按6%缴纳增值税。

合伙型私募股权投资基金:基金管理人的管理费和咨询费与公司型相同。

所得税,合伙型基金管理人层面不产生所得税。

基金管理人投资者的税负问题,与以上相同。这里需要特别说明的是,对于基金管理人参与超额收益分配所取得的收入,各个企业在会计处理上的方法不同,可能会对该收入的性质产生影响,若能体现投资收益的特征,则不缴纳增值税。

三 创业投资基金的税收优惠政策

创业投资企业在《创业投资企业管理暂行办法》（以下简称《暂行办

[①] 《企业所得税法》第二十六条。

法》）中的定义，系指在中国境内注册设立的主要从事创业投资的企业组织。而创业投资，系指向创业企业进行股权投资，以期所投资创业企业发育成熟或相对成熟后主要通过股权转让获得资本增值收益的投资方式。

政府为了鼓励创业投资出台了很多税收优惠政策，现就该类政策做以下梳理。

（一）公司型创投企业

国家税务总局于2009年4月30日发布《关于实施创业投资企业所得税优惠问题的通知》（国税发〔2009〕87号）。

公司型创投企业税收优惠，按其向中小高新技术投资额的70%自投资届满2年之日起计算，抵扣该创投企业应纳税所得额，当年不足抵扣的，可以向后结转。

（二）有限合伙型创投企业

按照国税总局公告2015年第81号，有限合伙型创业投资企业税收优惠。按其向中小高校技术企业投资额的70%自投资届满2年之日起，抵扣该合伙企业"法人合伙人"从创投企业所分应纳税所得额，当年不足抵扣的，可以向后结转。有限合伙企业的"法人合伙人"，应是被告查账征收企业所得税的居民企业。

（三）各地区私募股权投资基金的税收优惠政策

鉴于合伙型基金的个人合伙人所取得的股权转让所得应按5%—35%的税率缴税，而作为个人投资者进行股权投资所产生的税率仅为20%；法人合伙人从基金所获得的股息红利无法享受免税优惠。因此，为吸引股权投资企业落户当地，各地在上述两个方面制定了一些突破税法层面的税收优惠政策。

以深圳为例，在深府〔2010〕103号文中就曾明确规定，不执行合伙事务的个人有限合伙人，其分得的所有股权投资收益，按20%计征个人所得税。随着国务院发布《关于清理规范税收等优惠政策的通知》（国发〔2014〕62号），2015年2月，深圳市地税局叫停了上述税收优惠措施。但据笔者的调查，至今仍有不少地区继续保留了类似优惠政策。

四　创业投资企业与天使投资个人的有关税收政策

财政部、国家税务总局《关于创业投资企业和天使投资个人有关税收试点政策的通知》（财税〔2017〕38号），该通知是为了进一步落实国家创新驱动发展战略，促进创业投资持续健康发展而实施的一项对创业投资企业有较大影响的税收政策。2018年5月14日，财政部与税务总局正式发布了《关于创业投资企业和天使投资个人有关税收政策的通知》，取代了之前的试点政策。

该项税收政策内容将公司制创业投资企业、有限合伙制创业投资企业和天使投资人分别规定了相应的税收政策。关于公司制创业投资企业，"采取股权投资方式直接投资于种子期、初创期科技型企业（以下简称初创科技型企业）满2年（24个月，下同）的，可以按照投资额的70%在股权持有满2年的当年抵扣该公司制创业投资企业的应纳税所得额；当年不足抵扣的，可以在以后纳税年度结转抵扣。"有限合伙制创业投资企业的合伙人分为法人合伙人和个人合伙人，该通知按照法人合伙人与个人合伙的不同作了不同的规定："法人合伙人可以按照对初创科技型企业投资额的70%抵扣法人合伙人从合伙创投企业分得的所得；当年不足抵扣的，可以在以后纳税年度结转抵扣。个人合伙人可以按照对初创科技型企业投资额的70%抵扣个人合伙人从合伙创投企业分得的经营所得；当年不足抵扣的，可以在以后纳税年度结转抵扣。"天使投资个人的税收抵扣情况按照以下规定处理："采取股权投资方式直接投资于初创科技型企业满2年的，可以按照投资额的70%抵扣转让该初创科技型企业股权取得的应纳税所得额；当期不足抵扣的，可以在以后取得转让该初创科技型企业股权的应纳税所得额时结转抵扣。天使投资个人投资多个初创科技型企业的，对其中办理注销清算的初创科技型企业，天使投资个人对其投资额的70%尚未抵扣完的，可自注销清算之日起36个月内抵扣天使投资个人转让其他初创科技型企业股权取得的应纳税所得额。"该通知所称"初创科技型企业"如何认定，该通知也作出了具体的认定标准。对于天使投资人的适格条件，通知也作出了详细的规定，主要涉及对被投资企业的持股比例以及天使投资人与企业创始人之间的关系。该通知还特别强调:"享受本通知规定的税收政策的投资,仅限于通过向被投资初创科技型企业直接支付现金方式取得的股权投资,不包括受让其他股东的存量股权。"

五 关于创业投资企业个人合伙人所得税政策的问题

关于创业投资企业如何交纳个人所得税问题,2018年8月国家税务局在对各地股权转让的检查工作中发现,不少地方政府对投资类合伙企业的个人投资者按20%的所得税率征收个人所得税,认为这一做法不符合《个人所得税法》按5%—35%的超额累进税率征税的规定,国家税务总局的这一纠错要求,立即引发投资界的震动。如果纠正的方式是补交按照个人所得税5%—35%征收标准所少缴纳的部分。如果只算盈利部分所得,那么多数投资者估计都需要补交一部分税,一时舆论哗然。

为了平息舆论的担忧,国务院常务会议针对创投企业的征税问题进行了两次讨论。一次是在2018年9月6日,会议的表态意见是"不溯及既往、确保总体税负不增";第二次是在2018年12月12日,会议定下的政策基调是:"创投企业个人合伙人税负有所下降,只减不增。"舆论这才有所平息。为了落实国务院常务会议的要求,明确征收标准,财政部、税务总局、发展改革委、证监会于2019年1月24日联合发布《关于创业投资企业个人合伙人所得税政策问题的通知》(财税〔2019〕8号)。该通知明确,创业投资企业可以选择按"单一投资基金核算"或者按"创投企业年度所得整体核算"两种方式之一,对其个人合伙人来源于创投企业的所得计算个人所得税应纳税额。"创投企业选择按单一投资基金核算的,其个人合伙人从该基金应分得的股权转让所得和股息红利所得,按照20%税率计算缴纳个人所得税。创投企业选择按年度所得整体核算的,其个人合伙人应从创投企业取得的所得,按照'经营所得'项目、5%—35%的超额累进税率计算缴纳个人所得税。"企业可以选择纳税方案,选定方案之后,适用3年,在3年期内不得变更,同时要向税务部门报备,未报备的视同按年度所得整体方案纳税。

单一投资基金核算方法,仅适用创投企业个人合伙人的纳税,是指单一投资基金(包括不以基金名义设立的创投企业)在一个纳税年度内从不同创业投资项目取得的股权转让所得和股息红利所得进行核算纳税。

第一,股权转让所得计算方法。单个的股权转让所得,需要扣除对应的股权原值和转让环节的合理费用,余额作为应纳税额。股权原值即为投资者购买股权时的价格。在一个纳税年度内,单一投资基金的股权转让所得会有盈利与亏损,纳税额需要按照盈亏相抵后的余额计算,所得余额大于或等于零,即确认为该基金的年度股权转让所得的纳税额;所得余额小于零,该基金年度股权转让所得按零计算且不能跨年结转,即当年的亏损不得结转至有收益的年度进行补亏。

个人合伙人按照其应从基金年度股权转让所得中分得的份额计算其应纳税额,个人合伙人的应纳税额由创投企业在次年3月31日前代扣代缴。个人合伙人如果符合《财政部、税务总局关于创业投资企业和天使投资个人有关税收政策的通知》(财税〔2018〕55号)规定条件的,可以"按照被转让项目对应投资额的70%抵扣其应从基金年度股权转让所得中分得的份额后再计算其应纳税额,当期不足抵扣的,不得向以后年度结转。"这一规定意味着有收益个人合伙人只需要将收益的20%纳税,但亏损得当年结清,不得转入下一年度。

第二,股息红利所得计算方法。股息红利所得包括所有的单一投资基金的股息红利所得:投资项目分配的股息、红利收入以及其他固定收益类证券等收入的总和。个人合伙人根据合伙协议将其分得股息红利份额计算其应纳税额,并由创投企业按次代扣代缴个人所得税。

需要注意的是,在上述费用的扣除项中,除了规定的可以扣除的成本、费用之外,单一投资基金发生的包括投资基金管理人的管理费和业绩报酬在内的其他支出,不得在核算时扣除,应将其纳入应缴纳的个人所得税应纳税额之中。也就是说,除了规定的扣除项目之外,其他费用不能扣除。

这一计税方法的优点在于固定税率为20%,低于按经营所得实施超额累进税率最高35%,但是只能扣除投资成本(股权原值)和转让费用,企业的管理费用与管理人员的业绩报酬不能扣除,亏损也不能跨年结转。一般情况下,私募股权基金的管理费用与业绩提成大概占企业收益的30%左右,如果管理费用与业绩提成不能算入扣除额,意味着名义税率为20％，实际税率却要高出不少。亏损不能跨年结转的规定，实际上是不利于私募股权基金发展的。如果选择了单一投资基金核算方法，亏损不能跨年结转，当年亏损得投资人自己弥补。待盈利时再按20％征收个人所得税，一去一进，投资者的实际收益会大打扣除。而且，私募股权投资不成功时需要进行清算，清算撤资意味着亏损，那么盈利的投资必须纳税，撤资清算时的损失却必须由投资者承担。私募股权基金的投资存在很大的不确实性，如果一只基金投资了10个项目，8个失败2个成功，失败的损失不能结转，成功的收益却要交税。这一规定实际上将一只基金所投项目没有整体上进行纳税计算，各个项目之间不能穿透，实际上是不能将基金的投资收益进行综合计算，而投资者的实际收益是盈亏结算之后的所得。三年二选一的规则，也让投资者认为自己必须对未来的不确定性作一个决定，一旦决定作出了三年不能更改。

创投企业年度所得整体核算方法。企业年度整体所得核算，是指将创投企业以每一纳税年度的收入总额减除成本、费用以及损失后，计算应分配给个人合伙人的所得。如符合《财政部、税务总局关于创业投资企业和天使投资个人有关税收政策的通知》（财税〔2018〕55号）规定条件的，创投企业个人合伙人可以按照被转让项目对应投资额的70％抵扣其可以从创投企业应分得的经营所得后再计算其应纳税额。年度核算亏损的，准予按有关规定向以后年度结转。

此种方法是按照"经营所得"项目计税的个人合伙人，因此适用5％—35％超额累进税率。没有综合所得的，可依法减除基本减除费用、专项扣除、专项附加扣除以及国务院确定的其他扣除。从多处取得经营所得的，应汇总计算个人所得税，只减除一次上述费用和扣除。

从相关的规定来看，政策制定者在一定程度上鼓励投资者选择这一计算方法。一是采用这一计算方法，按整体基金的收入扣除成本费用及损失后，有收益计算分配纳税，亏损可结转以后有收益的年度补亏。二是年度有损失，可以向以后年度结转，但不得超过五年。三是当期抵扣不足的，可以向以后年度结转。四是个人合伙人每年可以基本减除费用6万元。

第二节　挂牌上市私募股权机构的监管

一　挂牌上市现状

美国的黑石集团、KKR 公司上市之后，引起了全球的关注，中国的私募股权基金企业也跃跃欲试。

从目前的情况来看，我国私募股权基金机构挂牌上市的路径有两个：一是通过借壳在主板上市。2010 年 1 月，鲁信创投通过一系列并购完成借壳上市，成为我国资本市场和首家上市的私募股权基金企业，是第一只纯创投股。2015 年，红塔创投借壳华仁药业，虽然最后时刻没有成功，并不是因为受到监管者的质疑，而是因为标的股价在过渡期溢价，导致交易双方对如何分成产生分歧。二是在新三板挂牌上市。这是私募股权基金机构的主要上市通道，在一段时间里，新三板成为私募股权机构上市竞相角逐的新战场。数据显示，2015 年新三板 5000 多家挂牌公司全部融资金额不过 1200 亿元，其中私募股权投资机构就占据了四分之一。新三板一度成为私募股权基金挂牌融资的乐土，总市值前 10 名中私募股权基金占据了一半。截至 2015 年年底，新三板总市值前 20 名中，有 12 家为金融类企业，停牌中的九鼎集团以 1024 亿元市值领跑新三板，第二名硅谷天堂市值 581.44 亿元，中科招商紧随硅谷天堂之后，最新市值为 432 亿元，第五名浙商创投也是私募股权基金机构。[①] 2015 年，九鼎集团等八家机构共通过定增募集资金 359.98 亿元，占据了 2015 年以来新三板募资规模 1233 亿元的 30%。

这些挂牌上市公司的市盈率奇高，私募股权基金估值遥遥领先于其他新三板公司，如浙商创投的静态市盈率为 311.21 倍，硅谷天堂、同创伟业、九鼎集团分别为 306.38 倍、295.56 倍、293.65 倍，中科招商为 198.63 倍。

---

① 《20 家私募股权基金机构可能被暂停审查　私募股权机构被拒新三板？》，《北京青年报》2015 年 12 月 25 日。

二 市场风险显现

我们先以九鼎集团上市后在资本市场的经营案例，来分析私募股权基金企业挂牌上市后所面临的监管问题。在九鼎集团案例之前，监管机构对私募股权基金企业上市及上市后的经营问题关注不多。正是九鼎集团案例让监管机构对私募股权基金企业上市监管政策发生了转变。

九鼎集团于2014年4月在新三板挂牌，当年就完成了近60亿元的定增，并首创性地向自己的投资人（LP）定增，通过这种创新，九鼎集团总资产从挂牌前的不足7亿元快速成长到2014年年底的131亿元，负债率从90%以上下降到13%。经过2016年上半年的一轮暴涨后，九鼎集团的市值一度超过1000亿元，其市值与资金管理规模达到3000亿美元的世界私募基金巨头黑石集团相当。九鼎投资2016年11月12日复牌后的一个多月里，股价从每股13.14元迅速攀升至77.58元，以周一收盘价36.76元计算，参与120亿元定增的九鼎集团及其子公司拉萨昆吾获得320亿元的浮盈。说明投资者还是看好九鼎的投资价值。

2015年5月，九鼎集团掷41.5亿元收购中江地产母公司中江集团100%的股权，从而间接持有上市公司72%的股份，成为中江地产大股东。然后，中江地产以9亿元现金买下了九鼎集团的私募股权基金资产昆吾九鼎，上市公司也更名为九鼎投资。由此九鼎成功将私募股权基金业务注入上市公司。

然而，就在九鼎投资准备向母公司九鼎集团定增120亿元时，2016年1月29日，证监会对九鼎投资发出非公开发行审查反馈，质疑上市公司先购买大股东资产、再向大股东发行股份募集资金是否在规避监管，要求九鼎投资说明是否构成私募股权投资业务的借壳上市。

2015年12月，在九鼎集团完成百亿元融资后不久，监管机构先后暂停私募股权机构和类金融企业挂牌新三板。证监会副主席方星海在媒体吹风会上表示，"私募股权基金管理公司频繁融资，融资金额和投向引起了社会广泛关注和质疑，因此，需要加强监管，暂停私募基金管理机构在新三板挂牌和融资,未来将对前期融资的使用情况开展调研。"①

2016年2月2日,昆吾九鼎投资控股股份有限公司收到中国证券监督管理委员会出具的《中国证监会行政许可项目审查反馈意见通知书》(153512号)。中国证监会依法对该公司提交的《昆吾九鼎投资控股股份有限公司非公开发行股票申请文件》行政许可申请材料进行了审查,要求该公司就有关问题作出书面说明和解释,并在30个工作日内披露反馈意见回复,披露后2个工作日内向中国证监会行政许可受理部门提交书面回复意见。

国际私募股权基金巨头凯雷集团、黑石集团在美国公开上市之后,基金公司的性质没有变化,仍然是基金管理人,公司也没有将普通合伙人(LP)份额转为股份。对于私募基金行业的监管,美国在2008年金融危机后才先后出台了《私募基金投资顾问注册法》《投资者保护法》《公司和金融机构薪酬公平法》等六部法案。

已挂牌的私募股权基金机构巨量募资的用途也一直受到人们的质疑。私募股权基金业务风险和系统性风险受到了监管机构的重视。股权投资的业务风险,表现在私募股权基金机构投资的资金来源,既有自己通过私募方式募集的内部资金,又有从资本市场公开募集的外部资金,两种不同来源与性质的资金是如何在一家机构里操作的,需要有透明的信息披露,要有让投资者信服的隔离措施;股权投资的系统性风险,从这些挂牌上市的私募股权基金的投资行为,也让人们对他们激进的投资风格产生警惕。如天星押注新三板,中科招商把资金用在举牌二级市场的上市公司,如果能成功的话,收益自然可观,但整体系统性风险太大,国内的私募股权基金机构很少有经历10年的经济周期的。② 在此种情形下,证监会官方微博2015年12月25日回应称:"迫切需要加强对此类私募基金管理机构的监管,暂停私募基金管理机构在全国股转系统挂牌和融资,并对前期融资的使用情况开展调研。"

---

① 《九鼎借壳被质疑 风格激进惹监管》,《第一财经日报》2016年3月16日。
② 《20家私募股权基金机构可能被暂停审查 私募股权机构被拒新三板?》,《北京青年报》2015年12月25日。

一切准备妥当之后，全国中小企业股份转让系统有限责任公司（以下简称全国股转公司）2016年5月27日发布《关于金融类企业挂牌融资有关事项的通知》（以下简称《通知》），制定了针对这类企业的监管规则。

三 挂牌准入标准

《通知》在原有挂牌条件的基础上对私募基金管理机构（以下简称私募机构）新增8个方面的挂牌条件："1. 管理费收入与业绩报酬之和需占收入来源的80%以上；2. 私募机构持续运营5年以上，且至少存在一只管理基金已实现退出；3. 私募机构作为基金管理人在其管理基金中的出资额不得高于20%；4. 私募机构及其股东、董事、监事、高级管理人员最近三年不存在重大违法违规行为，不属于中国证券基金业协会'黑名单'成员，不存在'诚信类公示'列示情形；5. 创业投资类私募机构最近3年年均实缴资产管理规模在20亿元以上，私募股权类私募机构最近3年年均实缴资产管理规模在50亿元以上；6. 已在中国证券基金业协会登记为私募基金管理机构，并合规运作、信息填报和更新及时准确；7. 挂牌之前不存在以基金份额认购私募机构发行的股份或股票的情形；募集资金不存在投资沪深交易所二级市场上市公司股票及相关私募证券类基金的情形，但因投资对象上市被动持有的股票除外；8. 全国股转公司要求的其他条件。"

准入标准上，管理费收入与业绩报酬之和需占收入来源的80%以上，实缴资本在20亿至50亿元，这两项刚性的标准，与中国私募股权基金市场的现实差距太大，这一过高的标准实际上造成了监管措施最终难以落地。

四 新老划断的处理措施

《通知》是事后发布的监管措施，对那些处于新申报、在审、已取得挂牌函、已挂牌等不同阶段的私募企业而言，需要有具体的完善措施，《通知》对新增申报的处理、在审企业的处理、已取得挂牌函的处理和挂牌企业的处理等问题，都作了详细的规定。

五 信息披露及监管要求

（一）挂牌准入的信息披露要求

私募机构应披露以下信息：私募机构的管理模式以及日常管理情况、基金投资情况，包括投资项目的遴选标准、投资决策体系及执行情况；项目退出相关的情况；基金清算；财务信息等。

（二）挂牌期间的信息披露及监管要求

针对已挂牌的私募机构，对监管和信息披露提出以下四个方面的要求："（1）股票发行，每次发行股票募集资金的金额不得超过其发行前净资产的50%，前次发行股票所募集资金未使用完毕的，不得再次发行股票募集资金；不得以其所管理的基金份额认购其所发行的股票；募集资金不得用于投资沪深交易所二级市场上市公司股票及相关私募证券类基金，但因投资对象上市被动持有的股票除外；（2）规范运作，应当建立受托管理资产和自有资金投资之间的风险隔离、防范利益冲突等制度；作为基金管理人在其挂牌后新设立的基金中的出资额不得高于20%；（3）涉及私募基金管理业务的并购重组，如收购人收购挂牌公司的，其所控制的企业中包括私募基金管理人的，应当承诺收购人及其关联方在完成收购后，不以重大资产重组的方式向挂牌公司注入私募基金管理业务相关的资产；（4）信息披露要求，应当披露季度报告，在定期报告中充分披露在管存续基金的基本情况和项目投资情况等。"[①]

六 监管措施的落实情况

根据《通知》要求，已挂牌私募机构自《通知》发布之日起1年内按照规定的条件进行自查整改。那么一年之后的情况如何呢？2017年6月3日，全国股转公司的负责人表示，"《通知》规定的自查整改期限已届满，部分挂牌私募机构披露了自查整改报告，部分挂牌私募机构未直接披露，而是以各种方式向我司提交了自查整改报告。我司对挂牌私募

---

① 全国中小企业股份转让系统有限责任公司：《关于金融类企业挂牌融资有关事项的通知》，2016年。

机构披露或提交的自查整改报告进行了分析,发现各私募机构对于自查整改的具体对象、自查整改条件的计算口径等问题的理解不尽一致。"①既然理解不一致,如何按期整改就成问题,作为监管机构,也表示出一种无奈:"我司将进一步研究明确挂牌私募机构自查整改报告的具体内容与格式、自查整改条件的计算口径等问题。届时,挂牌私募机构和主办券商应按照统一要求,分别对自查整改报告和核查报告进行调整完善后重新披露。我司将根据重新披露的自查整改报告,按照《通知》的规定,开展后续工作。"②

显然,《通知》要求的整改措施在实际执行中遇到了难题,这一难题是监管机构将标准设置过严的结果。设立高标准,便于监管,有利于事先防范风险,但如果现实中只有极少数私募股权基金企业能够达到标准,而监管机构又不可能将那些达不到标准的企业清出市场,最终的结果是,监管机构自身陷入了困境。

第三节 私募股权基金的信息披露监管

一 信息披露监管的重要性

在国家发改委监管时期,私募股权基金的信息披露一直是其监管内容之一,监管的起点就是登记备案制。《私募投资基金监督管理暂行办法》(以下简称《暂行办法》)颁布后,私募基金业的信息披露列入监管机构的重要议程。根据《暂行办法》第二十四条的规定,"私募基金管理人、私募基金托管人应当按照合同约定,如实向投资者披露基金投资、资产负债、投资收益分配、基金承担的费用和业绩报酬、可能存在的利益冲突情况以及可能影响投资者合法权益的其他重大信息,不得隐瞒或者提供虚假信息。信息披露规则由中国基金业协会另行制定。"根据该办法,监管机构委托基金业协会制定。中国证券投资基金业协会于2016年

---

① 马婧妤:《新三板挂牌私募机构需重新披露自查整改报告》,《上海证券报》2017年6月3日。
② 马婧妤:《新三板挂牌私募机构需重新披露自查整改报告》,《上海证券报》2017年6月3日。

2月4日颁布了《私募投资基金信息披露管理办法》（以下简称《管理办法》），凸显信息披露是基金业行业自律的监管性质。

二 信息披露的主体、对象和方式

信息披露的主体，按照《暂行办法》的规定，信息披露义务人是私募基金管理人、私募基金托管人以及其他具有信息披露义务的法人和其他组织。当同一私募基金存在多个信息披露义务人时，义务人之间通过协议约定或者协商的办法商定信息披露义务人。信息披露义务人可以委托第三方机构代为披露信息，但不免除信息披露义务人法定应承担的信息披露义务。

信息披露的对象为私募基金的投资者。实际上，私募基金管理人与投资者之间有投资协议，在投资协议里涉及管理人的有关信息披露义务。基金托管人应当对私募基金管理人向投资者披露的基金相关信息进行复核确认。

信息披露的方式，合同双方当事人根据基金合同中应当明确信息披露义务人向投资者进行信息披露的内容、披露频度、披露方式、披露责任以及信息披露渠道等事项。

私募基金管理人应当保证所披露信息的真实性、准确性和完整性，并承担相关法律责任。

信息披露要依法依规进行，要遵守诚实信用原则，信息披露义务人进行信息披露时，不得进行下列行为："公开披露或者变相公开披露；虚假记载、误导性陈述或者重大遗漏；对投资业绩进行预测；违规承诺收益或者承担损失；诋毁其他基金管理人、基金托管人或者基金销售机构；登载任何自然人、法人或者其他组织的祝贺性、恭维性或推荐性的文字；采用不具有可比性、公平性、准确性、权威性的数据来源和方法进行业绩比较，任意使用'业绩最佳''规模最大'等相关措辞；法律、行政法规、中国证监会和中国基金业协会禁止的其他行为"。[①]

---

① 中国证券投资基金业协会：《私募投资基金信息披露管理办法》，2016年。

三　基金募集期间的信息披露

私募基金虽然是向合格投资者募集，但也会制作一些宣传材料，对基金产品进行推介。这些信息包括基金的基本信息、基金管理人基本信息、基金的投资信息、基金的募集期限、基金估值政策、程序和定价模式、基金合同的主要条款、基金的申购与赎回安排、基金管理人最近三年的诚信情况说明和其他事项等内容。

四　基金运作期间的信息披露

对于基金运作期间的信息披露，根据信息对投资者的影响不同，分为常规信息披露和重大事项信息披露。常规信息披露内容定制化，频率相对固定，可预见性强，经过市场实践已有很成熟的做法。《管理办法》将常规信息披露分为季度披露和年度披露。重大事项信息披露主要针对偶发的、影响投资者权益的重大事件。这类事件冲击性大，事前难以预见，在近年市场运行中每每成为关注焦点。重大事项信息披露的质量不仅关系投资者利益，而且还影响市场运行效率。

中国证券投资基金业协会 2016 年 11 月 14 日发布《私募投资基金信息披露内容与格式指引 2 号——适用于私募股权（含创业）投资基金》，规定 PE/VC 应定期、定向给投资者披露半年报和年报，并通过中国证券投资基金业协会指定的平台进行信息披露文件备份。

五　信息披露的事务管理

信息披露事务管理制度的内容应当至少包括以下事项：信息披露义务人向投资者进行信息披露的内容、披露频度、披露方式、披露责任以及信息披露渠道等事项；信息披露相关文件、资料的档案管理；信息披露管理部门、流程、渠道、应急预案及责任；未按规定披露信息的责任追究机制，对违反规定人员的处理措施。

私募股权基金的信息，不属于公众必须了解的公开信息，信息披露的对象也仅限于投资者，因此，相关信息披露后，信息的保密是信息披露义务人重点关切的事项。因此，从披露义务人的角度来看，应当建立健全信息披露管理制度，指定专人负责管理信息披露事务。对私募基金信息文件资料的保存，中国证券投资基金业协会将对私募基金管理人和私募基金信息严格保密。在私募基金信息披露备份平台备份的私募股权（含创业）投资基金信息披露报告，仅用作协会备份及私募基金管理人下载使用，并不面向社会公众和私募基金投资者公开查询。

六　信息披露的备份平台报送

为了更好地进行行业自律、监控行业系统性风险，私募基金管理人除了按照基金合同的约定向投资者进行披露之外，还应当按照中国基金业协会的规定通过中国基金业协会指定的私募基金披露备份平台报送相关信息。

需要特别说明的是，管理办法规定私募基金管理人过往业绩以及私募基金运行情况将以私募基金管理人向私募基金信息披露备份平台报送的数据为准。这为私募基金管理人未来提供具有公信力的业绩记录有很大意义。

第四节　外资私募股权基金的监管

一　外资私募股权基金在中国的发展

最早来中国探路的外资私募股权基金是美国大名鼎鼎的黑石集团，1991 年它就来过中国。但真正落地中国的是 IDG（International Data Group），1993 年 6 月，IDG 下属的太平洋风险投资基金与上海市科委组建了太平洋技术风险投资（中国）基金（PTV - China）。随后，一些外资私募股权基金开始进入中国市场，让中国人知道与学习到了一种新型的投资模式。

中国市场真正接受风险投资与私募股权基金投资这种投资模式，是在 2000 年后。市场的培育及人们对私募股权基金的认识，需要有一个过程，相关的制度环境也要逐步建构。2004 年，新桥资本从深圳市政府手中购得深圳发展银行 17.9% 的股份，是一个外资私募股权基金试水中国市场的标志性事件，这不仅意味着外资私募股权基金机构成规模地登陆中国市场，而且在不断宽松的政策环境下进行了大手笔的并购行为。外资私募股权基金机构入股中国境内企业后，由于国内资本市场的限制，他们不能在国内寻求退出渠道，只得通过曲线救国的方式，设计出了所谓的"红筹模式"，依照这种投资模式，一些后来成为中国新兴产业代表的境内企业纷纷涌向海外资本市场。外资私募股权基金进入中国市场，确实给中国市场注入了大量外资，其在国际资本市场上的巨大运作能力与影响力，令中国人刮目相看。中国巨大的市场空间，快速增长的经济环境，成长中的企业家群体，都给这些外国投资者极大的诱惑。

至 2005 年，50 家外资私募股权基金机构掌控了 114 亿美元的资金，本土的创投机构虽然有 130 多家，但掌握的资金仅为 4.7 亿美元。外资私募股权基金投资了 126 家企业，投资总额为 7.3 亿美元，而本土创投公司仅投资了 83 家企业，投资总额为 1.6 亿美元。截至 2006 年年底，中国企业在海外上市的数量在 400 家以上，80% 以上的企业都是以红筹模式上市的，其中，2005 年有 81 家企业海外上市，2006 年有 86 家企业海外上市。[①]

随着外资私募股权基金大举进军中国市场，在中国市场的投资与并购行为也日益增多。据统计，2003 年以前，外资在中国的并购占其在华直接投资的 5% 左右，但到了 2006 年，这一比例达到了 63.6%，增加了 12 倍多。[②] 外资并购的行为产生了"鲶鱼效应"，本土私募股权机构开始兴起。这当然得益于中国经济的持续增长，民间财富的增加，社会资金大量进入投资渠道。本土私募股权基金兴起之后，新的投资热潮不断高涨。2009 年，深圳创业板设立，一批投资新兴中小企业的国内私募股权基金企业通过公开上市退出，赚得盆满钵满，不断产生财富生产的奇迹，使人们顿时觉得，私募股权基金是一个可以获得高额利润的投资行业。一时 PE 这个简写的英文大写字母成为投资人与财富梦想者的口头禅。在此情境下，外资私募股权基金备感压力。

---

① 北京市道可律师事务所、道可特投资管理（北京）公司编著：《外资 PE 在中国的运作与发展》，中信出版社 2011 年版，第 36—38 页。

② 北京市道可律师事务所、道可特投资管理（北京）公司编著：《外资 PE 在中国的运作与发展》，中信出版社 2011 年版，第 39 页。

外资私募股权基金在中国可分为纯外资私募股权基金与中国外资私募股权基金,前者是指根据国外或者中国港澳台地区的规定设立在境外的私募股权基金机构,资金主要来源于境外,基金以外币为主,该类基金通常在国内只设代表处,不设实体,他们投资于国内企业,或者在红筹模式中投资于在离岸地设立的持有中国境内资产或股权的离岸公司。后者也分为两类,一类是资金来源于境外,另一类资金主要在境内募集。①

外资私募股权基金带给中国企业与中国经济巨大的利益,如带领中国企业走向海外的资本市场;帮助中国的中小企业乃至创业企业改进管理,提升效率;使一些中国企业开始走国际化的发展道路;成为中国吸引外资的另一个重要渠道;等等。但这些资本大鳄、门口的野蛮人也让人深刻地认识到资本的两面性,外资私募股权基金的"双刃剑"效应也在中国市场日益显现,一些优质的中国企业被外资控制,他们通过高超的资本运作在中国市场获得了超额的利益,这不得不引起中国政府主管部门的重视与关注。从近十多年来的制度变化,可以看出我国政府对外资私募股权基金的监管思路,也从另一个侧面看出中国经济在此阶段的不断变化。

二 对外资创业投资企业的审核与监管

随着外资私募股权基金企业走入中国,怎样规范其经营成为我国政府主管部门首要问题。2001年8月28日,外贸部、科技部和工商总局发布了《关于设立外商投资创业投资企业的暂行规定》。2003年3月1日,这三个部门又会同税务总局与外汇管理局联合发布了《外商投资创业投资企业管理规定》。该规定对"创业投资"进行了界定,称创业投资是指主要向未上市高新技术企业进行股权投资,并为之提供创业管理服务,以期获取资本增值收益的投资方式。外商创投企业可以采取非法人制组织形式,也可以采取公司制组织形式。设立登记条件部分,规定了投资

---

① 北京市道可律师事务所、道可特投资管理(北京)公司编著:《外资PE在中国的运作与发展》,中信出版社2011年版,第11页。

者的最低人数与最高人数要求，根据不同类型的企业，规定了最低的认缴出资的最低限额，规定了必备投资者应当具备的条件等。对外资创业投资企业的审核与监管要求主要有：

1. 登记备案。根据《外商投资产业指导目录》的分类，创投企业投资于鼓励类和允许类的投资企业，应向所投资企业当地授权的外经贸部门备案。创投企业投资于限制类的投资企业，应向所投资企业所在省级外经贸主管部门提出申请，经主管部门批准后，颁发批准证书，所投资企业持该批复文件和外商投资企业批准证书向登记机关申请登记，准许登记的，颁发外商投资企业法人经营执照。创投企业投资属于服务贸易领域逐步开放的外商投资项目，按国家有关规定审批。

2. 年度备案。创投企业还应在每年3月将上一年度的资金筹集和使用情况报审批机构备案。审批机构在接到该备案材料起5个工作日内应出具备案登记证明。凡未按上述规定备案的，审批机构将商国务院有关部门后予以相应处罚。

3. 投资比例门槛。"创投企业的所投资企业注册资本中，如果创投企业投资的比例中外国投资者的实际出资比例或与其他外国投资者联合投资的比例总和不低于25%，则该所投资企业将享受外商投资企业有关优惠待遇；如果创投企业投资的比例中外国投资者的实际出资比例或与其他外国投资者联合投资的比例总和低于该所投资企业注册资本的25%，则该所投资企业将不享受外商投资企业有关优惠待遇。"①

4. 从业资格禁止规定。创投企业经营管理机构的负责人和创业投资管理企业的负责人如有违法操作行为，除依法追究责任外，情节严重的，不得继续从事创业投资及相关的投资管理活动。

5. 结汇监管。根据我国政府的相关规定，外资企业在中国投资要建立外汇账户。创投企业获取了投资收益之后，如果外国投资者要将投资收益汇出境外，则需要通过相关的手续进行办理，《管理办法》对此事项进行了流程方面的规定。如果外国投资者回收创业投资企业中的出资，手续要简便一些，可以依法申购外汇汇出。外资创业投资企业所需要外

---

① 《外商投资创业投资企业管理规定》第四十六条。

汇，需要按照国家外汇管理部门的规定办理。

6. 期限监管。投资者应在合同、章程中约定创投企业的经营期限，一般不得超过 12 年。经营期满，经审批机构批准，可以延期。

三 红筹模式与规避监管

中国的对外开放政策是逐步完善的，刚开始对外开放时，政府对外资的投资领域有许多限制或者禁止性规定，在这些限制与禁止性领域，外资不得进入或者受限进入。但是，即使有这方面的限制或者禁止性规定，一方面由于国内这些行业需要外商的投资；另一方面，外国投资者也看好中国需要外资的这些行业。但是由于法律与政策的限制，外资不能直接进入这些行业进行投资。于是，一些外商投资企业，尤其是外资私募股权基金通过精心设计出一种规避外资投资监管的投资模式，间接地进入了原来受到限制甚至是禁止进入的领域。这种模式称为"红筹模式"。具体而言，红筹模式是指境内公司将境内资产/权益以股权/资产收购或协议控制（VIE）等形式转移至在境外注册的离岸公司，而后通过境外离岸公司来持有境内资产或股权，然后以境外注册的离岸公司名义申请在境外交易所挂牌交易的上市模式。这里核心的部分是协议控制模式，通过协议控制，外资私募股权基金就可以投资中国境内企业股权了。

可变利益实体（Variable Interest Entity，VIE），即"VIE 结构"，也称为"协议控制"，是指境内运营实体与境外上市实体相分离，境外上市实体通过协议的方式控制境内运营实体，使该运营实体成为上市实体的可变利益实体。这种安排可以通过控制协议将境内运营实体的利益转移至境外上市实体，使外上市实体的股东（即境外投资人）实际享有境内运营实体经营所产生的利益，此利益实体系指合法经营的公司、企业或投资。[①]

具体的操作流程大致是：（1）国内公司的创始人或者管理团队在英属维京群岛、开曼群岛设立离岸壳公司特殊目的实体（Special Purpose

---

① 参见百度百科"可变利益实体"词条。VIE 架构后来得到了美国通用会计准则（GAPP）的认可，专门为此设立了"VIE 会计准则"，即可变利益实体准则，允许在框架下将国内被控制的企业报表与境外上市企业的报表进行合并。解决了境外上市的问题。

Vehicle，SPV)。(2) SPV 与 VC、PE 及其他的股东，再共同成立一家离岸公司，作为将来上市的实体。(3) 这家上市公司的实体在香港设立一家壳公司，并持有该香港公司 100% 股权。(4) 这家香港公司在境内设立一家或者几家全资子公司，这些公司都是外商独资企业（WFOE）。这样国内公司的创始人或者管理团队通过境外的 SPV 控制境内公司。(5) 外商独资企业与国内运营业务的实体签订一系列协议，实现享有 VIE 权益的目的，同时符合美国证券交易委员会的规定。(6) SPV 为融资平台发售优先股或者可转股给投资基金进行私募融资。(7) 实现境外 SPV 的海外上市。

可变利益实体是美国 2001 年发生安然事件之后发展起来的。安然事件之前，当时的美国会计准则要求一家公司对另一家公司拥有多数投票权才会要求两家公司合并报表。安然事件之后，美国财务会计标准委员会出台了 FIN46 条款，根据该条款，凡是满足以下三个条件之一的 SPV 都应视为 VIE，要将其资产损益并入"第一受益人"的资产负债表中。这三个条件是：(1) 投资者虽然不拥有多数投票权，但仍拥有对实体的控制权；(2) 实体的股东无法控制该公司；(3) 股东享有的投票权与股东享受的利益分成不成比例。VIE 结构由一系列的协议构成：贷款协议、股权质押协议、独家顾问服务协议、资产运营控制协议、认股权协议和投票权协议等。

"协议控制"模式最初由新浪采用，也被称为"新浪模式"，源于该模式在新浪网境外红筹上市时首开先河。当时，新浪网也打算采用普通的红筹模式上市，即实际控制人在境外设立离岸公司，然后实际控制人通过离岸公司，反向收购境内的经营实体公司，从而将境内权益转移至境外，之后再由境外离岸公司申请在境外某证券交易所上市。新浪之所以采用此种模式，主要原因是由于互联网业务（即电信增值业务）是禁止外资进入的，[①] 因而离岸公司（被视作外资方）将无法收购境内的经营

---

① 2015 年 6 月 20 日，工信部发布公告，宣布在上海自贸区开展试点基础上，在全国范围内放开经营类电子商务（在线数据处理与交易处理业务）外资股比限制，外资持股比例可至 100%。这意味着，电商类中概股可以不必拆除 VIE 架构直接回归。

实体。正是在这种背景之下，律师设计出了"协议控制"模式，即境外离岸公司不直接收购境内经营实体，而是在境内投资设立一家外商独资企业，为国内经营实体企业提供垄断性咨询、管理等服务，国内经营实体企业将其所有净利润，以"服务费"的方式支付给外商独资企业；同时，该外商独资企业还应通过合同，取得对境内企业全部股权的优先购买权、抵押权和投票表决权、经营控制权。后来这种模式被众多境外上市的国内互联网企业所复制，继而这种模式进一步扩大至出版、教育等"外资禁入"行业企业的境外上市。

四 遏制红筹模式

2005年1月外管局发布了《国家外汇管理局关于完善外资并购外汇管理有关问题的通知》（简称11号文），4月21日发布了《国家外汇管理局关于境内居民个人境外投资登记及外资并购外汇登记有关问题的通知》（简称29号文），以重审批、登记环节，基本上遏制了红筹之路。

外管局的文件下发之后，引起了业内的巨大反响，意见很大。于是，2005年10月，外管局发布了《关于境内居民通过境外特殊目的公司境外融资及返程投资外汇管理有关问题的通知》（汇发〔2005〕75号，简称75号文），重新开启了海外创投基金在中国的投资通道，也重新开启了境内民营企业赴海外上市的通道。

2006年是对外资私募股权基金监管的转折年。之后的几年间，政府主管部门出台了多份规定，从审批、外汇等多个方面加大了对外资私募股权基金的监管力度。

2006年9月8日，商务部、国资委、国家税务总局、国家工商总局、证监会、外管局六个部委联合出台了《关于外国投资者并购境内企业的规定》（2006年第10号，以下简称"10号文"）。"10号文"对外资私募股权基金的并购作出了两个方面的规定：一是对外资并购境内企业需要满足的条件作出了更加具体的规定，例如，增加了关联并购的概念和反垄断审查的要求。二是对外资并购完成的方式，特别是对以股权为收购对价、通过SPV进行跨境换股等技术手段作出了具体的规定。要求特殊目的公司的投资必须报商务部、证监会审批，出具相关文件，并且对境外公司上市以及融资资金提出了具体要求。从理论上讲，10号文出台之后，红筹之路基本上被封死了。

从2005年年初开始一直到"10号文"出台，这段时间里，政府主管部门出于限制资本外逃、防止逃税等目的，甚至以"保护民族产业"和"反垄断"大旗，从外管局到商务部，对于外资并购的监管日益严格。但从执行效果看却不尽如人意。

监管规则的不确定性，也增加了执行的难度。"10号文"第11条规定："境内公司、企业或自然人以其在境外合法设立或控制的公司名义并购与其有关联关系的境内的公司，应报商务部审批"，并称"当事人不得以外商投资企业境内投资或其他方式规避前述要求"。这些"其他方式"到底指的是什么，含义不清，指向不明，监管部门一直没有过正式的说明或解释，这就为具体审批者寻租打开了方便之门。其实，"新浪模式"，就是其他方式之一，即外资在进入某些限制性行业时，不进行股权收购，而是通过"协议控制"等一系列安排来获得实际控制权。

五 对外资并购的安全审查

国务院办公厅2011年2月3日发布《关于建立外国投资者并购境内企业安全审查制度的通知》（国办发〔2011〕6号），随后商务部于2011年8月15日发布第53号公告《实施外国投资者并购境内企业安全审查制度的规定》，对一些外资并购安全审查的详细要求与操作流程进行了规定。

（一）并购安全审查范围

1. 并购安全审查的范围。审查范围包括外国投资者并购境内下列企业：军工及军工配套企业，重点、敏感军事设施周边企业，以及关系国防安全的其他单位；关系国家安全的重要农产品、重要能源和资源、重要基础设施、重要运输服务、关键技术、重大装备制造等企业。

2. 外资并购的情形。外资并购情形有以下几种：购买股权、增资境内企业使其成为外商投资企业、通过设立外商投资企业协议购买境内企业资产并且运营该资产、直接购买境内企业资产，并以该资产投资设立外商投资企业运营该资产等。

(二) 并购安全审查内容

并购安全审查的内容包括以下方面：国防安全、国家经济稳定运行的影响、社会基本生活秩序的影响、国家安全关键技术研发能力的影响。

(三) 并购安全审查机构

设立外国投资者并购境内企业安全审查部际联席会议（以下简称联席会议）制度，由联席会议具体承担并购安全审查工作。联席会议在国务院领导下，由发展改革委、商务部牵头，根据外资并购所涉及的行业和领域，会同相关部门开展并购安全审查。联席会议可以对需要进行安全审查的外国投资者并购境内企业交易进行安全审查并作出决定。

(四) 并购安全审查程序

1. 提出申请。并购者向商务部提出并购申请，对属于安全审查范围内的并购申请，商务部应在规定的工作日内提请联席会议进行审查。并购涉及的相关利益方，如有关政府部门，行业协会、同行企业及上下游企业均可以提出建议。

2. 一般审查。商务部对并购申请进行一般性审查，一般性审查采用书面征求意见的方式进行。有关部门收到商务部的书面征求意见函后，在规定的时间内提出书面回复，如有关部门均认为并购不影响国家安全，由联席会议提出审查意见后，通知商务部。

3. 特别审查。如果有部门认为并购可能对国家安全造成影响，联席会议应在收到书面意见后5个工作日内启动特别审查程序。由联席会议组织对并购进行安全评估，并结合评估意见对并购交易进行审查，意见基本一致的，由联席会议提出审查意见；存在重大分歧的，由联席会议报请国务院决定。审查意见由联席会议书面通知商务部。

六 审查结果

经过审查后，分以下不同的情况进行处理：不影响国家安全的，申请人可按照我国有关并购规则办理并购交易手续；可能影响国家安全且并购交易尚未实施的，当事人应当终止交易；并购行为对国家安全已经造成或可能造成重大影响的，根据联席会议审查意见，商务部会同有关部门终止并购交易，或采取其他有效措施消除该并购行为对国家安全的影响。

第八章

完善我国私募股权基金监管制度的意见与建议

本章就如何完善我国私募股权基金监管制度提出一些意见与建议。笔者认为,就我国当前私募股权基金发展的实际来看,促进私募股权基金的发展仍然是主要任务,监管的目的是为了促进该行业更好地发展。发展是监管的前提,如果没有一个繁荣发达的私募股权基金市场,监管就成为无本之木,无源之水。因此,笔者首先提出了一些促进发展的建议。在此基础上,就如何完善我国私募股权基金监管制度提出了意见与建议。

第一节 大力发展私募股权基金是完善监管制度的前提

如前所述,我国私募股权基金在近20年的时间里取得了令人惊叹的发展成绩,但作为一个经济快速发展的大国来说,私募股权基金市场发展不足,仍然具有很大的发展空间,因此,监管的目标,或者是首要的目标,仍然是通过监管大力促进我国私募股权基金的健康发展,做大做强私募股权基金市场,让其在法治的发展环境获得更好的发展。根据我国经济发展的现阶段特点,大力发展私募股权基金市场还有如下的现实意义。

一 私募股权基金是连接金融与实体经济的桥梁

当下中国的经济发展现实表明,大量的中小微企业的发展面临着融资难、融资贵的问题,但大量的金融资本却做着"钱生钱""自娱自乐"的金钱游戏,金融空转,脱离实体经济的现象十分严重。如果这一现象在短期内不能得到根本的扭转,将对中国经济的可持续发展造成严重的伤害。那么,私募股权基金的发展可以解开这个结。有专家指出:"私募股权投资不仅作为金融工具服务于实体经济,同时创造实体经济,而且他创造出的实体经济是以创新的方法和改革的路径创造新的、有生命力的、有未来的实体经济。"[①] 从战略新兴产业的发展逻辑来认证这一结论:所有的战略新兴产业都是在私募股权投资的摸索创新纠错和最后成长出来以后才昭告世人的。人们一开始不知道什么是战略新兴产业,不知道怎样发展战略新兴产业,但有战略眼光的投资者从天使投资开始,逐步经过若干投资环节,一天一天地培育这个新兴的产业,投资者用新的交易结构,在产业发展的不同阶段用不同的价格进行交易,最后成长出了我们所期望的战略新兴产业。

大众创业、万众创新,背后必须有大众投资。大众投资的一个有效方式就是通过私募股权进行投资。大众投资与大众创业这样就联结起来了。综观第二次世界大战以来的西方发达国家的技术创新与创业,资本与创新之间的关系是密不可分的。政府需要给创业者和投资人营造创业的制度氛围和法治环境。

私募股权投资基金行业对实体经济发展有实质性的影响,可以起到调整经济结构、推动实体经济发展的作用。金融支持实体经济最好的方式就是股权投资,股权投资是金融业支持实体经济发展最重要的管道,而促进创新创业最好的结合就是天使投资和创业投资。如果将私募股权投资基金与实体经济之间的管道打通之后,金融资本就可以源源不断地输送到实体经济中。

---

① 全国社保基金会副理事长王忠民在第七届全球 PE 北京论坛上的演讲,2015 年 12 月 5 日。

这一点可以从国内外私募股权投资基金的投向得到验证。国内外大型企业的投资,传统的资产类别已经占到了较小的比重,另类资产的投资比重占到了75%左右,而在所有另类资产当中私募股权基金的投资在其中已经占到了20%左右。因此,我们可以这样认为:"私募股权基金不仅是金融服务,更是创造了实体经济,不仅创造新的实体经济,而且创造改革方向预示着明天的实体经济;不仅标示着我们过去投资的选择,而且标示着今天大型资本投资的比例在不停地提升,那正好是今天社会时代的需要。"[①]

二 私募股权基金可以促进供给侧结构性改革

私募股权投资基金还对我们目前进行的供给侧结构性改革起到促进作用。供给侧的改革侧重于结构性改革,结构性改革意味着传统产业向现代产业转型,或者在传统产业中注入新技术的要素,提升传统产业产品的质量,那么,作为私募股权投资基金的投资者,前瞻性观察到了这一变化,敏锐地意识到新兴产业的生长机会,抓住未来市场机会加快新技术的研发,那么,他们在未来的市场中就能抢占先机。对未来市场的信心,体现在对其所投资的目标企业的估值上,如果投资者认为这一新技术或者新产业有巨大的未来市场机会,投资者给出的估值就会很高,这样的企业就能在资本市场很容易获得融资,这样的融资就会很快促成该企业的快速成长。如果一旦投资者发现该产业或者产品未来可能出现过剩或者衰退,他们会通过资本市场退出,寻找新的机会。可以说,私募股权投资基金,在一定程度上可以通过市场机制的手段,调整产业结构,加快供给侧结构性改革。

三 私募股权基金为中国企业的海外并购提供资金支持

私募股权投资基金投资海外市场,主要的原因有三个:一是通过投资海外企业,购买海外的核心技术、创新技术。二是国内经济快速发展

[①] 全国社保基金会副理事长王忠民在第七届全球 PE 北京论坛上的演讲,2015 年 12 月 5 日。

积累起了大量的资金,从 2015 年开始,中国成为资本净流出国家,第一次中国企业的海外投资超过了中国吸收的海外资金。国内在一定程度上出现了资金过剩的问题。投资公司开始面向海外市场拓展,也是中国经济发展到目前阶段的自然结果。三是国内企业通过并购海外企业,提升企业自身的价值,增加企业的估值。

在一些领域开始出现了全球并购的机会。如半导体技术领域。高新技术的发源地现在基本上都在欧美,如美国的硅谷就是创新的天堂。在没有原创技术产生的时候,技术市场发展起来很困难。随着中国企业的转型升级与产品的升级换代,中国企业有了技术需求,相应的技术市场开始发展起来,而且越来越大,现在开始出现了这样的现象:不少中国人在美国硅谷进行技术创新,回到中国进行创业,因为中国的市场需求巨大。从美国回来的技术人员开始创业的时候,需要资本的支持,这样就为私募股权投资基金提供了广阔的市场。相应地,中国企业的并购市场也发生了变化,过去是中国的企业到海外去并购国外的企业,如联想并购 IBM、吉利并购沃尔沃等。但最近在半导体市场领域出现了一个新的趋势,就是以私募股权投资基金为主来进行并购。技术市场的投资变化亦如技术变化那样快。就如半导体市场来说,并购市场不到两年经过了三个阶段:第一阶段中国概念股回归,在美国上市的几家中国公司已经回归中国,如 2013 年 12 月 24 日,紫光集团公布,已完成对展讯的收购,展讯私有化完成,成功从美国纳斯达克退市。目前完成私有化的集成电路中概股(红筹股)有展讯、锐迪科(现已合并为紫光展锐)、澜起科技、珠海炬力、华澜微电子等。中国半导体企业退出美国金融市场是一个可预见的趋势。十年前,中国第一批寻求股票公开发行(IPO)的无晶圆厂半导体企业,在中国本地找不到适合的金融市场。现在中国政府开始重视半导体领域的创新与技术研发,在资金方面也给予了大力支持。中国打算自 2015 年起每年投资 100 亿—150 亿美元,扶植本土芯片产业,时间可能长达 5—10 年。中国各地政府成立的政府引导基金也在助力这个产业的发展,进行了大量的投资。第二阶段是华人在海外创办公司,中国留学生在海外创办公司的现象越来越多。第三阶段是中国公司开始参股海外公司,再通过参股公司进行海外并购。如紫光股份有限公司于

2015年10月23日发布《关于拟参股公司西部数据收购闪迪公司的公告》，公告称：2015年9月29日和2015年10月16日，经公司第六届董事会第十六次和第十七次会议审议通过，紫光股份有限公司（以下简称"公司"）下属香港全资子公司紫光联合信息系统有限公司（以下简称"紫光联合"）拟投资3775369185美元，以92.50美元/股的价格认购美国NASDAQ上市公司Western Digital Corporation（西部数据股份有限公司，股票代码：WDC，以下简称"西部数据"）新发行的40814802股普通股股份。认购发行完成后，公司将通过紫光联合持有西部数据发行在外的约15%的股份，成为第一大股东，并将拥有1个董事会席位，同时公司对西部数据的长期股权投资将采用权益法核算。2015年10月21日，西部数据宣布以约190亿美元收购美国NASDAQ上市公司San Disk Corporation（闪迪公司，股票代码：SNDK，以下简称"闪迪"）所有发行在外的股份，上述收购将采用现金加股票的方式，每股作价相当于86.50美元。西部数据与闪迪董事会批准同意了该收购方案。

四 私募股权基金助力我国的科技创新

在我国当前大力倡导创新驱动，以科技创新为国家战略的时候，促使科技创新转化和产业化的速度不断加快，原始科技创新、关键技术创新和系统集成创新的作用日益突出，私募股权投资基金行业是加快资本与科技产业对接的首选，具有显著的宏观经济效益和微观的经济价值。创新创业是源于科技创新，但是成于金融支持。如近年来北京市海淀区根据北京市建设科创中心的机遇，大力推动核心区的科技金融创新发展，金融支持实体经济效果明显，特别是在股权投资等领域初步形成了区域的聚集效应，海淀区作为全国创新资本中心的地位也进一步地显现。到2015年年底，"海淀区的股权投资机构累计达到987家，管理的社会资本量累计超过了3300亿元，区域内企业2015年的获投案例已经超过了120起，获投金额370亿元，海淀区通过设立股权投资基金，创投引导基金和科技成果转化引导基金等多种类型的基金，形成了具有海淀特色的基金生态体系，直接或间接投资于区域内的中小微科技企业，挖掘和促进重大科技成果在海淀落地，转化以及产业化，加速实体企业成长。"①

从国家层面来看，决策者们早就认识到私募股权基金在科技创新中的功能与作用。首先，私募股权基金是创业型创新型中小企业的重要融资渠道。国务院办公厅《关于金融支持经济结构调整和转型升级的指导意见》（国办发〔2013〕67号）要求："规范发展各类机构投资者，探索发展并购投资基金，鼓励私募股权投资基金、风险投资基金产品创新，促进创新型、创业型中小企业融资发展。"国家发改委等《关于中关村国家自主创新示范区建设国家科技金融创新中心的意见》（京政发〔2012〕23号）要求："大力培育天使投资人。培育天使投资者队伍，引导鼓励境内外个人开展天使投资业务。"鼓励创业投资企业投向战略性新兴产业领域的初创期科技企业。不断完善支持创业投资发展的政策环境。完善创业投资退出机制。同时，鼓励和引导创业投资机构与科技孵化器、大学科技园等创业孵化平台开展深入合作，强化创业孵化平台对在孵项目的金融服务与创业指导功能。鼓励战略性新兴产业的平台型公司和行业龙头企业利用"创投+孵化"模式，为初创期科技企业提供资金、平台与业务相结合的组合支持。鼓励民间资本参与设立科技企业孵化器，并在资金、土地、人才引进等方面给予政策支持，降低其运营成本。

其次，在地方政府层面，如北京、上海、深圳等科技实力雄厚，金融市场发达的城市，十分重视私募股权基金对科技研发的投入力度，逐步建立起了较为完善的促进金融与科技融合发展的体制机制。如地方政府在建设科技创新中心方面，十分重视金融对科技创新的影响与作用。北京市海淀区政府《关于落实中关村国家自主创新示范区建设国家科技金融创新中心的实施方案》（京海发〔2013〕15号），要求将海淀区建成"全国创新资本中心"。在私募股权投资基金方面，提出了"完善创业投资体系，打造全国股权投资中心"的目标。同时，实施方案制订了许多具体的措施。

---

① 北京市海淀区副区长孟景伟在第七届全球PE北京论坛上的演讲，2015年12月5日。

第二节 我国现有监管制度与监管
措施存在的主要问题

一 政府以直接参与方式过度干预私募股权基金市场

政府参与私募股权投资市场的主要方式是设立政府引导基金，在发展初期的主要推动力量和出资者是各级政府的科技部门和财政部门。私募股权投资基金市场本来是一个纯粹的私人资本市场，其市场本质是富裕的私人资本在这个充满风险的市场里进行风险投资。即使投资损失了，也不影响投资人的基本生活，但如果投资成功了，投资者则可以获得丰厚的回报。

目前，我国政府投资资金参与创业投资的主要方式是直接参与并亲自经营创业投资基金。政府创业投资基金的管理人员一般是政府官员，投资的目标是推动地方高科技发展并使之产业化。政府部门一方面管理创业投资基金，是创投市场的"裁判员"，另一方面又设立创业投资基金，直接参与市场竞争，是创投市场的"运动员"，这就难免带来政府角色冲突问题。事实也是如此，为了保证自己的投资能取得良好的收益，政府创业投资基金享有其他创业投资基金所没有的税收和政策上的优惠。这在一定程度上破坏了市场的竞争秩序，使民营和外资创业投资基金处于劣势的竞争地位。尽管如此，实践表明政府创业投资基金的经营效果并不理想。为了改善政府资金参与创投市场的方式，2008年10月18日，国务院办公厅转发了国家发改委、财政部、商务部等部门联合拟定的《关于创业投资引导基金规范设立与运作的指导意见》（以下简称《指导意见》）。根据《指导意见》，所谓引导基金是指由政府设立并按市场化方式运作的政策性基金，它主要通过扶持创业投资企业发展，引导社会资金进入创业投资领域，其本身不直接从事创业投资业务。引导基金的宗旨是解决政府部门的角色冲突，防止其不正当干预创投市场竞争，同时发挥财政资金的杠杆放大效应，增加创业投资资本的供给，克服单纯通过市场配置创业投资资本的市场失灵问题。实际上，政府引导基金参与私募股权投资，对于引导基金的管理者，用什么样的绩效评价标准考核他们的业绩？如果采取市场化的绩效考核体系考核他们的业绩，那么，他们必然要与私人资本争利，利用一切行政资源为引导基金获利创造条件；如果不用市场化的绩效考核体系进行考核，政府如何约束他们不会用纳税人的钱去谋取私利？这种道德风险基本上不可控。既然是风险投资，投资必须会有失有得，失了老百姓不愿意，如当年中国投资有限责任公司投资黑石集团一样，那笔投资在短期内受到了较大的损失，全国人民骂声一遍。投资获利了，政府又不可能按照一般私人投资那样将收益所得的20%奖励给基金的管理者。况且，投资市场不可能只能盈利不能亏损。但国有资本是大家的钱，投资者是拿到大家的钱在资本市场里投资，投资亏损的责任谁也承担不起。

对于产业投资基金，我国目前实行的是审批制，具体操作要经过项目建议书、可行性研究报告、开工报告三个环节。审批制使产业投资基金的设立与否完全取决于监管部门的行政决定，而不是市场主体的自主判断。产业投资基金本质上是投资者实现自有资本价值增值的工具，投资者要承担基金投资可能失败的一切风险。最终承担责任的主体没有权力决定基金的设立，决定基金设立的主体不需要为自己可能的决策失误"埋单"，这不符合权利责任相统一的一般法理。

另外，政府审批的自身弊端决定了它往往低于市场选择的效率。首先，审批机关很可能将行政关系带入产业投资基金的具体运作，政府官员可能被选为基金管理人员，投资项目需要按照政府部门的意图来选择等，基金的运作难免受到较大干扰；其次，由于政府资源稀缺性的特点，寻租现象和腐败行为难以避免；最后，地方政府一般只愿意将资金投资于当地，具有地域限制，这种局限不利于实现产业投资基金的最大收益，因为基于风险控制和投资组合的考虑，产业投资基金需要进行分散投资。

二 法律规范缺失导致监管法律依据不足

我国目前还没有专门规范和监管私募股权投资基金的法律规范，相关法律规定如《公司法》《证券法》《合伙企业法》以及《信托法》等，为私募股权投资基金采取公司制、有限合伙制或信托制的组织形式提供了依据，对私募股权投资基金的设立法律依据留有余地，但基本上都没有明确其合法地位。2001年6月中国人民银行公布的《信托投资公司资金信托管理暂行办法》和《信托投资公司管理办法》、2003年1月对外经贸部等五部委联合发布的《外商投资创业投资企业管理规定》、2005年11月国家发改委等十部委联合发布的《创业投资企业管理暂行办法》、2007年1月银监会发布的《信托公司集合资金信托计划管理办法》及《信托公司私人股权投资信托业务操作指引》等，分别对相应类型的私募股权投资基金作出规定，但因政出多门且效率不高，往往得不到严格执行。在人们期待将私募股权基金纳入《证券投资基金法》调整对象时，立法机关虽然在立法调研时将业内人士的这种期待反映了上来，但最终的法律修改还是没有将私募股权基金纳入该法的调整范围。与此形成对照的是，欧美国家在美国金融危机发生之后，纷纷将私募股权基金纳入法律的监管对象，与其他金融品种与金融工具相比，这种监管虽然只是一种有限的监管，但监管机构在实施监管措施时总可以"有法可依"。由中国证监会发布的《私募投资基金监督管理暂行办法》，偏重私募证券投资基金，其中单设一章"关于创业投资基金的特别规定"，也只有四个条款，显然不足以涵盖私募股权基金。业内人士一直呼吁，私募证券基金与私募股权基金是两个不同的金融品种，不宜用一个监管办法进行监管，尤其不能用监管私募证券基金的规则来监管私募股权基金。用一个部门规章来监管如此重要的投资品种，其法律层级与效力是远远不够的。

在政府政策层面，非常重视私募股权基金的发展，国务院2016年9月发布了《关于促进创业投资持续健康发展的若干意见》（国发〔2016〕53号文件），这个文件是私募股权投资基金行业发展史上首个国家层面的重要文件，为行业的发展指明了方向，极大地带动了广大人民群众创新创业的积极性。但政府的促进政策终究不是法律规则，替代不了法律规则的作用，更不可能成为监管的依据。

由于缺乏明确的法律规定，合法私募和非法集资的界限往往难以把握，人们对行为后果的预期不明，可能导致其自认为正常的经营行为却被认定为非法集资而入罪，而实践中借私募之名行集资诈骗之实的也确实不乏其人，导致投资者损失巨大，甚至引发影响社会稳定的群体事件。在缺乏明确法律规范的情况下，基金募集人一旦经营失败则面临可能入罪的风险，而投资者的利益也面临无法得到法律保障的风险，这对我国私募股权投资基金的健康发展，显然是不利的。

三 行政监管模式导致监管效率低下

笔者认为我国现行的金融监管模式既不是原则监管模式也不是规则管理模式，而是一种典型的行政监管模式。主要的表现形式是：一是金融机构分业经营，金融监管机构分业监管。金融机构根据相关法律规定依法形成了分业经营的格局，导致的结果是监管机构只能分设，形成监管机构分业设置与分业监管的局面。在我国现行的政府机构系统里，金融监管机构如证监会、银保监会不属于行政机构而是事业机构，虽然它们享有的是行政监管权力，这是当时设立这些机构时考虑到不增加行政机构与公务人员的政府承诺，而将这些监管机构设定为事业单位，但政府的监管机构理所当然属于行政序列，监管人员也应是公务员。目前这些监管机构名为国家事业机构，实际却享有国家行政权力。二是分业监管导致政出多门。分业监管格局下，每家监管机构只负责本行业的监管，不可能将监管之手伸到其他行业里。但金融机构经过这些年的快速发展，手里已经不止一张金融牌照，金融控股集团拥有经营多种金融品种的牌照。因此，一家金融机构可能面临多家监管机构的监管。为了协调监管，有时只好由几家监管机构共同颁布监管规则，这就出现了我国独特的监管机构共同发文的现象。三是即使是分业监管，仍然存在监管真空，更存在监管套利问题。这导致监管效率大打折扣。四是监管机构的基本思路是要将自己监管的行业管住管好，不发生行业乱象，因此会出现当一个监管机构严格监管的时候，其他监管机构会接踵而至。

具体到私募股权投资基金行业，经过机构与职能的调整，国家发改委与中国证监会的监管职能日益清晰，但这两家监管机构的监管目标是不一样的，从现行的规定来看，国家发改委更多的是要制定促进私募股权投资基金发展的政策，而中国证监会更多的是承担监管该行业的职责。同时，由于不同的金融机构受到不同的监管机构监管，这些监管机构在出台监管政策时必须要涉及私募股权投资基金这个行业有关的金融机构，如金融机构是否可以进入私募股权投资基金行业，以什么方式进入这个行业，不同的监管机构制定的规范性文件是不一样的。同时，在国家缺少针对私募股权投资基金行业统一监管规则的情况下，一些地方政府为了促进本地经济的发展，以及吸引外地资金的进入，会出台一些富有投资吸引力的地方规范性文件，如在私募股权投资基金的税收方面，一些地方政府就明确表示投资人的收益采资本利得税率而不是经营收入税率。为了保持地方政策的协同效应，其他地方政府也会效仿。这就发生了当国家税务部门要严格执行现行税法时，发现各地早已经自行其是了，而且业内人士早已经接受了这样的事实，最后的结果只能通过比监管机构更高层次的国务院出面解决问题。在现行的一些法律规则里，涉及监管的条款很少，导致行政监管机构实施监管时需要依据自身监管的行业特点制定监管规则，由于现行的金融监管依据主要是行政监管部门通过部门规章或者是监管部门的内设机构发布的规范性文件。从之前的监管实践来看，这些监管机构出台的监管规则，大多数没有多少预见性，出台规则的目的是因为被监管行业出现了一些问题，需要监管机构制定监管规则对行业进行治理。因此，监管机构担当的多半是事后诸葛亮的角色。监管机构的这些做法，使监管效率大打折扣。

四　监管目标不明确导致对投资者利益保护不足

私募股权投资基金行业监管的目的是什么？一是通过监管保持这个行业的良性发展，监管第一位的目标是促进私募股权投资基金行业的发展，让这个行业按照自身的规律去发展，没有行业的发展与兴盛，监管就成了无本之木，无源之水。二是要保护投资者的利益。资本的逐利性在于人性对利益的贪婪，如果不给基金管理人套上法律的"紧箍咒"，他们就有可能为了自身的利益而损害投资者的利益。三是防止发生系统性的金融风险。虽然私募股权投资基金在庞大的金融市场里所占份额不大，但如果这个行业发生了危机可能产生的"蝴蝶效应"，就有可能危及整个金融体系。所以，2008年美国金融危机发生之后，各国都对过去的金融监管制度与体系进行了改革，针对私募股权投资基金也不例外，总的趋势是加强了对这个过去主要靠行业自律领域的政府监管，制定了比过去更为严格与详细的监管规则。

私募股权投资基金投资者利益保护，目前从制度设计方面来说，存在先天性的不足，因为没有专门的法律规定来规范这个行业，对损害投资者利益的行为没有法律制裁规则。从前些年私募股权投资行业发生的法律纠纷来看，存在的主要问题在于私募股权机构在募集资金过程中，没有严格遵守合格投资者制度，将许多没有风险承受能力的投资者吸引了进来，一旦发生投资失误或者投资收益达不到投资者的预期，就会发生投资者维权事件，甚至会发生社会群体性事件。一旦发生了这样损害投资者的事件之后，违规者常常还得不到法律的惩罚，缺少法律的详细规则。同时，由于一些事件的发生与当地政府有深厚的关系，当地司法机关处理起来也有很大的难度。多数情况下，投资损失只能由承担不了责任的投资者承担。这一问题的存在，显示了我国在这方面规则存在的严重缺陷。

五　行业协会的自律监管规则过多过细导致监管过度

我国私募股权投资的行业组织，主要是 2012 年 6 月 6 日成立的"中国证券投资基金业协会"（以下简称基金业协会）。该协会是根据《证券投资基金法》第十二章"基金行业协会"有关规定成立的，法律明确授权协会可以"制定和实施行业自律规则"。在该协会成立之前，有另一家协会名为"中国股权投资基金协会"，[①] 该协会在基金业协会成立之前，开展了许多业内活动，在股权投资界颇有影响。基金业协会成立后，后者开展的活动很少了。

前述在《证券投资基金法》修订过程中就该法是否应该调整私募股权基金发生过争论，最后的修订结果是该法不调整私募股权基金。那么根据该法设定的基金业协会是不是私募股权基金的行业组织呢？基金业协会的内部组织机构，有私募管理部和私募服务部，专业委员会中设有私募股权及并购投资基金专业委员会、创业投资基金专业委员会、早期投资专业委员会，基金业协会发布的研究报告中也有私募股权投资基金

---

① 2016 年 4 月 19 日，民政部公布了第四批 100 个"离岸社团""山寨社团"名单，中国股权投资基金协会名列其中。笔者估计该社团要么没有在民政部注册，要么是在境外注册。

的内容。显然，基金业协会也是私募股权投资基金行业的协会。虽然该法不调整私募股权投资基金，但依据该法设立的协会却成了私募股权投资基金业的行业协会，笔者认为，从行政授权的角度可以理解，中国证监会是私募股权投资基金行业的监管机构，基金业协会是证监会下设的一家事业单位，证监会将监管私募股权投资基金的职能授权给基金业协会。基金业协会的事业单位性质以及由中国证监会直接管理，说明该协会具有一定的行政职能，可以称为有人所说的"二政府"。基金业协会成立之后，颁布了许多涉及私募股权投资基金的自律规则。

基金业协会成立之后，加大了对私募股权基金行业的监管力度。首先从私募股权投资基金机构的注册抓起。在发改委监管时期，虽然发改委制定了注册备案的有关规则，但根据企业自愿注册原则，大部分机构没有注册备案。监管职能转给了证监会后，由于证监会是资本市场的监管机构，证监会可以将基金机构的注册备案与资本市场的措施结合起来，如公司上市后股东与董监高持股退出时，如果没有注册备案，私募股权投资基金就不享有受益人优惠条件。这样，基金业协会就有了管理抓手，基金业协会的注册制就能够得到切实的实行。况且，基金业协会会长强调，基金业协会的注册制类似美国证券法律上的注册制，意味着基金业会的注册是一种强制性的制度设计而不是企业自愿选择的事项。

基金业协会成立之后，在短时间内制定一系列规范基金业行业的自律性规则，与国家立法与证监会出台的行政规章，一同构成了"一法、两规、五办法、二指引、多公告"监管体系与监管规则。五个办法、二个指引和众多公告都是由基金业协会发布。这些办法、指引、公告一般都是以"私募投资基金"之名发布，但业内人士都知道，适用对象包括私募股权投资基金。

实际上，私募股权投资基金与私募证券投资基金是两类差别很大的不同类型的基金，若将两者适用同一自律规则，确实值得斟酌。从这些自律规则的要求来看，笔者认为协会的自律监管规则过宽过细，过宽在于违背了私募投资基金信息有限披露原则，将私募投资基金机构所有的业务范围与经营环节都纳入了披露范围；过细是指基金业协会要求私募投资基金机构填报的信息内容太细致，几乎涉及私募投资基金机构的所有数据与信息，申报频次密集，有的是一个季度报一次，有的是一年报一次。从某种意义上讲，这样的信息披露的主要目的是满足协会的填表与统计要求而不是作为监管的工具。

行政机构和行业协会对私募股权投资基金监管过度的另一个例证是2016年后，北京、上海等城市暂停了投资类、金融服务类企业的工商注册。北京工商部门暂停批准包含"投资""资产""资本""控股""基金""财富管理""融资租赁""非融资性担保"等字样的企业和个体户名称；暂停登记"项目投资""股权投资""投资管理""投资咨询""投资顾问""资本管理""资产管理""融资租赁""非融资性担保"等投资类经营项目。随后，上海各区县工商管理部门已暂停了金融信息服务类、财富管理类等类型企业注册，投资类公司的注册也全部暂停了。问题更为严重的是，工商行政管理部门并没有正式对外公开暂停的通知与文件，通过内部通知或者口头告知申请注册的企业和代理公司暂停该项业务了。申办企业是公民的自由权利，没有任何法定的理由，工商管理部门是不能拒绝申请注册权利的。

北京、上海工商部门的这种做法，实为全面收缩私募投资基金的注册，当然包括了私募股权投资基金的注册。根据2015年11月23日，基金业协会微信公众平台发布《私募投资基金登记备案的问题解答（七）》要求，"私募基金管理人的名称和经营范围中应当包含'基金管理''投资管理''资产管理''股权投资''创业投资'等相关字样，对于名称和经营范围中不含'基金管理''投资管理''资产管理''股权投资''创业投资'等相关字样的机构，中国基金业协会将不予登记。"

工商部门暂停私募基金的注册，笔者猜测不可能是工商部门一家独自做出的决策，估计是金融监管机构想从源头治理前几年我国金融领域出现的一些乱象，如一些地方P2P融资平台老板跑路、互联网金融泡沫、民间集资泛滥、以私募股权基金融资为名实为非法集资等。一些行业发展过程出现的问题，与行业本身的存在价值应该没有必然的联系。不能说私募基金行业里出现了一些问题，就干脆不发展这个行业了，不让新的进入者进来了。这种因噎废食的做法，既不能从根本上解决已经存在的问题，也会在客观上阻碍私募股权投资行业的健康发展。

第三节 完善我国私募股权基金监管的意见与建议

一 完善立法，将私募股权基金纳入现行法律规制范围

我国私募股权投资基金整个行业仍然缺乏监管的法律基础。按照 2012 年 12 月修订的《证券投资基金法》，将非公开募集的证券投资基金即私募证券投资基金纳入了监管范围，但是并没有对私募股权投资基金的法律性质进行明确。按照立法机关在法律修改期间所进行的前期调研成果，几次全国人大常务会审读时的修法报告，以及立法机构对该法的立法解释，私募股权基金实际不在该法的调整范围之内。业内人士一直呼吁将私募股权基金纳入该调整范围之内的意愿最终也没有能够实现。笔者认为，一方面存在立法技术层面的原因，证券投资基金法主要是调整证券投资基金的，私募证券投资基金也属于证券投资基金，自然应该将其纳入，但私募股权基金在一般人的理解当中，可能还不能将其归入证券，自然不能将此类金融品种纳入该法的调整范围；另一方面，人们对私募股权投资基金的认识存在分歧，如果将其纳入法律的调整范围，那么其独特性很难与私募证券投资基金适用同样的法律规则，需要单独对其进行规范，就如《私募投资基金监督管理暂行办法》一样，单列一章"关于创业投资基金的特别规定"，对其进行特别规定。从这点也可以证明，无论是《证券投资基金法》还是《私募投资基金监督管理暂行办法》，其实都不适用私募股权投资基金。简言之，私募股权投资基金目前无法可适用。

法不禁止即可行，一个方面，缺乏法律基础为私募股权投资基金行业预留了广泛的发展空间；但需要注意的是，预留的法律空间并不总是成为行业的发展空间，往往也成为政府干预行业发展的空间。另一方面，行业的发展也隐藏着巨大的风险，不仅给政府监管造成难题，也有可能给政府的不当干预提供了机会，不管如何，最终都不利于行业的健康发展。

笔者建议，最现实的选择还是依据现行的法律体系，将私募股权投

资基金纳入相应的法律规范之中。首先要解决的问题是私募股权投资基金的法律性质，它是不是证券？基金份额是不是证券？如果从概念上解决了这个问题，将其纳入法律规范就顺理成章了。如将其纳入现行的《证券法》进行规范，或者纳入《证券投资基金法》也可。等到下一次修订这两部法律时，考虑将其纳入调整范围。如果按照中国法律对证券的理解，确实不应将私募股权投资基金归入证券类品种，那么，单独为其制定一部法律就成为不二选择。如制定《私募股权投资基金法》等。总之，有广阔的发展前景并且有可能兴旺发达的一个产业，对未来中国经济的发展产生巨大影响的产业，不将其纳入法律调整范围，任由市场自由无序地发展，或任由行政权力之手随意地干预，都不是最佳的选择。

二 确立原则监管模式，制定适度监管的指导原则

如上所述，私募股权投资基金虽然没有被纳入现行的法律监管框架，但政府主管部门及基金业协会出台的私募投资基金的监管措施已将私募股权投资基金纳入了自身的监管范围之内，其出台的监管规则适用私募股权投资基金。业内人士多次在公开场合表示，不宜将私募证券投资基金的监管措施套用在私募股权投资基金身上。[①] 但监管机构面临此问题时，也无能为力，因为政府主管部门要切实加强监管，如有监管漏洞，则要承担失职责任。2013年中编办调整监管私募投资基金的通知，将私募股权投资基金的监管职能由国家发改委划入证监会，表面上解决了多头监管问题，但是实际上还存在银保监会、国家外汇管理局、国家税务总局等部门的监管问题。在具体制定与实施监管措施过程中，无论是证监会实施的行政监管，还是基金业协会实施的行业监管，都没有考虑私募股权投资基金和私募证券投资基金两个行业的明显差异，将私募股权投资基金简单视为私募证券投资基金，套用了私募证券投资基金的监管方式，有过度监管的趋势。

在上述中编办的职能调整通知中，要求对私募股权投资基金实施

---

① 中国私募股权基金投资协会会长邵秉仁先生多次在全球北京PE论坛上指出，适用私募证券基金监管规则于私募股权基金是不合适的。

"适度监管"。何为适度监管？中编办的通知中没有界定。所谓"适度"是一种很难实现的监管境界，既不存在监管真空，监管力度偏软，监管效果差的问题，也不存在监管过度，将这个行业管死了，失去了市场活力的问题。在我国整个金融监管领域迄今没有明确宣示监管模式而实际上实行的是行政主导的监管模式的情况下，笔者认为可以在私募股权投资基金行业实施原则监管模式。采用原则监管模式的理由，一是英美发达国家的监管实践与监管经验，证明原则监管模式的监管效果优于规则监管模式，在两种监管模式的竞争中胜出，而且通过英国原则监管模式的实施，提高了英国私募股权投资基金市场的效率与竞争力。二是原则监管模式适合于私募股权投资基金这个行业。从私募股权投资基金发展的历史与现实来看，该种投资工具建立在高度诚信与自律的基础上，市场进入门槛也不高，机构的成立也无须政府审批，只要基金的发行人遵守法律确立的规则即可。基金机构的运营完全依赖于一系列的协议，行业运营靠自律。只要监管机构确立了监管原则，则投资者与基金人、基金管理机构遵守即可。

目前基金业协会推行的注册备案具有一定的行政强制性，虽然基金业协会负责人多次在公开场合强调，基金业协会的注册备案不构成私募股权投资基金机构的自我增信，但基金业协会在注册与备案过程中不对注册与备案的机构信息进行实质性审查，只对机构提供的信息进行形式审查，只要条例基金业协会的要求就可。如果备案的基金出了问题和风险，监管机构是不是需要负责呢？近期媒体爆出的几起私募基金案件，例如早有业内人士指出："基金管理人员私自挪用基金，携款潜逃等，目前就已经有中国证券基金业协会备案的私募基金管理人。可以预计这种类型的案件今后还会出现，证监会只要求股权投资企业前来备案登记，却对可能存在的风险问题不承担任何责任，使人质疑是人为地设置市场准入门槛，存在着权力寻租的嫌疑。"[①]

关于股权投资行业的监管，政府应该充分尊重行业发展的特点，坚

---

① 中国股权投资基金协会会长邵秉仁在第六届全球 PE 北京论坛上的演讲，2014 年 12 月 10 日。

持"行业自律为主、适度监管为辅"的原则，充分发挥行业协会的作用。行业协会是自发成立的非营利性自律组织，根据国务院机构改革和职能转变的方向，行业协会必须与行政机关脱钩。行业协会的成立和运营，也不需要主管部门的行政干预和审批，依法向民政部门登记的行业协会均可以开展强化行业自律、规范行业发展的活动。

在确定原则监管模式的前提下，监管部门应该为中国私募股权基金行业创造宽松适度的发展环境，而不是将私募证券基金行业采取的备案登记制度直接套用到私募股权基金行业，私募股权基金业应该坚持行业自律为主，政府适度监管的原则。目前监管机构将私募证券基金的市场准入制度适用于私募股权基金，约束了股权投资行业的发展，"这样做就会扭曲市场运作行为，扰乱行业已有的健康秩序，破坏已有的良好市场纪律，不利于股权投资行业的发展，不利于支持中小企业实体经济的发展，不能够真正防范股权投资行业发展中的风险，反而给监管部门寻租腐败创造了条件。"[1]

三 完善行业自律机制，清晰界定行业组织职能

中国私募股权基金行业的发展，从无到有，从小到大，开始经历的是一个野蛮生长的过程。外资的进入，让中国人认识到了金融市场上还有这样的金融品种与金融工具，但外资来中国市场试水时，中国经济的发展阶段与制度环境都还没有准备好，他们找不到合适的生长土壤与生存环境。来得早不如来得巧，当中国的资本市场发展到了需要这样的金融品种时，那么，他们的到来就正是时候。中国的私募股权基金市场经历了最初的外资主导、本土人民币基金后来居上、专业化程度提高、退出渠道多元化等不同阶段。从私募股权基金在中国市场的发展史来看，私募股权基金自身的特点与市场适应性表现得淋漓尽致。股权投资行业具有市场化和灵活性的特点，募资、投资、退出都是投资机构的市场化行为，正是基于该行业的这种灵活性特点，无论面临外部经济环境如何，

---

[1] 中国股权投资基金协会会长邵秉仁在第七届全球PE北京论坛上的演讲，2015年12月5日。

私募股权基金机构都能够根据自身的优势灵活应对，在市场的选择下实现优胜劣汰。"中国股权投资行业的发展，是遵循市场经济发展的结果，也是我们一直推动经济体制市场化改革和金融创新的必然结果。"①

欧美私募股权基金已有较长时间的发展历史，行业自律的经验值得我们学习与借鉴。私募股权基金在欧美发展的经验表明，这个行业一直在行业自律的约束下，逐渐发展壮大。私募股权基金在美国一直被视为证券，但它豁免注册。行业自律的特点之一，就是成立行业组织，由行业组织来约束行业行为。美国 1940 年《投资公司法》颁布之后，参与起草的代表们在纽约成立一个名为国家投资公司委员会的行业自律组织，并在美国证券交易委员会的协助下制定了行业规划和共同守则，同时协助美国证券交易委员会执行新的法规。1941 年 10 月更名为国家投资公司协会，开始统计行业数据。1961 年该机构再次更名，改为投资公司协会，并在这一年首次发布年度白皮书。1970 年迁往华盛顿。投资公司协会是一个自律性质的非营利组织，其宗旨是使投资基金交易公正进行，保护投资者的利益，促进投资基金业的健康发展。其宗旨是：支持建立行业良好的社会信誉（核心）；保障基金、投资者、投资顾问等的利益；提高公众对于投资基金和投资公司的认识。其主要的职能是：（1）参与国会对该行业的立法，监督州和联邦有关的立法，积极反映投资基金行业的利益诉求，促进投资基金行业的稳定发展。（2）收集投资基金业的信息数据，定期发布行业报告，为投资者提供信息服务。（3）为协会会员、证券经纪商和传播媒介建立沟通渠道，报告协会的重要活动和投资基金业发展的重要事项。（4）向公众传播投资基金知识，介绍投资于投资基金的办法，宣传投资基金的好处。（5）通过组织和宣传手段，严格执行法规，以保持和提高投资基金业务的良好发展。

1973 年，美国成立了全美风险投资协会（NVCA）。NVCA 是美国最大的风险投资协会。协会目前有雇员 13 人。协会主要靠会费收入和一些专业会计师/律师事务所的募捐运作，后者捐款的目的是希望风险

---

① 邵秉仁：《股权投资行业监管政策要符合行业发展规律》，在第六届全球 PE 北京论坛上的演讲，2014 年 12 月 6 日。

投资公司成为他们的客户。协会筹办每年一次的研讨会，编撰出版风险投资年度报告。代表会员游说政府，主要焦点是要求政府建立有利于高风险投资企业的法律规则，改革税制和法律构架，推行有利的外贸政策。1996年该协会发布了《美国风险投资协会交易标准》，用于规范从业人员的职业标准。这些职业标准包括：会员应对经济发展抱有长远眼光并对该行业进行长期投资，不应参与短期投资活动；会员应向其投资者充分披露运营及财务报告；普通合伙人和有限合伙人之间应进行公平交易；普通合伙人不得利用其他地位获得不恰当的利益；对于合伙人及其雇员在交易时有具体限制措施；建立内部监控委员会任命内部合规负责人，对职业准则和道德规范的实施情况进行监控，避免利益冲突的发生。[①]

欧洲私募股权与风险投资协会总部设在比利时的布鲁塞尔，目前有雇员25名，代表欧洲私募股权、风险投资和基础设施部门以及投资者利益协会。其成员采取长期的投资方式投资于私人控股公司，从初创企业到老牌公司均有投资。协会成员不仅注入资本，而且注入活力、创新和专门知识。协会的功能有：（1）政府游说。协会在欧盟总部代表欧洲私募股权行业发声，并在欧盟立法方面发挥建设性作用，通过这些活动影响该行业的未来。协会与成员国的贸易协会密切合作，促进全世界的私募股权基金从业者、政策决策者和监管者之间的积极对话。（2）行业推广。协会通过在欧洲开展量身定制的活动、国际研讨会和全球演讲活动，促进全球民众对私募股权的认识与了解。协会还进行广泛的宣传活动与出版公开出版物，促进人们对私募股权行业的认识与了解。（3）行业数据与研究。协会收集整理欧洲私募股权行业的全面数据，可靠的业绩数据是促进行业的机构投资者和政府、社区机构进行沟通的关键。会员可以利用投资欧洲图书馆和研究人员，获取行业信息和数据。（4）行业网络。协会通过培训与论坛，为私募行业人士提供一个充分交流的平台，通过协会这个平台，他们可以建立广泛的人际网络，这里面有专业人员、政策的制定者、监管者等。目前协会的会议与论坛包括：投资者论坛、

[①] 参见赵忠义《私募股权投资基金监管研究》，中国金融出版社2011年版，第128页。

CFO 论坛和风险资本论坛,以及信息和通信技术、生命科学、收购和企业风险投资专题研讨会。(5)培育卓越行业。协会致力于培育卓越行业和发展最高的专业标准。所有的成员必须遵守《投资欧洲专业准则手册》所规定的原则,该准则为业界关于负责任的投资、问责制、治理、报告、透明度的观念和行为奠定了基础。协会于 2007 年发布了《欧洲私募股权与风险投资指南》。

中国证券投资基金业协会成立于 2012 年 6 月 6 日,是依据《证券投资基金法》和《社会团体登记管理条例》,经国务院批准,在国家民政部登记的社会团体法人,是证券投资基金行业的自律性组织,接受中国证监会和国家民政部的业务指导和监督管理。基金业协会不是一般性的民间行业协会,它是一家法定组织。根据《证券投资基金法》,基金管理人、基金托管人应当加入协会,基金服务机构可以加入协会。根据法律的规定,基金管理人与基金托管人加入协会是法定义务。这一规定颇具中国特色。既然是行业自律性组织,行业内机构是否加入也应采用自愿原则,一旦设定为法定义务,不加入则违法,自然增加了执法成本,而且怎样执行也是现实中的难题。

根据《中国证券投资基金业协会章程》,协会主要职责包括:"教育和组织会员遵守有关证券投资的法律、行政法规,维护投资人合法权益;依法维护会员的合法权益,反映会员的建议和要求;制定和实施行业自律规则,监督、检查会员及其从业人员的执业行为,对违反自律规则和协会章程的,按照规定给予纪律处分;制定行业执业标准和业务规范,组织基金从业人员的从业考试、资质管理和业务培训;提供会员服务,组织行业交流,推动行业创新,开展行业宣传和投资人教育活动;对会员之间、会员与客户之间发生的基金业务纠纷进行调解;依法办理非公开募集基金的登记、备案;协会章程规定的其他职责。"[1] 基金业协会的行业管理职能显然多于服务职能。

协会成立后,颁布了一系列的自律性质的规则,对规范行为,促进行业发展起到了积极作用。

---

[1] 中国证券投资基金业协会:《中国证券投资基金业协会章程》,2012 年。

基金业协会成立之后，协会与证监会之间的关系受到行业的普遍关注。根据《证券投资基金法》第七十六条规定的国务院证券监督管理机构依法履行的职责中包括"办理基金备案"，"制定基金从业人员的资格标准和行为准则，并监督实施。"根据中国证监会发布的《私募投资基金监督管理暂行办法》里，将这些本属于自身的职能统统归于中国证券投资基金业协会，而且从规章文本中看不出证监会的授权，人们一般认为这些都是协会的法定职能，其实不是其法定职能，应是证监会的法定职能，但证监会可以授权给协会。该暂行办法规定"中国证券投资基金业协会依照《证券投资基金法》、本办法、中国证监会其他有关规定和基金业协会自律规则，对私募基金业开展行业自律，协调行业关系，提供行业服务，促进行业发展"。并没有明确授权协会可以行使本应由证监会行使的行政管理职能。根据暂行办法条文，证监会实际上授权协会行使了许多本应由其行使的行业管理职能。如上述所言基金的登记备案、基金从业人员的资格标准和行为准则等。再看协会网站上登载的协会负责人的"会长致辞"所言"监管机构的期望就是我们的方向"，"我们始终致力于成为监管信赖的协会。"

基金业协会不仅是证监会下属的行业管理协会，更像是证监会下设的一个内部机构。协会的机构设置就知道了其本质上是"二政府"：基金业协会设有办公室（党委办公室）、公募基金部、私募基金部、资管产品部、理财及服务机构部、资格与培训部、投教与国际部、信息技术及风险监测部、法律部、纪检监察办公室十个部门。《证券基金业协会章程》所规定的职责范围，诸多也应是行政机构的行政管理职能，而不应是一个自治的行业协会所应承担的职责。根据中国行业协会的惯例，该协会也是有行政级别的协会，其内部机构与工作人员也都拥有相应的行政级别。协会没有对外公布工作人员数量。对照上述所言欧美类似协会的职能、规模、人员，你就知道了这是一个与欧美类似机构有着实质差别的行业自律机构。

其实，机构的规模与职能本身还不能断定机构的性质，其自身的运作与实际的做法，才是检验其行业自律性机构的试金石。

我们真的是希望中国证券投资基金业协会能够"厘清法定授权与自

律管理边界，寓自律管理于服务之中，践行'依法治市'理念，以信息披露与行为规范为核心，不断完善行规行约和行业诚信体系建设，不断创新优化服务方式，维护公平竞争行业秩序，推动塑造行业良好形象，构建企业自治、行业自律、监管他律的格局，推进国家治理体系和治理能力现代化"。[1]

四 建立稳定可期的监管制度环境，监管规则与监管政策的调整要考虑私募股权基金行业的特殊性

私募股权基金的投资周期较长，一般为5—7年，最长的退出期10年左右。投资者在作出投资决策时，一般是基于作出投资决策时的法律与政策环境，如果一旦法律规则与政策在其投资预期之内发生了变化与调整，其投资收益会受到较大的影响。如果此类情况时常发生，对私募股权基金的发展会产生很大影响。

在我国目前的资本市场上，私募股权基金的投资退出方式仍然还是以公开上市为首选。综观这些年的中国资本市场，市场规则经常发生没有规律性的改变与调整，如动不动就暂停上市，有时暂停时间还很长。最近两年又出台了上市之后股东与董高监股份减持的新规则，一下子打乱了私募股权基金投资者的减持退出的预期。一些在新三板挂牌的私募股权基金企业，挂牌上市之后也遇到了新的监管规则。这些情况的发生，整体上反映了中国资本市场的不成熟。诚然，监管部门修订与调整监管规则肯定有其合理的理由，但也从一个侧面反映了我国监管规则的出台缺乏未来的预期性，常有临时性应对市场变化之嫌。法治的目的是要为人们的行为提供一个稳定的预期。在法治稳定的国家，人们只要按现行规则行事，就能够获得预期的结果。一旦规范人们行为的规则发生了改变，人们行为的结果自然就会改变。这种事情如果经常发生，不仅会助长资本市场中机会主义的盛行，也会影响人们对中国资本市场未来发展的信心。

---

[1] 会长致辞，中国证券投资基金业协会网站，http://www.amac.org.cn/gyxh/hczc/382299.shtml。

资本市场在西方已经运行了几百年的时间,基于资本市场发展的共性原理,它们曾经经历的事情,都有可能在中国市场发生。因此,充分借鉴西方发达国家成熟的市场监管经验,防止可能发生的风险,应该是我们的监管机构关注的重点。

第九章

结　　语

第一节　研究总结

一　关于私募股权基金监管的理论基础

作为一项理论研究成果，需要将有关的论据与事实的讨论建立在扎实的基础理论之上。本课题讨论了有关金融监管的基础性理论，主要有金融脆弱性理论、公共利益理论和金融监管的内生性理论以及利益集团理论四种理论。这四种理论都是前人的研究成果，但基本上已经成为金融监管制度的理论基础。涉及这几种基础性理论，主要的考虑是将私募股权基金作为一种广义的证券看待，对其监管也需要引用金融监管理论来论证。事实是，各国在构建自己的私募股权基金监管制度时，也是将其视为整个金融系统中的一员，在考虑防范系统性金融风险、实施宏观审慎监管措施时，将私募股权基金纳入监管范围。结合中国的监管实践，讨论了影子银行的监管问题及系统性金融风险的防范问题。

二　关于美国金融危机之前的监管制度设计

这部分内容，选择性地分别介绍美国、英国、日本和中国台湾地区的监管制度，并在此基础上对几个代表性国家和地区的监管制度进行总结比较。经过考虑比较分析之后认为，发达国家与地区普遍采取"注册豁免"的间接管理制度来对私募股权基金进行监管，进而得以发挥私募股权基金在筹资上的灵活性以及高效率的特点。对私募股权基金加强监管已经成为政府监管当局近几年来的一个共识,尤其是源于美国的次贷危机发生以来这种共识越来越一致。但关于如何实施有效的监管,做法则不尽相同。在总结分析与提炼的基础上,笔者将世界上的主流监管模式划分为"原则监管模式"(principles – based Regulation)和"规则监管模式"(rules – based regulation)两大类。比如,英国和澳大利亚目前在金融监管领域采取的是原则监管模式,而美国则仍然奉行着传统的规则监管模式。笔者对两大监管模式进行比较分析,分析了各自的优点与不足,以期对中国的监管制度的构建提供建设性的参考意见。

三 关于美国金融危机之后的监管制度设计

人们在分析金融危机发生的原因时,认为私募股权基金本身的运作实际上存在风险的可能性,如在基金募集、杠杆收购的风险,基金管理人的道德风险,基金投资的羊群效应风险等。所以,金融危机发生之后,无论是国际金融组织还是西方发达国家,都着力对既有的监管体系与监管制度进行改革。这部分的内容重点探讨了国际金融组织、美国、欧盟、英国的改革内容。尤其重点研究了私募股权基金监管制度改革在此次改革中的具体改革内容,偏重制度设计与监管方式的改革。

四 关于中国私募股权基金监管制度改革

关于中国的私募股权基金监管制度改革,在金融危机发生之后,中国与世界上其他发达国家一样,对私募股权基金的监管制度进行了改革。首先是明确了监管机构,改变了过去多头监管的局面。在立法方面,虽然《证券投资基金法》没有像人们所预期的那样将私募股权基金纳入法律的调整范围,但新的监管机构通过部门规章,将其所负的监管职责授权给了新成立的中国证券投资基金业协会。协会通过一系列的自律规则,将私募股权基金逐步纳入了监管范围。虽然不少业内人士与专家对监管机构的这种做法提出了异议,但目前的监管措施实际上就是这样运作的。这部分内容中,笔者选取了登记备案制度、基金募集监管、基金服务业务监管、基金投资公司公开上市后的退出监管、税收监管、挂牌上市私募股权机构的监管、信息披露监管、政府引导基金的监管、外资私募股权基金的监管九个方面的内容。分别对现行的监管内容与制度变革等进行了研究。

五 关于中国私募股权基金监管制度存在的问题及改革建议

笔者认为,大力发展私募股权基金仍然是中国现实经济的客观要求,无论是中央提倡的"双创"、供给侧结构性改革、解决金融与实体经济之间的关系、支持科技创新等方面,都需要大力发展私募股权基金。笔者指出,中国的私募股权基金监管制度确实存在一系列的问题,主要体现在:政府过度干预私募股权基金市场、相关法律缺失导致监管的法律依据不足、监管思路不明导致监管效率低下、监管对象过于集中导致对投资者利益保护不足、监管内容不明导致基金的设立与运作均不规范、监管秩序有待理顺等。作者提出的政策建议包括:完善行业自律机制,清晰界定行业组织职能;完善立法,将私募股权基金纳入现行法律体系之内;在现行的行政管理框架下,制定适度监管的制度规则;构建稳定的制度环境,规则与政策的改变要考虑私募股权基金行业的特殊性。

第二节 研究展望

一 私募股权基金的监管与防范系统性金融风险之间的关系

在我国现行的金融环境下,私募股权基金的监管与防范系统性金融风险之间是一种什么样的关系?近两年来,中央政府一直强调我国金融监管的主要目标是防止发生系统性金融风险。作为金融系统中的一员,私募股权基金自身存在的风险与系统性金融风险之间,到底是一种什么样的关系?需要从实证的角度进行深入的研究。

二 宏观审慎监管与微观审慎监管的关系

无疑,针对每个私募股权基金管理人的监管属于微观审慎监管的范围,但一旦某个业内影响大的企业发生了风险与危机,会对整个行业带来灾难性的后果吗?某个局部的私募股权基金领域发生了不规范行为,如私募股权基金在募集资金方面出了问题,可以传导给整个行业吗?也需要从实证角度进行研究。

三　政府监管与行业自律的关系

目前我国在私募股权基金行业的政府监管出现了监管过度的问题，政府监管部门从"不出事"的愿望出发，监管的理念是能严厉则严厉，最好从源头彻底治理防范某些问题的发生。大家都知道，金融创新与金融监管是一对矛盾，国际社会迄今没有找到万全之策，可以说，只要存在金融创新、允许金融创新，金融风险就不可避免。监管的目的只能是将可能出现的风险降到最低程度。因此，政府之手在私募股权基金的监管领域不宜伸得太长。如果真的因为政府的过度监管导致了整个行业的萎缩与衰退，风险倒是不会发生了，但失去这个行业的发展对经济发展带来的红利与好处，恐怕不是政府的监管部门所乐见的结果吧。

四　监管制度的配套与协调问题

我国金融市场实行分业监管，在金融业混业经营已经成为现实的情况下，现行的监管体制的短处也日益显现。最明显的表现是，各个监管机构各自为政，出台监管制度与措施时，只考虑自身不顾及其他。如证监会近来不断出台新的资本市场的监管措施，如暂停上市、改革股份减持规则、对挂牌上市后的私募股权基金企业实施新的监管规则等，对长期专注私募股权基金行业的人士来说，这些临时的、事后的监管措施，彻底打乱了他们的预期，使他们面临违约的风险。长此以往，无疑会对私募股权基金行业造成难以挽回的损失。如何协调各个监管机构之间的关系，在出台有关监管措施时，要顾及其他部门的存在，是一个中国式的研究课题。

参考文献

一 中文学术著作

安辉:《金融监管、金融创新与金融危机的动态演化机制研究》,中国人民大学出版社2016年版。

北京市道可律师事务所、道可特投资管理(北京)公司编著:《外资PE在中国的运作与发展》,中信出版社2011年版。

卞耀武主编:《日本证券法律》,法律出版社1999年版。

陈玮:《我的PE观》,中信出版社2011年版。

陈向聪:《中国私募基金立法问题研究》,人民出版社2009年版。

方桂荣:《中国投资基金监管法律制度研究》,中国人民大学出版社2012年版。

郭建鸾:《创业企业与创业投资》,上海财经大学出版社2008年版。

季敏波:《中国产业投资基金研究》,上海财经大学出版社2000年版。

刘士余主编:《美国金融监管改革概论——多德-弗兰克华尔街改革与消费者保护法案导读》,中国金融出版社2011年版。

李听肠、杨文海:《私募股权投资理论与操作》,中国发展出版社2008年版。

李斌、冯兵:《私募股权投资基金:中国机会》,中国经济出版社2007年版。

李寿双:《中国式私募股权投资基金:募集与设立》,法律出版社2009年版。

欧阳良宜:《私募股权投资管理》,北京大学出版社2013年版。

潘道义、何长领:《私募股权基金理论实务与投资》,机械工业出版社 2002 年版。

文学国:《私募股权基金法律制度析论》,中国社会科学出版社 2010 年版。

王刚:《对冲基金监管制度研究》,经济管理出版社 2012 年版。

王燕辉:《私人股权基金》,经济管理出版社 2009 年版。

吴敬琏主编,《比较》系列,每年四期,中信出版社出版。

夏斌、陈道富:《中国私募基金报告》,上海远东出版社 2002 年版。

阎庆民、李建华:《中国影子银行监管研究》,中国人民大学出版社 2014 年版。

杨金梅:《解构私募——私募股权投资基金委托代理问题研究》,中国金融出版社 2009 年版。

朱顺泉:《私募股权投资基金协同机制研究》,人民出版社 2015 年版。

周炜:《解读私募股权基金》,机械工业出版社 2008 年版。

张化桥:《影子银行内幕:下一个次贷危机的源头?》,黎木白译,机械工业出版社 2013 年版

张国清:《投资基金治理结构之法律分析》,北京大学出版社 2004 年版。

朱奇峰:《中国私募股权基金:理论、实践与前瞻》,清华大学出版社 2010 年版。

邹青:《私募股权投资基金的募集与运作》,法律出版社 2009 年版。

赵忠义:《私募股权投资基金监管研究》,中国金融出版社 2011 年版。

二 中文学术论文

柏高原、李东光:《美国私募基金监管立法可以借鉴》,《产权导刊》2011 年 1 月 1 日。

陈德棉、卓悦:《英国风险投资业发展的历史现状分析》,《国际技术经济研究》2000 年第 2 期。

曹凤岐:《"私募股权基金"将向三方面发展》,《国际金融报》2001 年 8 月 16 日。

丁凤楚、王竹:《论基金管理人忠实义务的法律规制》,《社会科学研究》

2009 年第 1 期。

冯玫：《风险资本市场溯源——美国研究与发展公司的成长及启示》，《商业研究》2003 年第 7 期。

樊志刚、赵新杰：《全球私募基金的发展趋势及在中国的前景》，《金融论坛》2007 年第 10 期。

方烨、张莫、吴晓灵：《金融机构应参与私募股权投资基金》，《经济参考报》2007 年 6 月 7 日。

高汉：《对冲基金风险及其监管的法律制度思考》，《河南师范大学学报》（哲学社会科学版）2009 年第 3 期。

黄亚玲：《私募股权基金文献综述》，《国际金融研究》2009 年第 3 期。

黄亚玲、赖建平、赵忠义：《我国私募股权投资基金监管刍议》，《证券市场导报》2010 年第 10 期。

胡波：《合格投资者制度与私募股权投资基金监管》，《河南社会科学》2015 年第 11 期。

何小锋、窦尔翔、龙森：《私募基金监管时代渐行渐近》，《资本市场》2010 年第 5 期。

寇祥河、潘岚：《有限合伙制企业创业投资基金所得税问题初探》，《证券市场导报》2008 年第 2 期。

李勋：《对冲基金监管的若干基本问题研究》，《昆明理工大学学报》2008 年第 1 期。

彭冰：《美国私募发行中公开劝诱禁止的取消》，《社会科学》2017 年第 4 期。

潘晓娟、赵超霖：《两部委建立协调机制，监管自律形成体系》，《中国经济导报》2013 年 9 月 12 日。

田野、向孟毅：《原则监管、规则监管与中国金融监管框架改革》，《金融经济学研究》2019 年第 1 期，。

台湾金融研训院研究报告：《国际私募股权基金之发展与监理》，2008 年。

于宏巍、杨光：《他山之石：英国私募基金监管借鉴意义》，《第一财经日报》2017 年 5 月 22 日。

夏斌：《部分国家和地区"私募股权基金"监管》，和讯网，2001年7月18日。

王明昕、李云峰：《英国对冲基金管理的最新标准及启示》，《中国金融》2008年第11期。

许可、肖宇：《私募股权基金管理人信义义务研究》，《现代法学》2015年第6期

许可：《私募基金管理人义务统合论》，《北方法学》2016年第2期。

颜慧：《私募基金监管：国际调整与我国的制度选择》，《中国金融》2009年12月1日。

钟伟：黄海南：《对冲基金在我国的发展及建议》，《中国金融》2008年第4期。

赵国成、陈莹：《政府创业投资引导基金运作管理模式研究》，《上海金融》2008年第4期。

张晓晴：《中国创业资本引导基金治理模式研究》，《生产力研究》2008年第23期。

王荣芳：《合法私募与非法集资的界定标准》，《政法论坛》2014年第6期。

王荣芳：《论我国私募股权投资基金监管制度之构建》，《比较法研究》2012年第1期。

王瑜、曹晓路：《私募股权投资基金的法律监管》，《社会科学家》2016年第2期。

王海峰、刘莉君：《欧美私募股权投资基金运作机制的比较与借鉴》，《金融教学与研究》2008年第6期。

三 翻译著作

［加］道格拉斯·卡明等：《私募股权投资：基金类型、风险与收益及监管》，孙春民、杨娜译，中国金融出版社2016年版。

［美］范瑞尔·阿查里亚等编：《监管华尔街："多德－弗兰克法案"与全球金融新架构》，梅世云、盛文军译，盛文军审校，中国金融出版社2012年版。

［日］和本一郎、大武泰男：《证券交易法概论》，侯水平译，法律出版社2001年版。

［美］哈利·曾德罗夫斯基等：《私募股权投资：历史、治理与运作》，孙春明、杨娜等译，中国金融出版社2014年版。

［美］兰德尔·克罗茨纳、罗伯特·希勒：《美国金融市场改革：多德－弗兰克法案前后的反思》，王永桓、陈玉财译，东北财经大学出版社2013年版。

［德］马提亚斯·君德尔、布庸·卡佐克：《私募股权：融资工具与投资方式》，中信出版社2011年版。

［美］欧姆瑞·本·沙哈尔、卡尔·E. 施奈德：《过犹不及：强制披露的失败》，陈晓芳译，法律出版社2015年版。

［美］乔希·勒纳、安·利蒙、费尔达·哈迪蒙：《风险投资、私募股权与创业融资》，路跃兵、刘晋泽译，清华大学出版社2015年版。

四 英文著作

［美］N. Gregory Mankiw, *Principles of Economics*, Fourth Edition, 清华大学出版社2009年版。

Joseph A. McCahery, Erik P. M. Vermeulen, *Private Equity Regulation*, Springer.

五 英文论文

Antoine Bouveret, An assessment of the Shadow Banking Sector in Europe, *European Securities and Market Authority*. July 2011.

Brian Cheffins, John Armour, The Eclipse of Private Equity, http://ssrn.com/abstract=982114.

Douglas Cumming, Simona Zambelli, Private Equity Performance under Extreme Regulation, http://ssrn.com/author=75390.

Douglas W. Diamond, Philip H. Dybvig, Bank Runs, Deposit Insurance, and Liquidity, *The Journal of Political Economy*, Vol. 91, No. 3. (Jun., 1983)

Davidoff Solomon, Steven, The Failure of Private Equity, *Southern California*

Law Review, Vol. 82, 2009.

Eilís Ferran, After the Crisis: The Regulation of Hedge Funds and Private Equity in the EU, *European Business Organization Law Review* 12: 379 – 414.

Gompers, Lerner, The Use of Covenants: An Analysis of Venture Partnership Agreements, *Journal of Law and Economics*, Vol. 39, 1996.

George J. Stigler, The Economic Regulation, *The Bell of Economics and Management Science*, Vol. 2. No. 1. (Spring, 1971)

Jennifer Payne, Private Equity and Its Regulation in Europe, *European Business Organization Law Review* 12: 559 – 585.

Jensen, M. and Meckling, W., Theory of the Firm: Managerial Behavior, Agency Costs and Ownership Structuer, *Journal of Financial Economics*, Vol. 3, 1976.

John C. Coffee, Jr., Law and the Market: The Impact of Enforcement, http://papers.ssrn.com/paper.taf?abstract_id=967482。

Myers, Determinants of Corporate Borrowing, *Journal of Financial Economics*, 1977, 5: 147 – 175.

Peter Morris, Ludovic Phalippou, A New Approach to Regulating Private Equity *Journal of Corporate Law Studies*, April 2012.

Steen Thomsen, Should Private Equity Be Regulated? *European Business Organization Law Review* 10: 97 – 114.

Victor Fleischer, Two and Twenty: Taxing Partership Profits in Private Equity Funds, *New York University Law Review*, 2008.

Weidig, Tom, Mathonet, Pierre – Yves, The Risk Profile of Private Equity (January 2004). Available at SSRN: https://ssrn.com/abstract=495482 or http://dx.doi.org/10.2139/ssrn.495482.

ShadowBanking, Strengthening Oversight and Regulation: "Financial Stability Board", October 2011.

Zoltan Pozsar, Manmohan Singh, The Nonbank – Bank Nexus and the Shadow Banking System, IMF Working Paper 289, December 2011.

Steen Thomsen, Should Private Equity Be Regulated? *European Business Organization Law Review* 10: 97 – 114.

后 记

2020年鼠年新春，国人度过了一个极不平凡的春节。1月26日，我正在湖南老家过春节时接到学校通知，告知全校师生学校暂定2月17日开学，比原定的开学时间推迟一周，要求教师必须于2月2日之前返校，然后在家自行隔离14天。春节之后，我回到北京待了几天，于2月1日返回上海，准备在家隔离14天之后迎接开学。2月2日，上海市教委根据教育部的要求，要求全市所有学校不得于2月底之前开学。随着上海实施抗击疫情措施的日益严厉，居住小区进行封闭式管理。即使小区不封闭，此种情形下我也无其他去处。我每天除了到小区散步一个小时左右，隔三岔五去小区门口的超市购买生活必需品外，基本都在家宅着"隔离"。有了这段不被他事打扰的时间，我正好实施继续修改课题结项报告的计划，改定之后再交出版社出版。

本课题2011年立项。课题下达之后，我当即组建了课题组，成员有时任中国社会科学院研究生院政府政策与公共管理系讲师徐浩庆博士，我当时指导的几位在校研究生：政府政策与公共管理系国民经济学专业的研究生孙康乐、刘文、李玉苣、崔璨、刘柱、王庆琳；法学系的经济法学专业研究生唐慧敏、王佳阳、刘文婷、井晖等。我对课题组成员进行了写作分工，召开了几次课题组成员参加的讨论会，并对课题组成员提交的初稿提出了修改意见。

日月如梭，课题自立项以来时间过去了九年！其间我在课题组成员提交的初稿基础上经过一段时间的修改之后形成了课题结项报告。课题虽然在规定的最后时间通过了结项，但成果质量自己一直不满意。结项之后，自己利用碎片时间阅读了一些新的资料，断断续续地分章节予以修改与调整。由于没有集中时间与精力进行整体性修改，零星的修改也无法达成自己满意的结果。这个课题几乎快成了自己的"烂尾学术工程"！我也曾经考虑是否要将课题结项报告修改整理后正式出版，好长时间里一直犹豫不决。后来想，毕竟这个成果凝聚了本人与课题组成员的心血，我最后还是决定修改整理后发表出来，供大家参考与批评，也给自己一个交代。

课题拖延至此，也不完全是自己主观上的懒惰不为所致。在这九年时间里，自己的工作单位几经调整与变动，在很大程度上影响了课题研究进展与研究质量。2012 年我到中央党校参加中青年干部培训班一年；2013—2014 年的两年时间里，大部分课题组成员纷纷毕业离校，我在这段时间里对课题的管理也逐渐松懈。2015 年 6 月至 2017 年年底，我被中国社会科学院派驻上海工作，担任中国社会科学院—上海市人民政府上海研究院常务副院长，新的工作岗位与新的事业拓展，需要我付出很多的时间与精力，基本上无暇顾及课题的研究工作及其他学术工作。我于 2017 年年底回北京之后，2018 年上半年在中国社会科学院当代中国研究所任副所长，分管研究所的行政工作，同时兼任当代中国出版社社长，这期间的时间和精力基本上都投入到了所里行政事务的管理和出版社的日常经营中，基本脱离了自己的专业领域。2018 年 6 月调任上海大学法学院工作之后，一多年的时间里基本上是从事学院的日常行政管理工作，准备自己新开设的课程备课与完成拟定的教学任务等，课题报告的修改只能暂时放在一旁，待日后有空集中一段时间进行修改。

我在对课题报告进行最后修改的这段时间里，时常回想起当时在中国社会科学院研究生院的办公室里，与徐浩庆老师（徐浩庆老师后来也调离了中国社会科学院研究生院政府政策与公共管理系去中国社会科学院经济研究所任专职研究员）及参与该课题的研究生们多次讨论课题研究的情景，历历在目！目前修改成的书稿，其整体结构基本保持了课题开题时的样子。随着自己这些年来的阅读与思考，对本课题涉及的一些问题的认识与理解有了新的角度与深度，尤其是近几年来监管机构出台了不少新的监管政策，有关法律也作了修改，因此，在完成结项报告的过程中，我已经对课题组成员提交的初稿在内容和文字上作了较大的调整与修改，章之下节的结构也作了一些调整，大部分章节内容几乎是重写。在此次修改过程中，我又对有关内容进行了调整与改写，并对文字进行了润色。此作虽然倾注了自己的一份心血，但不足乃至错误之处甚多，烦请读者提出宝贵的意见。同时，衷心感谢书中参考引用过的学术文献的作者！

我从 2008 年开始关注私募股权基金的监管问题，从那时开始收集资料进行该领域的研究，于 2010 年在中国社会科学出版社出版了《私募股权基金法律制度析论》，此书只是一个初步的研究成果，后来该书的主要内容成了我为中国社会科学院研究生院金融专业硕士研究生开设的"私募股权投资"课程的授课内容。由于自己多年来主要从事行政管理与教学管理，学习与研究一般只能在晚上与周末或者节假日进行，时断时续，缺乏连续的时间思考与系统深入的研究，亦如后来承担课题之后的情形。有了以往的研究积累，以及现在的专职教师所拥有属于自己的时间，相信自己在将来会有一些具有较高学术质量的成果发表。自己选择在竞争法学之外的这个新专业领域进行探索，原因是 2007 年我从美国访学回来，国内正在兴起 PE 热，我当时出于好奇想了解 PE 是什么东西，就这样一脚踩下去抽不回来了。但愿自己能够有毅力在这个领域里继续钻研下去，证明当初自己的选择是对的！

2015 年 6 月后我就过起了北京上海的双城生活，经常奔波于两地，后来又正式调入了上海大学法学院工作，成了一名专职教师与新上海人。一直以来，妻子张林承担了全部的家务及培养儿子的责任，始终无怨无悔，行胜于言！在此向她表示由衷的谢意！如今儿子已经长大成人，而我们俩却在一起慢慢变老！

但愿学术之树常青！

此记。

文学国
2020 年 2 月于上海市宝山区锦秋花园